U0115902

精　神

新時代中國共產黨的偉大精神

戴立興　黃　宇　龔上華　著

學習貫徹黨的十九大精神系列
叢書編委會

主　　任：鄧純東

副 主 任：金民卿

編　　委：余　斌　劉志明　陳志剛　賀新元

　　　　　戴立興　楊　靜　苑秀麗　曾憲奎

目錄

前言

　　2017 年 7 月，習近平總書記在省部級主要領導幹部「學習習近平總書記重要講話精神，迎接黨的十九大」專題研討班開班式上發表重要話。講話中強調，黨的十九大是在全面建成小康社會決勝階段、中國特色社會主義發展關鍵時期召開的一次十分重要的大會，能否提出具有全域性、戰略性、前瞻性的行動綱領，事關黨和國家事業繼往開來，事關中國特色社會主義前途命運，事關最廣大人民根本利益。我們黨要明確宣示舉什麼旗、走什麼路、以什麼樣的精神狀態、擔負什麼樣的歷史使命、實現什麼樣的奮鬥目標。

　　為了幫助廣大黨員幹部深入學習習近平總書記重要講話精神，人民日報出版社與中國社會科學院馬克思主義理論創新智庫共同策劃了通俗理論讀物《旗幟》《道路》《精神》《使命》《目標》這套叢書，並約請中國社會科學院馬克思主義研究院鄧純東院長、金民卿副院長等專家作為學術指導。中國社會科學院馬克思主義研究院的賀新元、戴立興、楊靜、苑秀麗、曾憲奎等專家在各自研究成果的基礎上，認

真細緻地完成了五本書的撰寫。寫作過程中，鄧純東院長和金民卿副院長對五本書的寫作提綱和寫作內容給予了悉心指導。

　　書稿完成之際，恰逢黨的十九大勝利召開。本套叢書的編委會和作者根據十九大精神對書稿內容進行了大幅度修改和進一步完善，補充了新的提法和新的精神，並進行了詳細闡述。本套叢書作為馬克思主義中國化時代化大眾化特別是黨建理論的通俗讀物，對中國特色社會主義理論體系和中國特色社會主義道路進行了系統闡述，對黨的發展歷史和黨的精神面貌進行了脈絡梳理，對黨的歷史使命和奮鬥目標進行了深度分析。學習宣傳貫徹黨的十九大精神是當前和今後一段時期全黨全國的首要政治任務，廣大黨員幹部群眾應準確領會把握黨的十九大精神的精髓和要義。本套叢書內容權威、論述全面、語言通俗，能為此提供有益參考。

　　中國特色社會主義進入了新時代。走進這個偉大的時代，是我們這一代人的幸運。不忘初心，牢記使命，在新時代的征程上，我們更要堅定信心，埋頭苦幹，以永不懈怠的精神狀態和一往無前的奮鬥姿態，繼續朝著實現中華民族偉大復興的宏偉目標奮勇前進。

什麼是中國共產黨的精神

　　任何一個民族，如果沒有一種精神力量作為支撐，沒有一種良好的精神狀態，都是難以生存的。對於一個正在從事改革開放和現代化建設的發展中國家，保持一種積極進取的精神狀態，就顯得格外重要。一個精神上空虛的民族，是不可能真正振興的。

　　中國共產黨的偉大精神是黨的寶貴精神財富和巨大政治優勢，是我們進一步推進社會主義現代化建設、共創美好新生活的不竭動力。建設中國特色社會主義事業，是一項充滿艱辛、充滿創造的壯麗事業。偉大的事業需要並將產生崇高的精神，崇高的精神支撐和推動著偉大的事業。

第一節　人總是要有點精神的

　　毛澤東同志曾指出：「人總是要有點精神的。」[1] 其言簡意賅，言約旨遠。這個「精神」是一種情懷，一種境界，一種超越，一種不怕犧牲、為國盡忠、為民謀幸福、以天下為己任的心性和品節。實踐反復證明，人無精神不立，黨無精神不振，國無精神不強。一個人要有點精神，一個人如果沒有一種不懈奮鬥、昂揚向上的精神，沒有「天降大任於是人」「舍我其誰」的使命感，沒有「仰天大笑出門去，吾輩豈是蓬蒿人」的激情，沒有「自信人生二百年，會當水擊三千里」的自信，那麼就會精神萎靡、不思進取、一事無成、徒耗生命，生命也就失去了存在的價值和應有的意義。一個政黨要有點精神，一個政黨如果沒有一種歷史擔當和時代精神，沒有以國家民族為重的使命感，沒有「敢於鬥爭、敢於勝利」的激情，沒有追求民族獨立、國家富強、擔當大任的自信，就會人心渙散、政黨分裂、精神懈怠、事業衰敗，政黨也就失去了存在的價值和應有的意義。一個民族要有點精神，一個民族如果沒有一種「自強不息、堅忍不拔」的精神，沒有一種「追求民族進步與發展」的使命感；沒有一種為民族而不斷奮鬥的激情；沒有一種民族自信心和自豪感，就會失去進取心、成為一盤散沙、失去脊梁骨，就難以自立於世界民族之林；一個國家要有點精神，

---

1 毛澤東：〈關於正確處理人民內部矛盾的問題〉，《毛澤東文集》（第七卷），人民出版社 1999 年版，第 209 頁。

一個國家如果沒有「獨立自主、自力更生」的精神，沒有一種「對於人類有較大的貢獻」的使命感，沒有一種「趕英超美」的激情，一種「對於人類應有較大的貢獻」的自信，就不能自強自立，更不用說發展、壯大、崛起。

人為什麼要有點精神？我們黨為什麼始終如一地高度重視中國共產黨人的精神狀態？這是因為：

第一，精神是理想。精神具有目標的意義。一定的精神常常是理想、目標轉化而成的。理想信念，是驅動人們生存並有所作為的強大力量。共產主義理想徹底擺脫了狹隘的個人主義欲望，反映了人類社會的本質特徵，代表了人類最終的社會理想，是中國共產黨人引領廣大人民群眾為之而奮鬥的理想家園。鄧小平同志指出：「我們馬克思主義者過去鬧革命，就是為社會主義、共產主義崇高理想而奮鬥。現在我們搞經濟改革，仍然要堅持社會主義道路，堅持共產主義的遠大理想，年輕一代尤其要懂得這一點。」[1] 習近平總書記強調：「理想信念就是共產黨人精神上的『鈣』，沒有理想信念，理想信念不堅定，精神上就會『缺鈣』，就會得『軟骨病』。」[2] 有了這個理想和信念，就會激發出人內在的全部熱情和力量，就會成為一個有精神的人。在推進中國特色社會主義、進而實現共產主義遠大目標的偉大實踐中，這種理想就轉化為一種精神力量，激勵著千百萬人民不斷成為追求理

---

1 《鄧小平文選》（第三卷），人民出版社 1993 年版，第 116 頁。

2 習近平：《緊緊圍繞堅持和發展中國特色社會主義　學習宣傳貫徹黨的十八大精神——在十八屆中共中央政治局第一次集體學習時的講話》，人民出版社 2012 年版，第 11 頁。

想的強大力量，展現出一種全新的精神樣態。

第二，精神是追求。人有了精神，就有了追求；沒有精神就不可能有追求。李大釗指出：「青年之字典，無『困難』之字，青年之口頭，無『障礙』之語；惟知躍進，惟知雄飛，惟知本其自由之精神，奇僻之思想，銳敏之直覺，活潑之生命，以創造環境，征服歷史。」[1] 要想甩掉貧窮落後面貌，就要有革命的精神，頑強奮鬥以求獨立；要想推翻「三座大山」，就必須有犧牲的精神，英勇獻身以求解放。要想理順各種體制機制，進一步激發活力，就要振奮精神，奮力追求改革；要想打破封閉狀態，進一步敞開胸襟，就要振奮精神，奮力追求開放。精神不振，也就沒有我們同心同德的共同追求，當然不會有發展，不會有改革和開放，更不會有社會進步。

第三，精神是動力。人有了精神，就有了動力；沒有精神，當然就失去了動力。精神飽滿到什麼程度，工作的動力就強大到什麼程度；精神昂揚到什麼程度，克服困難、實現目標的勇氣就強大到什麼程度。一個精神萎靡不振的人，不可能有什麼追求，生活失去目標，工作也不可能有什麼動力。故而，李大釗呼籲廣大青年發揚「薪膽精神」，赴國難，雪國恥，發奮為雄，再造神州。他反對青年因祖國的積貧積弱而沮喪精神，消沉意氣，號召「有精神、有血氣、有魂、有膽之青年」，為「索我理想之中華，青春之中華，幸勿姑息遷延，韶光坐誤。」[2]

第四，精神是支柱。人有了精神，就等於有了脊梁骨，就有骨氣、志氣、銳氣和勇氣；沒有精神，就等於得了軟骨病，就沒有任何

---

1 《李大釗文集》（第一卷），人民出版社 1999 年版，第 169 頁。
2 《李大釗文集》（第一卷），人民出版社 1999 年版，第 168 頁。

骨氣、志氣、銳氣和勇氣。毛澤東同志曾盛讚我們的民族和人民軍隊，他豪邁地指出：「這個軍隊具有一往無前的精神，它要壓倒一切敵人，而決不被敵人所屈服。」[1]「中華民族有同自己的敵人血戰到底的氣概，有在自力更生基礎上光復舊物的決心，有自立於世界民族之林的能力。」[2]在一帆風順的時候，精神可以使人豪情滿懷、激情洋溢、高歌猛進；在坎坷不平的困難時期，精神可以使人充滿信心，可以使人昂首挺胸，可以使人百折不撓。從這個意義上說，精神就是信心，精神就是信念，精神就是意志。一定的精神，是信心、信念、意志的代名詞。

第五，精神是視野和眼光，有了改革開放的精神，就能放眼世界，放眼未來；有了文明互鑒的精神，就能博採眾長，學習先進。精神封閉，眼界就非常狹窄；精神頹廢，心胸就非常狹小。因而，鄧小平同志指出：「中國一定要堅持改革開放，這是解決中國問題的希望。」[3]

第六，精神是胸懷和雅量。人有了一定的精神，就會胸懷寬廣，就能海納百川；人有了一定的精神，就會團結大多數人，就能有容人之量。毛澤東同志曾說過：「我們都是來自五湖四海，為了一個共同的革命目標，走到一起來了。」[4]鄧小平同志一針見血地指出：「黨內無論如何不能形成小派、小圈子。」[5]江澤民同志指出：「黨和人民的

1《毛澤東選集》（第三卷），人民出版社 1991 年版，第 1039 頁。
2《毛澤東選集》（第一卷），人民出版社 1991 年版，第 161 頁。
3《鄧小平文選》（第三卷），人民出版社 1993 年版，第 284 頁。
4《毛澤東選集》（第三卷），人民出版社 1991 年版，第 1005 頁。
5《鄧小平文選》（第三卷），人民出版社 1993 年版，第 300 頁。

事業需要的人才是多方面的、全方位的。」[1] 胡錦濤同志指出：「堅持五湖四海、任人唯賢。」[2] 黨的十八大後，習近平總書記進一步強調：「要堅持五湖四海，團結一切忠實于黨的同志，團結大多數，不得以人劃線，不得搞任何形式的派別活動。」[3] 有了五湖四海的精神，就能胸襟開闊，團結協作，寬以待人，「聚天下英才而用之」。

第七，精神是智慧。人有了集中的精神，就會急中生智；人有了愛國的精神，就會為國獻計；人有了愛民的精神，就會為民奉獻；人有了崇高的精神，就會鑄就人生的輝煌。無論是古代鄭國的弦高犒師，還是諸葛孔明的空城計；無論是毛澤東同志的秋收起義後上井岡，還是周恩來同志指揮黨中央上海脫險，均是表現精神是智慧的範例。因為飽滿的精神可以調動全身機能，煥發人的聰明才智，出思路，出辦法。

第八，精神是良醫良藥。人的精神因素，是影響人的生命狀態和長壽與否的重要因素之一。當人的肌體處於不良狀態時，醫藥固然重要，但更重要的在於人的精神。精神是良醫良藥。在一定條件下，它可以使病人戰勝病魔，轉危為安。

「人的因素重要，不是指普通的人，而是指認識到人民自己的利益並為之而奮鬥的有堅定信念的人。」[4]……人的精神作用真是具有極大能量，難以詳盡。這正是「人總是要有一點精神的」的道理所在，這正是黨中央歷來強調我們黨精神狀態的道理所在。

---

1 《江澤民文選》（第三卷），中央文獻出版社 2006 年版，第 53 頁。
2 胡錦濤：《在慶祝中國共產黨成立 90 周年大會上的講話》，人民出版社 2011 年版，第 13 頁。
3 轉引自仲祖一：〈堅持五湖四海〉，《求是》2015 年第 22 期。
4 《鄧小平文選》（第三卷），人民出版社 1993 年版，第 190 頁。

第二節　中國共產黨精神是與現代化歷史進程相適應的現代中華民族精神

　　偉大的黨鑄就偉大的精神，偉大的精神滋養偉大的黨。一個政黨的精神狀態，決定了這個政黨生命的長度和厚度。一個政黨有什麼樣的精神狀態，就有什麼樣的現實作為。中國共產黨的精神，是中國共產黨在馬克思列寧主義指導下，在領導中國人民進行革命、建設和改革實踐過程中，在中華民族精神的基礎上，廣泛吸納各種先進思想文化而逐漸形成和體現出來的無產階級政黨的先進精神品質和高度自覺意識。

　　中國共產黨領導中國人民取得的偉大勝利，使具有 5000 多年文明歷史的中華民族全面邁向現代化，讓中華文明在現代化進程中煥發出新的蓬勃生機；使具有 500 年歷史的社會主義主張在世界上人口最多的國家成功開闢出具有高度現實性和可行性的正確道路，讓科學社會主義在 21 世紀煥發出新的蓬勃生機；使具有 70 年歷史的新中國建設取得舉世矚目的成就，中國這個世界上最大的發展中國家在短短 40 多年裡擺脫貧困並躍升為世界第二大經濟體，徹底擺脫貧窮落後的危險，創造了人類社會發展史上驚天動地的發展奇跡，使中華民族煥發出新的蓬勃生機。

　　——紅船精神，就是指中國共產黨的建黨精神。習近平總書記于 2017 年 10 月 31 日帶領黨的十九大剛剛選出的中共中央政治局常委一行，專程從北京前往上海和浙江嘉興，瞻仰上海中共「一大」會址和

浙江嘉興南湖紅船，他再次強調了「紅船精神」。早在 2005 年 6 月
21 日，習近平總書記主政浙江時就在《光明日報》發表了〈弘揚「紅
船精神」，走在時代前列〉的文章，指出「紅船精神」就是走在時代
前列的精神，具體表現為：開天闢地、敢為人先的首創精神；堅定理
想、百折不撓的奮鬥精神；立黨為公、忠誠為民的奉獻精神。首創、
奮鬥、奉獻這三種精神具有緊密的內在邏輯聯繫。首創精神是核心，
是動力之源。首創精神就是創新精神，創新是黨的事業興旺發達的不
竭動力之源。而理論創新是一切創新的先導，理論創新要著眼於探討
和解決經濟社會發展中的重大理論和實踐問題，把回答新問題作為理
論創新的著力點。緊密聯繫實際，研究新情況、解決新問題、創造新
經驗，通過創造性的思維，不斷摸索和總結經濟社會發展的本質和規
律。只有堅持用時代發展要求審視自己、以改革精神創新發展理念，
中國共產黨才能時刻保持蓬勃生機和無限的創造活力，走在時代前列。
98 年來，中國共產黨開創了通過新民主主義走向中國特色社會主義
現代化的獨特道路，充分展現了追尋中國夢的首創精神，形成了道路
自信。

　　——求實精神是主線，是理論之魂。實事求是是中國共產黨的基
本思想路線，始終堅持求實精神，使得我們黨不斷邁向真理的彼岸。
在推進中國特色社會主義偉大實踐中，中國共產黨進一步將求實精神
發揚光大。98 年來，中國共產黨就是靠著實事求是，實現了兩次偉大
的歷史性飛躍，創立了毛澤東思想和中國特色社會主義理論體系，形
成了理論自信。

　　——奮鬥精神是支柱，是勝利之本。奮鬥精神首先來源於堅定的
理想信念，擁有堅定的理想信念，才能意志堅強、品節剛毅、無所畏

懼，無論遭受多少挫折都不動搖、不退縮、不屈服，不斷克服前進道路上的艱難險阻，勇往直前。只有弘揚堅定理想、百折不撓的奮鬥精神，認定目標，腳踏實地，一步一個腳印，才能帶領全國人民共創美好未來。98 年來，中國共產黨堅定理想、百折不撓，無論遭受多少困難挫折都不動搖、不退縮、不屈服，創造出中國特色社會主義制度，形成了制度自信。

——奉獻精神是本質，是政德之基。98 年來，中國共產黨高舉愛國主義旗幟，堅持立黨為公、執政為民，以人民對美好生活的嚮往為奮鬥目標，堅決同一切腐敗行為做鬥爭，保持黨同人民群眾的血肉聯繫，形成了政黨自信。奉獻精神的關鍵在於黨的一切決策和措施都從人民群眾利益出發，真正做到權為民所用、情為民所繫、利為民所謀。只有始終保持與人民群眾的血肉聯繫，我們黨才能保持根本性質、恪守根本宗旨、牢記根本使命，才能鞏固長期執政的地位。習近平總書記指出：「我們要永遠保持建黨時中國共產黨人的奮鬥精神。」[1]

——擔當精神是關鍵，是優秀品質。98 年來，中國共產黨辛勞為民族，一心救中國，一心為人民，表現了巨大的擔當精神。擔當精神是共產黨人從歷史中繼承的優秀品質。習近平總書記在中共中央政治局第十六次集體學習時強調：「我們共產黨人的憂患意識，就是憂黨、憂國、憂民意識，這是一種責任，更是一種擔當。」[2]無論是回顧歷

---

1 〈習近平在慶祝中國共產黨成立 95 周年大會上的講話〉，《人民日報》2016 年 7 月 2 日。

2 〈堅持從嚴治黨落實管黨治黨責任把作風建設要求融入黨的制度建設〉，《人民日報》2014 年 7 月 1 日。

史、紀念偉人，還是談及改革、出外訪問，習近平總書記都要強調責任擔當，講責任意識。在紀念鄧小平同志誕辰 110 周年座談會上的講話中，習近平總書記指出：「開拓創新，是鄧小平同志一生最鮮明的領導風範，也永遠是中國共產黨人應該具有的歷史擔當。」[1]

中國共產黨是中國工人階級的先鋒隊，同時是中國人民和中華民族的先鋒隊。它是由中華民族優秀分子組成的組織嚴密、步調一致的戰鬥集體，是人類崇高精神最自覺、最堅定的體現者。中國共產黨人的精神境界、價值取向、理想信念、奮鬥目標，實際上代表了中華民族的價值選擇，也是中華民族精神的具體體現。以毛澤東、鄧小平、江澤民、胡錦濤、習近平等為代表的歷屆中央領導集體，都積極弘揚與發展當代中華民族精神。

中國是一個文化大國，中華文化歷史悠久、積澱深厚、博大精深、源遠流長，上下五千年、縱橫八萬里，物質層面的「四大發明」、絲綢之路、萬里長城、運河水系、浩瀚文物，精神層面的家國情懷、天下大同、君子人格、魏晉風度、盛唐氣象等都給世人留下了難以磨滅的記憶和印象。中華民族精神是中華民族在漫長的社會歷史發展過程中逐步形成的。中華民族精神的基本內涵：在 5000 多年的發展中，中華民族形成了以愛國主義為核心，團結統一、愛好和平、勤勞勇敢、自強不息的偉大民族精神。愛國主義是指一個國家的人民在千百年來的社會實踐中形成的一種對祖國的最深厚感情。愛國主義是中華民族精神的核心，它貫穿民族精神的各個方面，它是一個民族凝聚

---

1 習近平：《在紀念鄧小平同志誕辰 110 周年座談會上的講話》，人民出版社 2014 年版，第 15 頁。

起來的強大的精神力量，它是動員和鼓舞中國人民團結奮鬥的一面旗幟，它是各族人民風雨同舟、自強不息的精神支柱。

中華民族精神不是一種抽象的概念，它所折射出的底蘊和更深一層的內涵則是純真的愛國主義精神。中華民族精神猶如民族思想脈動的主旋律，這個主旋律在不同歷史條件和不同情況下會形成或悲壯慷慨或昂揚激越的不同樂章。例如民主革命時期的紅船精神、井岡山精神、蘇區精神、照金精神、長征精神、延安精神、沂蒙精神、紅岩精神、西柏坡精神等，社會主義革命和建設時期的抗美援朝精神、好八連精神、大慶精神、鐵人精神、紅旗渠精神、雷鋒精神、焦裕祿精神、「兩彈一星」精神等，改革開放新時期的改革開放精神、新時期創業精神、孔繁森精神、九八抗洪精神、抗擊「非典」精神、抗震救災精神、北京奧運精神、載人航天精神、勞模精神，以及帶有綜合性質的中國精神等。這些不同樂章既是中華民族精神主旋律的具體表現，又不斷豐富和發展著中華民族精神的主旋律。

所謂民族復興，不僅是經濟的復興，更根本的，則是精神力量和文化的復興。中華民族精神的現代化是中國現代化的重要組成部分。

這一進程既是中國共產黨完成自身歷史任務的必然要求，又是它代表中國先進文化前進方向的歷史與邏輯前提。中國共產黨開啟中華民族精神現代化進程是提升民族自信，回應西方挑戰，解除文化窘境，消解文化惰性的必然要求。

自信，是毫無畏懼面對一切困難和挑戰的勇氣，是堅定不移開闢新天地、創造新奇跡的前提。文化自信是國家、民族、政黨對自我的根本肯定。文明特別是思想文化是一個國家、一個民族的靈魂。無論哪一個國家、哪一個民族，如果不珍惜自己的思想文化，丟掉了思想

文化這個靈魂，這個國家、這個民族是立不起來的。所以，沒有文化自信，民族會消亡，國家會失敗，政黨會解散。習近平總書記指出：「文化自信，是更基礎、更廣泛、更深厚的自信。」[1] 重視中華民族優秀傳統文化，要堅持「古為今用，洋為中用」的方針，大膽吸收和借鑑外國文化。習近平總書記說，承認和尊重本國本民族的文明成果，不是要搞自我封閉，更不是要搞唯我獨尊、「只此一家，別無分店」。各國各民族都應該虛心學習、積極借鑑別國別民族思想文化的長處和精華，這是增強本國本民族思想文化自尊、自信、自立的重要條件。[2] 習近平總書記于 2013 年 12 月在山東考察時深刻地指出：「一個國家、一個民族的強盛，總是以文化興盛為支撐的。……中華民族偉大復興需要以中華文化發展繁榮為條件。」[3] 中華民族有著獨特的精神標識，那就是在 5000 多年文明發展中孕育的中華優秀傳統文化、在黨和人民偉大鬥爭中孕育的革命文化和社會主義先進文化。從「三個自信」到「四個自信」，習近平總書記不斷強化中華民族精神標識，為全體中華兒女奮力實現中國夢增強精神力量。習近平總書記強調：「要不斷豐富人民精神世界、增強人民精神力量，不斷增強文化整體實力和競爭力，朝著建設社會主義文化強國的目標不斷前進。」[4] 這些重要論

---

1 習近平：〈在慶祝中國共產黨成立 95 周年大會上的講話〉，《人民日報》2016 年 7 月 2 日。

2 習近平：《在紀念孔子誕辰 2565 周年國際學術研討會暨國際儒學聯合會第五屆會員大會開幕會上的講話》，人民出版社 2014 年版，第 9 頁。

3 《習近平總書記系列重要講話讀本》，學習出版社人民出版社 2014 年版，第 92、99 頁。

4 習近平：《習近平談治國理政》，外文出版社 2014 年版，第 160 頁。

述，為新時期社會主義文化建設提出了要求、指明了方向。在各種精神中，中國共產黨精神以其鮮明的政治立場、崇高的價值取向、深厚的群眾基礎、堅決的奮鬥精神等，為實現中華民族偉大復興提供強大精神動力。

中華民族精神深深熔鑄于中華兒女的血脈之中。中國共產黨人是中華兒女中的優秀分子，是中華民族精神的自覺繼承者、最好踐行者和大力弘揚者。中國共產黨 98 年的奮鬥，始終圍繞著民族獨立、人民解放和國家繁榮富強、人民共同富裕這兩大歷史任務來進行，體現的正是強烈的愛國主義。黨的偉大精神中的「為國爭光、為民族爭氣」「熱愛祖國、無私奉獻」等，表明愛國主義作為民族精神的核心內容，一以貫之地被各個時期黨的偉大精神所繼承、所強調、所彰顯；「顧全大局、嚴守紀律、緊密團結」「萬眾一心、眾志成城」等，正是對中華民族精神中「團結統一」的生動演繹。中華民族精神中的愛好和平、勤勞勇敢、自強不息等內容，也都在黨的偉大精神中有著生動展現。98 年來，黨不斷從中華民族精神中汲取營養和智慧，培育形成偉大精神；黨所培育形成的偉大精神，又不斷豐富和發展著中華民族精神。

第三節　毛澤東同志與中國共產黨精神的鑄造

中國共產黨精神是以毛澤東思想為內核的精神力量。在中國共產黨精神形成的過程中，毛澤東同志的人格魅力和精神風采發揮了重要作用。

對中國共產黨精神的論述，毛澤東同志有許多比較有代表性的闡述，是毛澤東同志在〈論反對日本帝國主義的策略〉中關於長征的激情論述。他說，長征是歷史記錄上的第一次，長征是宣言書，長征是宣傳隊，長征是播種機。自從盤古開天地，三皇五帝到如今，歷史上曾經有過我們這樣的長征嗎？長征向全世界宣告，紅軍是英雄好漢，宣告了帝國主義和蔣介石圍追堵截的破產。長征還向 11 個省內大約兩萬萬人民宣佈，只有紅軍的道路，才是解放他們的道路。長征還散佈了許多種子在 11 個省內，發芽、長葉、開花、結果，將來是會有收穫的。那麼誰使長征勝利的呢？是共產黨。沒有共產黨，這樣的長征是不可能設想的。中國共產黨，它的領導機關，它的幹部，它的黨員，是不怕任何艱難困苦的。[1] 毛澤東同志這些論述，是理論，也是詩篇；是思想，也是精神。他還提出和宣導完全徹底為人民服務的張思德精神；毫不利己、專門利人的白求恩精神；生的偉大、死的光榮的劉胡蘭精神；下定決心、不怕犧牲、排除萬難、去爭取勝利的愚公移山精神；革命第一、工作第一、他人第一的徐特立精神，等等。

作為中國共產黨的領袖，毛澤東同志在中國革命的大舞臺上充分展現了其精神。從毛澤東詩詞看，毛澤東同志具有宏大的精神世界。毛澤東同志志存高遠、胸懷天下，具有謀劃大局、創造大局、駕馭大局的過人膽略。毛澤東詩詞給人的印象總是縱橫捭闔、氣勢恢宏，不管是寫自然景觀、寫動物姿態，還是寫社會實踐，都充分表現出毛澤東同志的宏大氣魄和陽剛之氣。在〈沁園春‧雪〉中寫道：「江山如

1《毛澤東選集》（第二卷），人民出版社 1991 年版，第 149~150 頁。

此多嬌，引無數英雄競折腰。」「惜秦皇漢武，略輸文采；唐宗宋祖，稍遜風騷；一代天驕成吉思汗，只識彎弓射大雕。」放眼千年歷史，僅歷數過往英雄便把錯綜複雜的中國歷史評點得十分通透。毛澤東同志不由得感慨道：「俱往矣。數風流人物，還看今朝。」其英雄氣概、革命精神與雄才大略由此可見一斑。

毛澤東同志在青年時期就立下拯救民族于危難的遠大志向；當青年毛澤東「以天下為己任」，把改造中國與世界作為自己的人生目標時，奮鬥便成為他人生的主旋律。少年毛澤東曾說：「孩兒立志出鄉關，學不成名誓不還。」青年毛澤東論道，「書生意氣，揮斥方遒。指點江山，激揚文字」。他既有「悵寥廓，問蒼茫大地，誰主沉浮」的仰天長問，又有「到中流擊水，浪遏飛舟」的浩然壯氣；流露出其將人生追求同國家、民族乃至人類命運聯繫在一起的英雄使命與宏大抱負。

毛澤東同志面對挫折、暫時失敗或革命低潮，從不悲觀、從不氣餒。中國革命的總體特徵是敵強我弱，在艱苦卓絕的鬥爭實踐中，毛澤東同志總是帶領中國共產黨從小到大、由弱變強。他年輕的時候，就寫出了「自信人生二百年，會當水擊三千里」的詩句。他總是那麼樂觀、那麼豁達！

面對各種挑戰，毛澤東同志氣定神閑、從容不迫、沉穩持重，對革命充滿了浪漫主義的情懷。「敵軍圍困萬千重，我自巋然不動」「東方欲曉，莫道君行早，踏遍青山人未老，風景這邊獨好」「雄關漫道真如鐵，而今邁步從頭越」「紅旗漫捲西風，今日長纓在手，何時縛住蒼龍」。毛澤東同志總是鼓勵共產黨人堅定信念，樂觀前行。「要向瀟湘直進」「直下龍岩上杭」「直指武夷山下」「不到長城非好漢」「軍民團結如一人，試看天下誰能敵？」「暮色蒼茫看勁松，亂雲飛

渡仍從容」樂觀心態和必勝信念激發出無窮力量，使毛澤東同志堅定執著、勇往直前。

毛澤東同志在〈星星之火可以燎原〉一文中，滿懷豪情展望必將到來的革命高潮：「它是站在海岸遙望海中已經看得見桅杆尖頭了的一隻航船，它是立于高山之巔遠看東方已見光芒四射噴薄欲出的一輪朝日，它是躁動於母腹中的快要成熟了的一個嬰兒。」[1]這是何等的豪邁！又是何等的樂觀！給予處於挫折低谷的中國共產黨人多麼大的鼓舞和精神動力。

當新中國成立之時，毛澤東同志又滿懷豪情地指出：「中國的命運一經操在人民自己的手裡，中國就將如太陽升起在東方那樣，以自己的輝煌的光焰普照大地，迅速地蕩滌反動政府留下來的污泥濁水，治好戰爭的創傷，建設起一個嶄新強盛的名副其實的人民共和國。」[2]中國革命的勝利，令毛澤東同志無比興奮。他在〈浣溪沙·和柳亞子先生〉寫道：「一唱雄雞天下白，萬方樂奏有于闐」，反映了國家統一、民族團結的開國氣象的歡喜之情；在〈浪淘沙·北戴河〉中提道：「蕭瑟秋風又是，換了人間。」〈水調歌頭·游泳〉中想像道：「神女應無恙，當驚世界殊。」

毛澤東同志以天下為己任，心憂天下，使其精神世界躍上高峰。

〈念奴嬌·昆侖〉中，毛澤東同志倚天抽劍，要把昆侖山劈成三截，原先是「一截遺歐，一截贈美，一截留東國」。「太平世界，環球同此涼熱。」毛澤東同志不僅關注中國人民的命運，也關注全人類

---

1 《毛澤東選集》（第一卷），人民出版社 1991 年版，第 106 頁。
2 《毛澤東選集》（第四卷），人民出版社 1991 年版，第 1467 頁。

的前途。他把中華民族的愛國主義發展到一個嶄新階段，使革命精神浸透了深厚的民族底蘊，又使民族精神充滿了博大的世界情懷。毛澤東同志曾說過：「中國應當對於人類有較大的貢獻。」[1]「中國人民有志氣，有能力，一定要在不遠的將來，趕上和超過世界先進水準。」[2]

毛澤東詩詞具有雄渾、剛健、豪放、流動、悲慨種種壯美的特色，這種文化性格的精神動力和美學蘊含，來源於以天下為己任的責任感和敢教日月換新天的英雄氣概。南社著名詩人柳亞子詠贊毛澤東詩詞：「才華信美多嬌，看千古詞人共折腰。算黃州太守，猶輸氣概；稼軒居士，只解牢騷。更笑胡兒，納蘭容若，豔想濃情著力雕。君與我，要上天下地，把握今朝。」[3] 著名學者高亨也在他的一首詞中評論毛澤東詩詞：「細檢詩壇李杜，詞苑蘇辛佳什，未有此奇雄。」[4] 毛澤東同志根據中國實際創立的新民主主義革命理論，成功地解決了在中國這樣的半殖民地半封建社會中，如何緊緊依靠中國共產黨的領導，將新民主主義革命納入世界無產階級革命體系，使中國反帝反封建的革命力量成為世界無產階級革命的同盟軍，最終取得新民主主義革命的徹底勝利，逐步走上社會主義發展道路。在民主革命時期，毛澤東同志提出了我們黨領導民主革命的「三大法寶」，概括了我們黨的「三大作風」，規定了「三大紀律、八項注意」等，奠定了我們黨革命精

---

1 《毛澤東文集》（第七卷），人民出版社 1999 年版，第 157 頁。

2 習近平：《在紀念毛澤東同志誕辰 120 周年座談會上的講話》，人民出版社 2013 年版，第 24 頁。

3 柳亞子：〈沁園春·次韻毛潤之初到陝北看大雪之作〉，《柳亞子自述：續編（1887—1958）》，人民日報出版社 2012 年版，第 242 頁。

4 高亨：〈水調歌頭〉，《人民日報》1966 年 2 月 18 日。

神的根本基礎。

在全國革命勝利前夕，毛澤東同志又鄭重提出了務必繼續地保持謙虛、謹慎、不驕、不躁的作風，務必繼續地保持艱苦奮鬥的作風的「兩個務必」精神。這些寶貴的精神財富，將永遠激勵和鼓舞我們黨面向未來、開拓前進。毛澤東又將中國共產黨執政比作「進京趕考」，提醒全黨要決不當李自成，一定要交出人民滿意的答卷。

新中國成立後，毛澤東同志和我們黨確立了獨立自主、自力更生、艱苦奮鬥、勤儉建國的方針。他在 1956 年中國進入社會主義社會以後又提出，最重要的是要獨立思考，把馬克思主義基本原理同中國革命和建設的具體實際相結合。毛澤東同志在領導全黨確立社會主義基本制度、進行社會主義探索的過程中，在合作化運動、社會主義改造、社會主義建設的各個時期，始終高度重視宣導和發揚自力更生、艱苦奮鬥精神，他多次強調，根本的是我們要提倡艱苦奮鬥，艱苦奮鬥是我們的政治本色。[1] 他要求全黨，要保持過去革命戰爭時期的那麼一股勁，那麼一股革命熱情，那麼一種拼命精神，把革命工作做到底。[2]

毛澤東同志的精神是近代以來先進的中國共產黨人在追求救國救民之道、尋求馬克思主義真理進程中的集中反映和卓越表現，是中華民族精神的再現與昇華，是中國共產黨精神的集中體現。毛澤東精神作為中國共產黨人精神的集中體現，對中國共產黨精神發揮很好的鑄造作用，指引中國共產黨人闖過激流險灘、跨過雪山草地，越過一個

---

1 參見《毛澤東文集》（第七卷），人民出版社 1999 年版，第 162 頁。
2 參見《毛澤東文集》（第七卷），人民出版社 1999 年版，第 285 頁。

又一個艱難險阻，一往無前地向著共產主義遠大目標前進。正可謂「雄
關漫道真如鐵，而今邁步從頭越」。1993 年 12 月，江澤民同志在紀
念毛澤東同志誕辰 100 周年紀念大會上的講話中，把毛澤東思想和毛
澤東同志的精神在範疇上並列起來講：「毛澤東同志的革命精神具有
強大的凝聚力」，「他的名字、他的思想和精神永遠鼓舞著中國共產
黨人和各族人民，繼續推動著中國歷史的前進」。[1] 2003 年 12 月，胡
錦濤同志在紀念毛澤東同志誕辰 110 周年座談會上再次強調：「毛澤
東同志的革命實踐和光輝業績已經載入中華民族的史冊。他的名字、
他的思想、他的精神，將永遠鼓舞著我們繼續推動中國社會向前發
展。」[2] 2013 年 12 月，習近平總書記在紀念毛澤東同志誕辰 120 周年
座談會上提出，我們要繼承毛澤東同志的精神，將中國特色社會主義
事業繼續推向前進。全黨要牢記毛澤東同志提出的「我們決不當李
自成」的深刻警示，牢記「兩個務必」，牢記「生於憂患，死於安樂」
的古訓，著力解決好「其興也勃焉，其亡也忽焉」的歷史性課題，增
強黨要管黨、從嚴治黨的自覺，提高黨的執政能力和領導水準，增強
黨自我淨化、自我完善、自我革新、自我提高能力。[3]

---

1 《江澤民文選》（第一卷），人民出版社 2006 年版，第 346 頁。
2 《十六大以來重要文獻選編》（上），中央文獻出版社 2005 年版，第 642 頁。
3 習近平：《在紀念毛澤東同志誕辰 120 周年座談會上的講話》，人民出版社
　2013 年版，第 24 頁。

第四節　中國共產黨精神的形成與發展

　　中國共產黨精神是中國革命、建設和改革偉大實踐的價值體現，是中華民族優良傳統的延續和昇華，是馬克思主義基本原理與中國實際相結合的光輝結晶，是中國共產黨人實現團結奮鬥、凝聚人心的光輝旗幟和精神紐帶。縱觀中國共產黨的奮鬥歷程，在不同時期形成的革命精神，內涵不同，但實質同一，都是由「紅色基因」所生成。它們一脈相承，在歷史發展的不同階段樹起了一座座豐碑，在中國共產黨的歷史上形成完整的精神序列。

　　從歷史和實踐的角度講，中國共產黨的偉大精神由一個個鮮明具體的「座標」組成，進而形成了一個可以長久涵養後人的「精神譜系」。這個精神譜系炫目多彩，前後相接，多以地點、事件或代表人物命名，已經或正在命名的就有 30 多種。諸如，在革命時期，有紅船精神、井岡山精神、蘇區精神、照金精神、長征精神、延安精神、沂蒙精神、紅岩精神、西柏坡精神等；在建設時期，有抗美援朝精神、好八連精神、大慶精神、鐵人精神、紅旗渠精神、雷鋒精神、焦裕祿精神、「兩彈一星」精神等；在改革時期，有女排精神、經濟特區拓荒牛精神、新時期創業精神、孔繁森精神、九八抗洪精神、抗擊「非典」精神、抗震救災精神、北京奧運精神、載人航天精神、勞模精神，以及帶有綜合性質的中國精神等。中國共產黨人的精神譜系，猶如一條鮮活生動的歷史鏈條，把中國共產黨的偉大精神串接起來、展示出

來。[1]

立於中國共產黨偉大精神動力之首的，是紅船精神。[2]習近平總書記於 2017 年 10 月 31 日帶領黨的十九大新當選的中共中央政治局常委參觀了上海中共「一大」會址後來到嘉興南湖，再次強調了紅船精神。紅船精神是中國共產黨精神動力之源，貫穿於中國共產黨 98 年來中國革命、建設和改革的全過程，是我們黨在前進道路上戰勝各種困難和風險、不斷奪取新勝利的強大精神力量和寶貴精神財富，是中國革命精神的重要組成部分，團結和激勵全黨全國人民實現中華民族偉大復興的中國夢的強大精神力量。

一、「紅船精神」是中國共產黨精神動力之源

「秀水泱泱，紅船依舊。時代變遷，精神永存。」紅船見證了中國共產黨的橫空出世這一中國近現代史上開天闢地的大事變，滿載著中國人民的殷切期待，成為中國共產黨精神動力源頭的象徵。紅船精神開啟了中國共產黨精神動力的發展之旅，紅船精神為中國共產黨精神動力奠定了堅實的基石。

1. 紅船精神是馬克思主義政黨所具有的首創精神的集中體現。

---

1 陳晉：〈中國共產黨的「精神譜系」〉，《光明日報》2016 年 6 月 29 日。
2 2005 年 6 月 21 日，習近平同志在《光明日報》發表了〈弘揚「紅船精神」，走在時代前列〉的理論文章，首次對紅船精神做出集中概括。其內涵為「開天闢地、敢為人先的首創精神；堅定理想、百折不撓的奮鬥精神；立黨為公、忠誠為民的奉獻精神」。

十月革命一聲炮響，給我們送來了馬克思列寧主義。為了救亡圖存，中國共產黨開始運用馬克思列寧主義的世界觀觀察和改造世界，掀起了新的革命高潮。列寧指出：「馬克思主義是馬克思的觀點和學說的體系。」[1]馬克思主義是無產階級的世界觀和方法論。「哲學把無產階級當作自己的物質武器，同樣，無產階級也把哲學當作自己的精神武器。」[2]馬克思主義來源並服務於工人階級的革命運動，它本身就是無產階級的根本利益和革命運動在觀念上的反映和結晶，始終致力於為包括無產階級在內的最廣大人民群眾的利益服務，為工人運動提供強大的理論武器和行動綱領。「馬克思的學說直接為教育和組織現代社會的先進階級服務，指出這一階級的任務，並且證明現代制度由於經濟的發展必然要被新的制度所代替」[3]。馬克思主義在中國的傳播產生了重大的影響。正如毛澤東所說：「一九一七年的俄國革命喚醒了中國人，中國人學得了一樣新東西，這就是馬克思列寧主義。」[4]中國共產黨是無產階級的政黨，是以馬克思主義為指導武裝起來的，是工人階級的先鋒隊。先進的中國人求得了救國救民的真理，唯物史觀的真諦不斷創造新的輝煌。《國際歌》歌詞唱道：「起來，饑寒交迫的奴隸，起來，全世界受苦的人，滿腔的熱血已經沸騰要為真理而鬥爭！」「從來就沒有什麼救世主，也不靠神仙皇帝。要創造人類的幸福，全靠我們自己！」李大釗也曾論道：「我們要曉得一切過去的歷史，都是靠

1《列寧選集》（第二卷），人民出版社 1995 年版，第 418 頁。
2《馬克思恩格斯全集》（第三卷），人民出版社 2002 年版，第 214 頁。
3《列寧專題文集‧論馬克思主義》，人民出版社 2009 年版，第 148 頁 。
4《毛澤東選集》（第四卷），人民出版社 1991 年版，第 1514 頁。

我們本身具有的人力創造出來的，不是那個偉人聖人給我們造的，亦不是上帝賦予我們的。將來的歷史，亦還是如此。」[1] 在紅船精神的激勵下，中國共產黨創造出第一次工人運動高潮、八一南昌起義、第一個革命根據地、偉大的萬里長征、抗戰的中流砥柱、三大戰役等一系列輝煌業績，生動地展現了首創精神。

2. 紅船精神是早期中國共產黨人信仰堅定理想高遠的生動再現。早期中國共產黨人都是為了追求救國救民之道而不斷奮發的，他們確立共產主義的堅定理想並付諸實踐。在國內，李大釗最早在實踐中自覺地推動馬克思主義同中國工人運動相結合，毛澤東同志創辦的文化書社經營馬列等書籍164種、雜誌45種、日報3種，陳望道譯出了《共產黨宣言》第一個中文譯本……在歐洲，蔡和森「猛看蠻譯」馬克思著作；周恩來遍訪法國、德國、英國工人運動，考察西方社會真相；鄧小平同志白天在工廠幹力氣活，晚上刻蠟版出刊物……一群風華正茂的中國青年，為了挽救國家民族的危亡，遠赴重洋，在歐洲這個馬克思主義的發源地，接受著有關革命的新思想、新理論，也接觸著真實的資本主義社會。這段經歷，對他們後來確立信仰、選擇道路，起到了不容忽視的作用。[2]

列寧指出：「馬克思學說具有無限力量，就是因為它正確。它完備而嚴密，它給人們提供了決不同任何迷信、任何反動勢力、任何為

---

1 李大釗：〈唯物史觀在現代史學上的價值〉，《李大釗文集》（第三卷），人民出版社1999年版，第321頁。
2 孫文曄：〈中國共產黨早期領導人為啥很多都有旅歐經歷？〉，《北京日報》2011年2月24日。

資產階級壓迫所作的辯護相妥協的完整的世界觀。」[1]他還說：「馬克思的哲學是完備的哲學唯物主義，它把偉大的認識工具給了人類，特別是給了工人階級。」[2]中國共產黨是以馬克思主義理論武裝起來的先進政黨，馬克思主義為之提供了行動指南。馬克思主義指導思想的確立，使中國共產黨從此有了堅定的理想信念和強大的精神支柱。

　　紅船精神表現了早期中國共產黨人堅定的信仰、高遠的理想和不懈的追求。毛澤東同志是早期中國共產黨人信念堅定理想高遠的傑出代表，他後來回憶說：「有三本書特別深刻地銘刻在我的心中，建立起我對馬克思主義的信仰。我一旦接受了馬克思主義是對歷史的正確解釋以後，我對馬克思主義的信仰就沒有動搖過。」[3]一旦確立了這一崇高信仰，毛澤東同志就終生始終不渝地追求。

　　3. 紅船精神是中國共產黨不斷前進精神動力的源頭活水。紅船精神生動地展現了中國共產黨的性質和宗旨，全心全意為人民服務，是中國共產黨人不懈的追求。毛澤東同志指出：「共產黨是為民族、為人民謀利益的政黨，它本身決無私利可圖。」[4]中國共產黨的優秀黨員在實踐中踐行黨的宗旨，創造了一個又一個生動的範例。「共產黨員是一種特別的人，他們完全不謀私利，而只為民族與人民求福利。」[5]

1《列寧全集》（第二十三卷），人民出版社 1990 年版，第 41 頁。

2《列寧專題文集・論馬克思主義》，人民出版社 2009 年版，第 68 頁。

3 愛德格・斯諾：《西行漫記》，三聯書店 1969 年版，第 131 頁。

4 毛澤東：〈在陝甘寧邊區參議會的演說〉，《毛澤東選集》（第三卷），人民出版社 1991 年版，第 809 頁。

5 毛澤東：〈中共中央為抗戰六周年紀念宣言〉，《毛澤東文集》（第三卷），人民出版社 1996 年版，第 47 頁。

恩格斯說過，「勇敢和必勝的信念常使戰鬥得以勝利結束」[1]。紅船精神激勵著中國共產黨不斷前進，在革命、建設、改革中不斷取得新的勝利，激勵著全體共產黨人充滿著戰鬥激情、滿懷必勝的信心，不斷形成新的精神動力。在紅船精神的浸潤下，中國共產黨形成了先進的政黨文化，而這種政黨文化又給予經濟社會建設以巨大的影響。毛澤東同志指出：「一定的文化（當作觀念形態的文化）是一定社會的政治和經濟的反映，又給予偉大影響和作用於一定社會的政治和經濟。」[2]

縱觀黨的發展歷程，紅船精神所蘊含的奉獻精神，似一絲清泉貫穿了中國共產黨精神動力之鏈的始終。每個共產黨人堅信：人民的利益高於一切。共產黨人一切為了人民、為了一切人民，為了人民的一切。中國共產黨人的奉獻和犧牲，都是為了最廣大人民的根本利益。立黨為公，忠誠為民，貫徹中國共產黨人奮鬥的始終。

二、中國共產黨精神動力不斷續寫新的輝煌

一條小船孕育出一個大黨。在中國革命的偉大實踐中，中國共產黨精神動力不斷續寫新的輝煌。紅船精神不僅在革命戰爭時期對井岡山精神、蘇區精神、照金精神、長征精神、延安精神、西柏坡精神的形成有直接而巨大的影響，也在社會主義建設與改革開放時期，對「兩彈一星」精神、雷鋒精神、改革開放精神以及九八抗洪精神、抗擊

---

1 《馬克思恩格斯全集》（第十一卷），人民出版社 1962 年版，第 478 頁。
2 《毛澤東選集》（第二卷），人民出版社 1991 年版，第 663~664 頁。

「非典」精神、載人航天精神、抗震救災精神等的形成具有深刻而巨大的影響。黨的偉大精神既一脈相承又與時俱進，一脈相承是指各個時期的每種精神都貫穿了我們黨敢為人先、信念堅定、忠誠為民的不懈追求，與時俱進的品質主要展現的是不斷增添新元素，不斷賦予新內涵，不斷塑造新精神。正如習近平總書記所指出的，紅船精神是中國革命精神之源，同井岡山精神、蘇區精神、長征精神、延安精神、西柏坡精神等共同構成了我們黨最可寶貴的精神財富。

　　1. 井岡山精神，是紅船精神在創建第一個農村革命根據地的偉大鬥爭中的再現和發揚。井岡山是中國革命的搖籃。江澤民同志 2001 年視察井岡山時提出：「堅定信念、艱苦奮鬥、實事求是、敢闖新路、依靠群眾、勇於勝利。」[1] 其中實事求是、敢闖新路是井岡山精神的核心，堅定信念、艱苦奮鬥是井岡山精神的靈魂，依靠群眾、勇於勝利是井岡山精神的基石。井岡山精神開啟了走農村包圍城市新的革命道路的精神動力，井岡山精神是中國共產黨人創建中國第一個革命根據地、堅信星星之火可以燎原的精神聚焦，井岡山精神是井岡山革命鬥爭實踐的總結昇華。「雄偉的井岡山，八一軍旗紅。」偉大的黨在這裡締造了第一支英雄的人民軍隊，譜寫了新的篇章。井岡山精神與紅船精神一樣，成為中國革命精神之源。弘揚井岡山精神，要始終堅持中國特色社會主義道路和共同理想，始終堅持解放思想、實事求是、與時俱進的思想路線，始終堅持立黨為公、執政為民的宗旨要求，始終堅持艱苦奮鬥、廉潔奉公的優良作風。正如胡錦濤同志 2009 年在井

---

1 轉引自余伯流：〈大力弘揚偉大的井岡山精神——紀念井岡山革命根據地創建 80 周年〉，《江西日報》2007 年 9 月 11 日。

岡山視察時所指出的：「奪取中國革命勝利離不開井岡山精神，建設和發展中國特色社會主義同樣需要井岡山精神。」[1]

2. 蘇區精神，是紅船精神在創建蘇區的艱苦鬥爭中的傳承和弘揚。2011年11月4日，時任中共中央政治局常委、國家副主席、中央軍委副主席習近平在紀念中央革命根據地創建暨中華蘇維埃共和國成立80周年座談會上發表重要講話，首次對蘇區精神的深刻內涵進行了科學概括。他指出，蘇區精神的主要內涵是「堅定信念、求真務實、一心為民、清正廉潔、艱苦奮鬥、爭創一流、無私奉獻」[2]。這一精神既蘊含了中國共產黨人革命精神的共性，又顯示了蘇區時期的特色和個性。紅船精神、蘇區精神，是中國共產黨人在黨的創立和土地革命戰爭時期孕育形成的偉大革命精神，是中國共產黨人思想品質、政治本色和精神特質的集中體現，是中國人民和中華民族精神新的昇華。開天闢地、敢為人先的中國共產黨人，在蘇區的創建和發展過程中，經過反復比較和選擇，逐步探索並成功開創出一條建立農村根據地，以農村包圍城市，堅持武裝鬥爭、土地革命、根據地建設三位一體，最後武裝奪取全國政權的中國特色的民主革命道路。蘇區精神是「在革命根據地的創建和發展中，在建立紅色政權、探索革命道路的實踐中」，「用鮮血和生命鑄就的」[3]。紅船精神、蘇區精神是中國革

---

1 轉引自江西省中國特色社會主義理論體系研究中心：〈建設和發展中國特色社會主義同樣需要井岡山精神〉，《求是》2009年第15期。

2 習近平：〈在紀念中央革命根據地創建暨中華蘇維埃共和國成立80周年座談會上的講話〉，《人民日報》2011年11月5日。

3 習近平：〈在紀念中央革命根據地創建暨中華蘇維埃共和國成立80周年座談會上的講話〉，《人民日報》2011年11月5日。

命精神鏈條上不可或缺的一環，是一脈相承的，既體現了各自鮮明的時代特色，又蘊含著中國共產黨人革命精神的共性。新形勢下弘揚蘇區精神，就是要讓「蘇區幹部好作風，自帶乾糧去辦公」的情景和「沒有調查，沒有發言權」[1]的實事求是精神重回蘇區大地，在振興蘇區的全面深化改革開放的實踐中發揚光大。

3. 照金精神，是紅船精神在西北革命根據地的呈現與凝聚。中國共產黨在領導人民創建西北革命根據地的過程中，形成了偉大的西北根據地革命精神──照金精神，它是西北革命根據地得以存在和發展的精神動力。照金精神是中華民族精神的重要組成部分，是中國共產黨的寶貴精神財富，是加強社會主義文化建設的精神資源，是加強西部大開發和建設西部經濟強省的強大精神動力。西北革命根據地在中國革命史上佔有重要地位，對於中國革命的最終勝利起到了重要的作用。毛澤東在〈「七大」的工作方針〉文章中指出：「我說陝北是兩點：一個落腳點，一個出發點。」[2]李維漢回憶說：「我們黨在陝北出了兩個領袖人物，一個是劉志丹，一個是謝子長。他們是井岡山道路在陝西的代表。」[3]毛澤東同志五次稱讚習仲勳，說他「黨的利益在第一位」，稱讚他是「活的馬克思主義」，是「從群眾中走出來的群眾領袖」[4]。照金精神是劉志丹、謝子長、習仲勳等陝西共產黨人在創建西北革命根據地過程中所形成的具有特定地區性的一種革命精神。其科學內

---

1 《毛澤東選集》（第一卷），人民出版社 1991 年版，第 109 頁。
2 《毛澤東文集》（第三卷），人民出版社 1996 年版，第 297 頁。
3 薄一波：〈懷念子長〉，《人民日報》1987 年 1 月 13 日。
4 〈毛澤東五次贊習仲勳：他是活的馬克思主義者〉，光明網，2012 年 12 月 24 日。

涵，主要包括實事求是的求實態度、密切聯繫群眾的工作作風、堅忍不拔的革命意志、獨立自主的創新精神和勇往直前的民族精神。照金精神的形成是陝西黨組織在黨中央的領導下，在陝甘邊地區和陝北地區創建西北革命根據地的過程中形成的，具有特定的區域性。它是土地革命戰爭時期中國共產黨形成的井岡山精神、延安精神、長征精神等土地革命戰爭時期中國共產黨的革命精神的重要組成部分，它同井岡山精神、延安精神、長征精神等一起，反映了土地革命戰爭時期中國共產黨的艱苦鬥爭歷程與中國共產黨人的理想追求和精神風貌。習近平總書記於 2015 年春節前夕親臨照金鎮，參觀陝甘邊革命根據地照金紀念館和革命舊址。他指出：「以照金為中心的陝甘邊革命根據地，在中國革命史上寫下了光輝的一頁。要加強對革命根據地歷史的研究，總結歷史經驗，更好發揚革命精神和優良作風。」[1]

4. 長征精神，是紅船精神在「萬水千山只等閒」大無畏中的高揚和昇華。「長征是宣言書，長征是宣傳隊，長征是播種機。」[2] 紅軍不怕遠征難，是什麼力量促使廣大的紅軍指戰員能夠經受住雪山、草地、饑餓、死亡那樣艱苦卓絕的考驗，表現出「萬水千山只等閒」那樣驚人的勇氣和毅力，並創造出「鐵流長驅兩萬五千里」那樣亙古未有的奇跡？這就是因為中國共產黨領導的工農紅軍持有偉大的長征精神。美國著名記者哈里森 · 索爾茲伯里熱烈讚揚長征「是一篇史詩」，「本世紀中沒有什麼比長征更令人神往和更為深遠地影響世界

---

1 轉引自王彥軍：〈照金精神：革命年代凝練出的寶貴財富〉，《學習時報》2016 年 8 月 11 日。
2 《毛澤東選集》（第一卷），人民出版社 1991 年版，第 150 頁。

前途的事件了」，「長征故事將使人們再次認識到：人類的精神一旦
喚起，其威力是無窮無盡的」。[1] 偉大的長征孕育了偉大的長征精神，
偉大的長征精神激勵著中國共產黨人進行新的長征。江澤民同志＜在
紀念紅軍長征勝利六十周年大會上的講話＞指出：長征精神「就是把
全國人民和中華民族的根本利益看得高於一切，堅定革命的理想和信
念，堅信正義事業必然勝利的精神；就是為了救國救民，不怕任何艱
難險阻，不惜付出一切犧牲的精神；就是堅持獨立自主、實事求是，
一切從實際出發的精神；就是顧全大局、嚴守紀律、緊密團結的精神；
就是緊緊依靠人民群眾，同人民群眾生死相依、患難與共、艱苦奮鬥
的精神。」[2] 長征精神，是人類歷史上敢於前行、英勇無畏和堅韌不拔
精神的典範，是中國共產黨優良傳統作風的突出反映和光輝結晶，是
紅船精神激勵下續寫出的新的輝煌。習近平總書記也指出：「長征精
神集中體現了黨和紅軍的優良傳統和作風，是中國共產黨人世界觀、
人生觀和價值觀的全面展示，更是我們構建社會主義和諧社會的強大
精神動力。」[3] 這種精神，無論歲月如何更替，世界如何變化，都要發
揚光大。

　　5. 延安精神，是紅船精神在持久抗戰艱苦卓絕中的堅持和體現。
江澤民同志在 2002 年 3 月底視察延安工作時的講話中，概括延安精神
的內涵是：「堅定正確的政治方向，解放思想、實事求是的思想路線，

---

1 哈里森 · 索爾茲伯里：《長征——前所未聞的故事》，解放軍出版社 2008 年版，
　第 2 頁。

2《江澤民文選》（第一卷），人民出版社 2006 年版，第 590 頁。

3 ＜習近平參觀紀念紅軍長征勝利 70 周年圖片展強調：弘揚偉大長征精神，推進和
　諧社會建設＞，《浙江日報》2006 年 10 月 23 日。

全心全意為人民服務的根本宗旨，自力更生、艱苦奮鬥的創業精神」。[1]
延安精神是抗戰時期中國共產黨人作風品德、精神風貌的集中體現，
全黨同志一定要結合新的實際，大力弘揚延安精神。延安時代無疑是
中國革命歷史一個輝煌的時代，以毛澤東同志為代表的老一輩無產階
級革命家在這裡奠定了中國革命走向新的勝利的基礎，領導、指揮了
偉大的抗日戰爭和解放戰爭，創造了人類戰爭史上的輝煌，譜寫了可
歌可泣的歷史篇章。在那樣艱苦卓絕的鬥爭中，中國共產黨人團結各
階級各階層人民，堅持持久抗戰，堅持民主、團結、進步，形成了偉
大的延安精神。延安精神蘊藏豐富的要素：堅定正確的政治方向，是
延安精神的靈魂；解放思想、實事求是的思想路線，是延安精神的精
髓；全心全意為人民服務的根本宗旨，是延安精神的核心；自力更生、
艱苦奮鬥的創業精神，是延安精神的重要標誌。毛澤東同志在新中國
成立初期就提出：「全國一切革命工作人員永遠保持過去十餘年間在
延安和陝甘寧邊區的工作人員中所具有的艱苦奮鬥的作風。」[2]這是繼
續新長征提出的新要求。鄧小平同志在改革開放之初反復強調，一定
要繼承、恢復和發揚延安精神。無論過去、現在和將來，延安精神都
不能丟。這是改革開放新時期的再期待。2015 年 2 月 13 日，在農曆
春節前夕，中共中央總書記、國家主席、中央軍委主席習近平來到陝
西考察調研，體現出對延安精神的傳承。他曾強調，延安精神是中華
民族優良傳統的繼承和發展，是我們黨的性質和宗旨的集中體現。弘
揚延安精神，對於推進中國特色社會主義事業、實現中華民族偉大復

---

1 江澤民：〈在西安主持召開西部大開發工作座談會時的講話〉（2001 年 4 月 1 日）。
2《毛澤東文集》（第六卷），人民出版社 1999 年版，第 17 頁。

興具有重要意義。[1]

　　6. 西柏坡精神，是紅船精神在民主革命奪取最後勝利中的振作和凝思。新中國從這裡走來，黨中央在西柏坡時期指揮全國戰場不斷取得勝利的輝煌歷史和成功經驗，鑄就了偉大的西柏坡精神。西柏坡精神的基本內涵，毛澤東同志在西柏坡召開的中國共產黨七屆二中全會上有集中闡述。其內容十分豐富，包括「敢於鬥爭，敢於勝利」的革命精神，「我們不但善於破壞一個舊世界，我們還將善於建設一個新世界」[2]的科學精神，「堅持依靠群眾，堅持團結統一」的民主精神，「務必繼續保持謙虛、謹慎、不驕、不躁的作風，務必繼續保持艱苦奮鬥的作風」[3]的創業精神等多種革命精神以及決不妥協的鬥爭精神、自強不息的趕考精神、萬眾一心的團結精神、團結進取的大無畏精神等。西柏坡精神是在中國革命戰略決戰的殊死搏鬥中產生的，是黨中央在最後一個農村指揮所指揮奪取全國勝利的前夜產生的，是紅船精神在民主革命即將奪取最後勝利的時刻展望未來中產生的，因此，西柏坡精神有成熟政黨的沉思，有大決戰硝煙的洗禮，有迎接勝利喜悅的憧憬，有摧毀舊政權、建設新政權的展望，有有效應對各種困難的挑戰的信心，有局部執政爐火純青經驗的昇華。西柏坡精神是對中國共產黨優秀精神和優良作風的概括和總結，是對中國革命勝利後新的萬里長征做出理性思考的昇華，是以毛澤東同志為首的，以周恩來、

1　2010 年 5 月 18 日，時任中共中央政治局常委、中央書記處書記、國家副主席習近平在紀念中國延安精神研究會成立 20 周年會員代表大會上致賀信中提出。
2　《毛澤東選集》（第四卷），人民出版社 1991 年版，第 1439 頁。
3　《毛澤東選集》（第四卷），人民出版社 1991 年版，第 1438 頁。

朱德、任弼時、劉少奇等老一輩無產階級革命家組成的領袖集團集體智慧的結晶，是一種代表歷史性轉折的革命精神，是紅船精神為其源頭的中國革命精神發展的新階段。周恩來曾經指出：「西柏坡是毛主席和黨中央進入北平，解放全中國的最後一個農村指揮所，指揮三大戰役在此，開黨的七屆二中全會在此。」[1]在西柏坡這個農村指揮所裡，黨中央、毛主席運籌帷幄，決勝千里，吹響了徹底埋葬蔣家王朝、建立新中國的號角。

　　7.「兩彈一星」精神，是紅船精神在艱苦創業、再攀科技高峰中的升騰和提練。1999年9月，江澤民同志在表彰為研製「兩彈一星」做出突出貢獻的科技專家大會上，將「兩彈一星」精神進一步概括為「熱愛祖國、無私奉獻，自力更生、艱苦奮鬥，大力協同、勇於登攀」。偉大的事業，產生偉大的精神。胡錦濤同志在中國科學院第十四次院士大會和中國工程院第九次院士大會上的講話中再次強調，新時期要弘揚「兩彈一星」精神。[2]「兩彈一星」精神，是中國共產黨人在極其艱難的條件下團結帶領廣大愛國知識份子勇攀科技高峰的典範，是愛國主義、集體主義、社會主義精神和科學精神在中國共產黨人和廣大知識份子身上活生生的體現，是中國人民在追求中華民族偉大復興新征程上創造的新的寶貴精神財富。「兩彈一星」精神，永載史冊。「我們要繼續發場光大這一偉大精神，使之成為全國人民在中國特色社會

1　1963年2月26日，周恩來為西柏坡作的題詞。
2　胡錦濤：《在中國科學院第十四次院士大會和中國工程院第九次院士大會上的講話》，人民出版社2008年版，第17頁。

主義現代化建設道路奮勇開拓的巨大推進力量。」[1]讓「兩彈一星」精神在新時期煥發新的光芒，要牢固樹立祖國利益高於一切的愛國情懷，要永遠保持艱苦奮鬥的政治本色，要繼續發揚勇於探索、勇於超越的創新精神，要始終秉持科學精神和科學態度，要充分發揮大力協同、相互支持的社會主義政治優勢，要努力培養和造就一支優秀的人才隊伍。

8. 改革開放精神，是紅船精神在推進中國特色社會主義偉大事業新的實踐中的創新和結晶。改革開放精神包含解放思想、實事求是、與時俱進、銳意進取，開拓創新、知難而進、勇於探索、一往無前，獨立自主、艱苦奮鬥，敢闖敢幹、敢走新路、務求實效等一系列體現時代特徵的思想觀念和精神風尚。其中改革創新居於核心地位。以改革創新為核心的時代精神植根於改革開放偉大實踐。習近平總書記指出：「改革創新始終是鞭策我們在改革開放中與時俱進的精神力量。」[2]在全面深化改革進程中弘揚改革開放精神，必須牢記，改革創新突出表現為一種突破藩籬、敢於探索、勇於創新的思想觀念，表現為一種自強不息、敢於擔當、奮勇爭先的責任感和使命感，表現為一種堅忍不拔、銳意進取、愈挫愈堅的精神狀態。在紅船精神激勵下，改革

---

1 江澤民：〈在表彰為研製「兩彈一星」作出突出貢獻的科技專家大會上的講話〉（1999年9月18日），《論科學技術》，中央文獻出版社，2001年版，第166~167頁。
2 習近平：《在第十二屆全國人民代表大會第一次會議上的講話》，人民出版社2013年版，第4頁。

開放新時期形成的還有創業精神[1]、抗洪搶險精神[2]、抗擊「非典」精神[3]、青藏鐵路精神[4]、載人航天精神[5]和抗震救災精神[6]等一系列展現時代風貌的精神。

　　毛澤東同志曾指出:「人是要有一點精神的。」[7]我們黨從小到大、由弱變強,正是由於紅船精神的激勵,正是由於中國共產黨的精神動力的鼓舞。展望未來,「中國夢」是百年夢,是時代夢,是人類社會前所未有的一個嶄新的夢。從我們肩負的歷史使命看,我們的偉大目標是「兩個一百年」的宏偉目標。這仍需要以紅船精神為源頭的中國共產黨的精神動力的激勵。

---

1 《江澤民文選》(第一卷)(第一卷),人民出版社 2006 年版,第 321 頁 。

2 抗洪精神,是愛國主義、集體主義和社會主義精神的大發揚,是社會主義精神的大發揚,是社會主義精神文明的大發揚,是我們黨和軍隊的光榮傳統和優良作風的大發揚,是中華民族的民族精神在當代中國的集中體現和新的發展。江澤民:〈在全國抗洪搶險總結表彰大會上的講話〉(1998 年 9 月 28 日),《十五大以來重要文獻選編》(上冊),人民出版社,第 549~550 頁。

3 胡錦濤同志提出的抗擊「非典」的二十四字精神:「萬眾一心、眾志成城,團結互助、和衷共濟,迎難而上、敢於勝利的精神。」轉引自任仲平:〈築起我們新的長城——論抗擊非典的偉大精神〉,《人民日報》2003 年 5 月 15 日。

4 胡錦濤同志提出:「號召全黨全國各族人民學習和弘揚挑戰極限、勇創一流的青藏鐵路精神。」胡錦濤:〈在青藏鐵路通車慶祝大會上的講話〉,《十六大以來重要文獻選編》(下),中央文獻出版社 2008 年版,第 536 頁。

5 胡錦濤同志提出:「特別能吃苦,特別能戰鬥,特別能攻關,特別能奉獻的載人航天精神。」胡錦濤:〈在慶祝我國首次載人航天飛行圓滿成功大會上的講話〉,《十六大以來重要文獻選編》(上),中央文獻出版社 2008 年版,第 490 頁。

6 胡錦濤同志提出:「萬眾一心,眾志成城,不畏艱險,百折不撓,以人為本,尊重科學的偉大抗震救災精神。」胡錦濤:《在抗震救災先進基層黨組織和優秀共產黨員代表座談會上的講話》,人民出版社 2008 年版,第 10 頁。

7 毛澤東:〈關於正確處理人民內部矛盾的問題〉,《毛澤東文集》(第七卷), 人民出版社 1999 年版,第 209 頁。

三、在新的偉大實踐中為中國共產黨的精神注入新的動力

新時代，按照習近平新時代中國特色社會主義思想的指引，在新的歷史起點再起航、再出發，使習近平新時代中國特色社會主義思想和十四項基本方略得到順利實施，必須繼承和弘揚以紅船精神為源頭的中國共產黨的精神動力。

首先，推進習近平新時代中國特色社會主義思想，必須繼承和弘揚開天闢地、敢為人先的首創精神。新時期，始終保持黨開拓前進的精神動力，是我們黨保持和發展馬克思主義政黨先進性的根本點之一。目前，「中國改革經過 30 多年，已進入深水區，可以說，容易的、皆大歡喜的改革已經完成了，好吃的肉都吃掉了，剩下的都是難啃的硬骨頭」[1]。我們要繼承和發揚紅船精神為代表的中國共產黨的精神動力，以巨大的政治勇氣推進全方位的改革，以強烈的歷史使命感，最大限度集中全黨全社會的智慧，最大限度調動一切積極因素，敢於啃硬骨頭，敢於涉險灘，以更大決心衝破思想觀念的束縛、突破利益固化的藩籬，推動中國特色社會主義制度自我完善和發展。

其次，推進習近平新時代中國特色社會主義思想，必須繼承和弘揚堅定理想、百折不撓的奮鬥精神。共產黨人的理想信念精神家園，就是馬克思主義，就是共產主義，每個共產黨員都應該牢記在心並為之努力奮鬥。鄧小平同志曾指出：「過去我們黨無論怎樣弱小，無論遇到什麼困難，一直有強大的戰鬥力，因為我們有馬克思主義和共產

---

1 習近平：《習近平談治國理政》，外文出版社 2014 年版，第 101 頁。

主義的信念。有了共同的理想，就有了鐵的紀律。無論過去、現在和將來，這都是我們的真正優勢。」[1] 應該「教育全國人民做到有理想」[2]。

　　毋庸諱言，在當今市場經濟的大潮下，多元化的思潮澎湃激蕩、交流交鋒，也影響著當代共產黨人，少數共產黨員心中的共產主義、社會主義精神家園開始荒蕪，在他們的靈魂深處不那麼相信、堅信，擁有堅定的理想信念，並不是每個共產黨員都已經做到了的。習近平總書記在黨的十九大上強調：「革命理想高於天。共產主義遠大理想和中國特色社會主義共同理想，是中國共產黨人的精神支柱和政治靈魂，也是保持黨的團結統一的思想基礎。」[3] 習近平總書記在十八屆中共中央政治局第一次集體學習時講話指出：「理想信念就是共產黨人精神上的『鈣』，沒有理想信念，理想信念不堅定，精神上就會『缺鈣』，就會得『軟骨病』。」[4] 理想信念是共產黨人前進的動力，是共產黨人精神上的「鈣」，必須以此來煉就偉岸身軀。崇高的理想、堅定的信仰，始終是共產黨人保持先進性純潔性的精神動力。共產主義信仰作為共產黨人精神上的「鈣」，始終是共產黨人堅定立場不可須臾離開的因素，始終是黨員、幹部「咬定青山不放鬆，任爾東南西北風」、抵制各種誘惑的決定因素。習近平總書記多次強調，共產黨人要有「革命理想高於天」的精神，始終繼承和弘揚堅定理想、百折不撓的奮鬥精神，始終把思想防線築得牢牢的，始終保持共產黨人的

1 《鄧小平文選》（第三卷），人民出版社 1993 年版，第 144 頁。

2 《鄧小平文選》（第三卷），人民出版社 1993 年版，第 110 頁。

3 習近平：〈決勝全面建成小康社會，奪取新時代中國特色社會主義偉大勝利〉， 新華網，2017 年 10 月 27 日。

4 習近平：《習近平談治國理政》，外文出版社 2014 年版，第 15 頁。

蓬勃朝氣、昂揚銳氣、浩然正氣。

再次，推進習近平新時代中國特色社會主義思想，必須繼承和弘揚立黨為公、忠誠為民的奉獻精神。「紅船精神」昭示我們，黨和人民的關係就好比舟和水的關係，「水可載舟，亦可覆舟」。無論風雲如何變幻，我們黨必須始終代表最廣大人民的根本利益，任何時候都要做到立黨為公、執政為民。2017 年 10 月，習近平總書記在黨的十九大報告中指出：「不忘初心，方得始終。中國共產黨人的初心和使命，就是為中國人民謀幸福……全黨同志一定要永遠與人民同呼吸、共命運、心連心，永遠把人民對美好生活的嚮往作為奮鬥目標」[1] 2014 年 2 月 7 日，習近平總書記在俄羅斯索契接受俄羅斯電視臺專訪時談道：「中國共產黨堅持執政為民，人民對美好生活的嚮往就是我們的奮鬥目標。我的執政理念，概括起來說就是：為人民服務，擔當起該擔當的責任。……作為國家領導人，人民把我放在這樣的工作崗位上，我就要始終把人民放在心中最高的位置，牢記責任重於泰山，時刻把人民群眾的安危冷暖放在心上，兢兢業業，夙夜在公，始終與人民心心相印、與人民同甘共苦、與人民團結奮鬥。」[2] 辦好中國的事，關鍵在黨。總書記堅信：執政黨有什麼樣的精神狀態，一個國家就展示什麼樣的狀態；執政黨有什麼樣的作風，一個社會就呈現什麼樣的風氣。

習近平總書記指出：「小小紅船承載千鈞，播下了中國革命的火

---

1 習近平：〈決勝全面建成小康社會，奪取新時代中國特色社會主義偉大勝利〉，新華網，2017 年 10 月 27 日。
2 〈習近平展現中國領導人魅力〉，《人民日報（海外版）》2014 年 2 月 10 日。

種，開啟了中國共產黨的跨世紀航程。……毛澤東同志在中共「七大」上引用了《莊子》中的一句話『其作始也簡，其將畢也必巨』。……96 年來，我們黨團結帶領人民取得了舉世矚目的偉大成就，這值得我們驕傲和自豪。同時，事業發展永無止境，共產黨人的初心永遠不能改變。唯有不忘初心，方可告慰歷史、告慰先輩，方可贏得民心、贏得時代，方可善作善成、一往無前。」[1]習近平總書記在全面從嚴治黨的進程中，反復告誡：「全黨必須牢記，只有植根人民、造福人民，黨才能始終立於不敗之地。」[2]這是包括紅船精神在內的中國共產黨精神動力給予的歷史啟示。

---

1 〈夢想，從這裡啟航 —— 記習近平總書記帶領中共中央政治局常委赴上海瞻仰中共一大會址、赴浙江嘉興瞻仰南湖紅船〉，《解放軍報》2017 年 11 月 1 日。
2 胡錦濤：《堅定不移沿著中國特色社會主義道路前進，為全面建成小康社會而奮鬥 —— 在中國共產黨第十八次全國代表大會上的報告》，人民出版社 2012 年版，第 49 頁。

譜寫改革創新精神新篇章

　　偉大的事業孕育偉大的精神，偉大的精神推動偉大的事業。一代代共產黨人正是因為始終保持奮發有為的精神狀態，才使我們黨始終站在時代前列，團結帶領人民取得卓越成就。改革開放以來，中國共產黨以超人的膽魄、宏偉的胸襟、世界的眼光，將黨的工作重心轉移到社會主義現代化建設上來，實行改革開放，在推進中國特色社會主義的宏偉實踐中，不斷提煉出改革開放精神、敢闖敢試精神、九八抗洪精神、抗擊「非典」精神、抗震救災精神、載人航天精神、勞模精神，以及帶有綜合性質的中國精神等，極大地豐富了中國共產黨精神新的內涵。

第一節　鄧小平同志與新時期中國共產黨精神的與時俱進

談到改革開放，就繞不開改革開放總設計師鄧小平。鄧小平同志開創了改革開放新時期。

鄧小平同志 1982 年 9 月在十二大開幕詞中說：「把馬克思主義的普遍真理同我國的具體實際結合起來，走自己的道路，建設有中國特色的社會主義，這就是我們總結長期歷史經驗得出的基本結論。」[1] 鄧小平同志反覆強調物質文明和精神文明要「兩手抓，兩手都要硬」，要堅持四項基本原則，反覆強調要培育「四有」新人，要聚精會神抓黨的建設，為新的歷史時期中國共產黨精神的培育、發展與成長指明了方向。

——鄧小平同志強調「五種精神」。鄧小平同志 1980 年 12 月 25 日在＜貫徹調整方針，保證安定團結＞的講話中指出：「在長期革命戰爭中，我們在正確的政治方向指導下，從分析實際情況出發，發揚革命和拼命精神，嚴守紀律和自我犧牲精神，大公無私和先人後己精神，壓倒一切敵人、壓倒一切困難的精神，堅持革命樂觀主義、排除萬難去爭取勝利的精神，取得了偉大的勝利。搞社會主義建設，實現四個現代化，同樣要在黨中央的正確領導下，大大發揚這些精神。如果一個共產黨員沒有這些精神，就決不能算是一個合格的共產黨員。

1《鄧小平文選》（第三卷），人民出版社 1993 年版，第 3 頁。

不但如此，我們還要大聲疾呼和以身作則地把這些精神推廣到全體人民、全體青少年中間去，使之成為中華人民共和國的精神文明的主要支柱，為世界上一切要求革命、要求進步的人們所嚮往，也為世界上許多精神空虛、思想苦悶的人們所羨慕。」[1]鄧小平同志在這裡提出了要發揚「革命和拼命精神，嚴守紀律和自我犧牲精神，大公無私和先人後己精神，壓倒一切敵人、壓倒一切困難的精神，堅持革命樂觀主義、排除萬難去爭取勝利的精神」，這五種精神既是對整個中華民族的要求，也是對每一個共產黨員提出的要求。

　　——鄧小平同志強調「艱苦創業精神」。鄧小平同志 1980 年 1月 1 日在政協全國委員會舉行的新年茶會上的講話中指出：「要有艱苦奮鬥的創業精神。我們要搞中國式的現代化，我們還很窮，就是要老老實實地創業，就是要吃點苦，否則不可能有今後的甜。人民生活只有隨著生產的不斷發展，才能逐步得到改善。」[2]他宣導艱苦奮鬥的創業精神，為改革開放增添了動力。他還說：「我們的毛澤東同志、周恩來同志以身作則，嚴於律己，艱苦奮鬥，幾十年如一日，成為我黨我軍優良傳統和作風的化身。他們的感人事蹟在全黨、全軍、全國人民中，發生了多麼巨大和深遠的影響！不僅影響到我們這一代，而且影響到子孫後代。」[3]

　　——鄧小平同志強調要有全心全意為人民服務的精神和平等的精神。他早在 1962 年 2 月 6 日在擴大的中央工作會議上的講話中指出：

1《鄧小平文選》（第二卷），人民出版社 1994 年版，第 367~368 頁。
2《鄧小平年譜（1975—1997）》，中央文獻出版社 2004 年版，第 588 頁。
3《鄧小平文選》（第二卷），人民出版社 1994 年版，第 125 頁。

「我們進了城，執了政，是做官呢，還是當人民的勤務員呢？這個問題是毛澤東同志過去多次講過的。可以有兩種態度：一種是做官，一種是當人民的勤務員。如果不是做官，而是當人民的勤務員，那就要以普通勞動者的面貌出現，要平等待人，要全心全意地為人民服務。」[1]這裡突出地強調了我們黨的宗旨和黨的精神。

——鄧小平同志強調要有實事求是的精神。1968 年，中國處在向何處去的重大歷史關頭。我們黨高揚解放思想的旗幟，開展了「真理標準問題大討論」，糾正了「兩個凡是」的錯誤，使人們從教條主義的精神枷鎖中解放出來。黨的十一屆三中全會結束了「以階級鬥爭為綱」的錯誤理論和實踐，重新恢復了馬克思主義實事求是的思想路線，果斷做出把黨的工作中心轉移到經濟建設上來、實行改革開放的偉大決策。他宣導的這種精神貫穿改革開放全過程。

——鄧小平同志堅定共產主義遠大理想，在長期的革命、建設和改革實踐中對理想信念有極深刻的認識。他說，為什麼我們過去能在非常困難的情況下奮鬥出來，戰勝千難萬險使革命勝利呢？就是因為我們有理想，有馬克思主義信念，有共產主義信念。我們幹的是社會主義事業，最終目的是實現共產主義。[2]我們這麼大一個國家，怎樣才能團結起來、組織起來呢？鄧小平同志回答，一靠理想，二靠紀律。組織起來就有力量。沒有理想，沒有紀律，就會像舊中國那樣一盤散沙，那我們的革命怎麼能夠成功？我們的建設怎麼能夠成功？[3]在這

1《鄧小平文選》（第一卷），人民出版社 1994 年版，第 304 頁。
2《鄧小平文選》（第三卷），人民出版社 1994 年版，第 110 頁。
3《鄧小平文選》（第三卷），人民出版社 1994 年版，第 111 頁。

裡，他強調理想信念和紀律，密不可分。鄧小平同志指出，共產黨員
一定要嚴格遵守黨的紀律。無論是不是黨員，都要遵守國家的法律，
對於共產黨員來說，黨的紀律裡就包括這一條。遵守紀律的最高標
准，是真正維護和堅決執行黨的政策、國家的政策。所以，有理想，
有紀律，這兩件事我們務必時刻牢記在心。[1] 鄧小平同志信仰堅定，他
始終堅信馬克思主義。1992 年，鄧小平同志在南方談話中說：我堅信，
世界上贊成馬克思主義的人會多起來的，因為馬克思主義是科學。它
運用歷史唯物主義揭示了人類社會發展規律。不要驚慌失措，不要以
為馬克思主義就消失了，沒用了，失敗了。哪有這回事！[2]

在鄧小平同志的鼓勵和支持下，改革開放前所未有地向前推進，
新時期中國共產黨精神不斷豐富和發展起來。

第一，改革創新精神是貫穿中國特色社會主義發展歷程始終的精
神。習近平總書記于 2013 年 12 月 31 日上午在全國政協舉行的新年茶
話會上強調：「要大力弘揚與時俱進、銳意進取、勤於探索、勇於實
踐的改革創新精神，爭當改革的堅定擁護者和積極實踐者，用自己勤
勞的雙手在改革實踐中創造更加幸福的生活。」[3] 改革創新是當代中國
人的思維方式、行為模式，更是精神追求、思想觀念和價值取向。近
代以來 170 多年的思想和精神積澱，特別是改革開放 40 多年的積澱，
已經達到這樣的程度，即改革創新不僅已經成為觀念形態的思想成果
和理論體系，更重要的是已經成為價值取向。其本質的邏輯在於當代

---

1 《鄧小平文選》（第三卷），人民出版社 1994 年版，第 112 頁。
2 《鄧小平文選》（第三卷），人民出版社 1994 年版，第 382~383 頁。
3 習近平：〈在全國政協新年茶話會上的講話〉，《中國青年報》2013 年 12 月 31 日。

中國生產力的發展和社會關係的深刻變化與改革創新精神形成互動關係。代表著生產力中最活躍和充滿活力部分的知識份子、掌握著先進技術和管理理念的階層，獲得越來越重要的話語權，改革創新是他們的思想和精神特徵，引領著社會思潮和社會輿論。改革開放進入攻堅階段出現的許多矛盾和問題也在呼喚著加大改革創新的力度。人們把改革創新作為解決問題的法寶和不二法門，這是當下的社會心態和期待。

　　第二，敢闖敢試精神是我們黨堅持解放思想、實事求是、與時俱進的時代產物。胡錦濤同志在深圳經濟特區建立 30 周年慶祝大會上指出：「深圳經濟特區堅持銳意改革，敢闖敢試、敢為天下先……經過 30 年的不懈努力，深圳迅速從一個邊陲小鎮發展成為一座現代化大城市，綜合經濟實力躍居全國大中城市前列，創造了世界工業化、現代化、城市化發展史上的奇跡。深圳經濟特區廣大幹部群眾以蓬勃的進取精神和創新實踐，為我國改革開放和社會主義現代化建設作出了重要貢獻。」[1]改革開放孕育了經濟特區具有鮮明時代特徵的敢闖敢試精神。深圳經濟特區的「敢闖」主要體現在以下幾方面。一是闖了不合時宜的體制機制「禁區」。1987 年 12 月 1 日，深圳敲響了土地使用權拍賣第一槌。此後，全國許多城市紛紛以協議、招標、拍賣等方式把土地推向市場，實行有償轉讓。1988 年 4 月 12 日，全國人大通過憲法修正案，明確規定「土地的使用權可以依照法律的規定轉讓」。利用市場機制提高土地資源配置效率，顯著促進了經濟增長。二是闖

---

1 胡錦濤：《在深圳經濟特區建立 30 周年慶祝大會上的講話》，人民出版社 2010 年
版，第 3 頁。

了前人未曾涉足的「盲區」。1983 年 7 月 8 日，深圳寶安縣聯合投資公司發行了新中國歷史上第一張股票。1990 年 12 月 1 日，深圳證券交易所試營業。從此，深圳的金融創新日新月異，證券市場快速健康發展。三是闖了矛盾錯綜複雜、令人望而卻步的「難區」。深圳於 1983 年率先開放糧、油、糖、布等基本生活消費品市場，於 1985 年實現 80% 的商品價格由市場調節，於 1990 年實現 98% 的商品價格由市場調節。同時，率先開放生產資料市場，率先建立勞動力市場，率先探索把按勞分配與生產要素按貢獻參與分配結合起來，大膽嘗試推行員工持股制、經營者年薪制、技術管理人股，在國內率先形成了按勞分配為主體、多種分配方式並存的收入分配制度。一系列的「闖」和「試」，使深圳在建立社會主義市場經濟體制方面取得了突破性進展。經濟特區建立以來，一代又一代特區人大力弘揚我們黨的優良傳統，敢為人先、敢冒風險，開放包容、海納百川，開拓創新、不斷進取，艱苦創業、樂於奉獻，推動了經濟特區經濟社會發展，培育形成了敢闖敢試精神。敢闖敢試精神順應時代潮流、體現時代特徵、反映時代風貌，凝聚著特區人的汗水和智慧，是以改革創新為核心的時代精神的生動體現。它與紅船精神、井岡山精神、蘇區精神、照金精神、長征精神、延安精神、西柏坡精神、大慶精神、「兩彈一星」精神等我們黨培育形成的一系列偉大精神一脈相承，是全黨和全國人民的寶貴精神財富。

第三，創業創新激發了新時期創業精神。江澤民同志于 1993 年 3 月 31 日在全國人大八屆一次會議的閉幕式上的講話中提出，要大力弘揚新時期創業精神。其主要內涵即「解放思想、實事求是，積極探索、勇於創新，艱苦奮鬥、知難而進，學習外國、自強不息，謙虛謹

慎、不驕不躁，同心同德、顧全大局，勤儉節約、清正廉潔，勵精圖治、無私奉獻」。他認為「這些都應該成為新時期我們推進現代化建設所要大加宣導和發揚的創業精神」[1]。

第四，偉大抗洪精神是氣壯山河的一曲凱歌。1998年夏天，我國江南、華南大部地區和北方局部發生了大洪水。在黨中央和國務院的英明領導和決策下，數百萬軍民眾志成城，奮起抗洪，一方有難，八方支援，中華兒女用鋼鐵般的意志和大無畏的英雄氣概，形成了偉大的抗洪精神。抗洪精神內涵就是：萬眾一心、眾志成城、不怕困難、頑強拼搏、堅韌不拔、敢於勝利。抗洪搶險鬥爭的偉大勝利和偉大抗洪精神的形成，進一步豐富和發展了中國共產黨精神，把社會主義精神文明建設推向了新階段，它鑄就了精神文明建設的壯麗豐碑，為進一步加強精神文明建設提供了前所未有的良好機遇。

九八抗洪精神的實質是，以公而忘私、捨生忘死的共產主義精神為靈魂；以人民利益、國家利益、全域利益至上的大局意識為核心；以團結一致、齊心協力、「一方有難、八方支援」的社會主義大協作精神為紐帶；以不怕困難、不畏艱險、敢於勝利的革命英雄主義精神為旗幟；以自強不息、貴公重義、艱苦奮鬥、同舟共濟、堅韌不拔、自尊自勵等傳統美德為血脈為營養。是這一切高貴美好的品格在共同抗擊自然災害的殊死搏鬥中所形成的交匯點——時代精神和民族精神的交匯點，社會主義和愛國主義、集體主義的交匯點，革命英雄主義和社會主義人道主義的交匯點。

1《江澤民文選》（第一卷），人民出版社2006年版，第301頁。

第五，抗擊「非典」精神極大地增強了中華民族的民族凝聚力。2002 年 11 月以來，我國一些地區發生了傳染性非典型性肺炎疫情，面對非典型性肺炎這場突如其來的重大災害，共產黨員衝鋒在前、勇挑重擔；人民群眾團結一致、相互支援；醫務工作者捨生忘死、前仆後繼；科技工作者夙興夜寐、全力攻關。在黨中央、國務院的堅強領導下，全國人民奮起抗擊非典型性肺炎疫病，取得了最終勝利。「萬眾一心、眾志成城，團結互助、和衷共濟，迎難而上、敢於勝利」的精神，就是對抗擊「非典」精神的高度概括。

第六，抗震救災精神是波瀾壯闊的改革開放時代中華民族精神的一次偉大昇華。抗震救災的精神是這一切高貴美好的品格在共同抗擊自然災害的殊死搏鬥中所形成的交匯點，時代精神和民族精神的交匯點，社會主義和愛國主義、集體主義的交匯點，革命英雄主義和社會主義人道主義的交匯點。它使我們看到了波瀾壯闊的改革開放時代中華民族精神的一次偉大昇華。抗震救災精神則是：自強不息、頑強拼搏，萬眾一心、同舟共濟，自力更生、艱苦奮鬥。

自強不息精神是奪取抗震救災勝利的重要保證。地震發生後，胡錦濤總書記在四川災區指導抗震救災時特別強調：「中華民族歷來具有在艱難困苦面前不屈不撓、團結奮鬥的光榮傳統。只要全黨全軍全國各族人民眾志成城、頑強拼搏，我們就一定能夠克服各種困難，奪取這場抗震救災鬥爭的全面勝利！」[1]溫家寶同志在趕赴災區指導救災工作的路上說：「在災害面前，最重要的是鎮定、信心、勇氣和強有

---

1 胡錦濤：《在四川召開的抗震救災工作會議上的講話》，人民出版社 2008 年版，第 7 頁。

力的指揮。」[1] 這些是對當前抗震救災中所需要的自強不息精神的最好詮釋。鎮定，是因為這是一場嚴峻的考驗，考驗著一個國家應對自然災害的能力，也考驗著政府的應急管理能力。面對大災，黨和政府科學應對、調度有方、從容不迫，上下一心，鎮定自若，給全國人民吃了定心丸。信心、勇氣，是我們戰勝一切困難的力量源泉，在抗震救災鬥爭中不斷得到激發和磨礪，正在發揮重要作用。強有力的指揮，體現在黨中央和國務院指揮有力，領導有方，或親臨一線，或運籌帷幄，保證了全國一盤棋，全力支援抗震救災鬥爭。

自強不息精神在解放軍和武警官兵身上體現得淋漓盡致。十幾萬解放軍和武警官兵在地震後的第一時間，緊急動員，克服種種難以想象的困難，晝夜兼程，趕到災區。儘管橋毀路損，儘管大雨滂沱，儘管給養一時難以到位，可他們不講條件、不顧安危、不怕犧牲、義無反顧，頑強地在廢墟中搜救每一名倖存者，搶救每一名傷患。在抗震救災戰場上，他們是主力軍，是突擊隊，是攻堅勇士，聽指揮，肯吃苦，能承受，能戰鬥！他們以實際行動證明，國難當頭，他們仍然是最可愛的人，是中華民族的中流砥柱！

廣大災區人民，面對災難不屈不撓，自救互救，患難與共，自強不息，贏得了全國人民與世界人民的敬重。來自災區的消息一次又一次地震撼人們的心靈：遇難的中學老師雙手撐地，身下是兩名學生；幼稚園老師用後背擋住了垮塌的水泥板，懷裡還緊抱著一個孩子；綿陽私人診所醫生拿出全部藥品救人；成都計程車司機自發奔赴災區參

---

1 溫家寶：〈在災害面前，最重要的是鎮定、信心、勇氣〉，中新網，2008 年 5 月 12 日。

與營救——在經歷巨大的災難後，清理廢墟，搭起帳篷，下地搶收油菜、下田插秧，毅然投入重建家園中去。樸實的災區人們堅信雖然夜裡有哭泣，但天明一定會有歌聲，他們堅信：美好的家園一定會重現，幸福的歌聲一定會再響起。

萬眾一心、同舟共濟，是一個民族在一定的利益和目標基礎上形成的、促進人們在意志和行動上和諧統一的向心力和凝聚力。在漫長的歷史發展過程中，我國各族人民共同勞動、生活和鬥爭，形成了「萬眾一心、同舟共濟」的民族精神。「萬眾一心、同舟共濟」的民族精神彰顯了偉大力量。在這場抗震救災鬥爭中，中華兒女同呼吸、共命運、心連心。災難和死神面前的不屈不撓、捨己救人的人間大愛、拯救生命的堅定從容、忠於職守的高度責任、共克時艱的戮力同心等，都為「萬眾一心、同舟共濟」的偉大精神賦予了新的時代內涵。「萬眾一心、同舟共濟」的偉大精神已經深深融進中華兒女的血脈裡，集中體現在各族人民的行動中。萬眾一心、同舟共濟的偉大精神，體現了民族精神和時代精神的統一。

自力更生，生產自救，就是主要依靠自己，依靠自己的能力解決困難。在這次抗震救災鬥爭中，特別是在恢復生產、重建家園的過程中，應當大力弘揚自力更生的精神，接受援助而不依賴援助，用自己的雙手創造幸福生活。內因是根據，外因是條件。自力更生精神之所以具有強大生命力，就在於自身力量是一種內因，是變化的根據，再好的外部條件和外部因素也只能通過內因發生作用。因此，災區人民在抗震救災和重建家園的鬥爭中，仍須堅持自力更生，這不但應當成為一種指導方針，也應當成為一種思想作風和精神狀態。

第七，北京奧運精神是中華民族百折不撓、自強不息的進取精神

的再現。

2008 年，北京成功地舉辦了第 29 屆奧運會。在這一賽事的舉辦過程中充分體現了當代中華民族精神，被稱為「北京奧運精神」。北京奧運精神的主要內涵是：「眾志成城、團結互助、百折不撓、自強不息、謙虛謹慎、腳踏實地、精益求精、不斷開拓、張弛有度、文明競爭等精神。」

── 眾志成城、團結互助的愛國精神。眾志成城、團結互助的愛國精神是北京申奧成功的根本保障。北京申奧首先得到了黨和國家領導人的大力支持，充分顯示了我國政府和人民成功舉辦奧運會的能力和信心，這是國際奧委會最為欣賞的一條。民意調查結果顯示，98.7% 的北京市民支持北京申辦 2000 年奧運會。國際調查公司對北京市民的入戶調查顯示，北京申辦 2008 年奧運會 94.6% 的市民支持率在所有申辦城市中是最高的；海外華人、港澳同胞和國外友人以及一些國內外團體也表示支援。支持北京申奧成為激盪的愛國熱情，難怪有人說北京申奧後面站著的是 12 億人的「啦啦隊」。這是任何國家都無法超越的。

── 百折不撓、自強不息的進取精神。早在 1908 年，列強踐踏下的華夏大地上，為了呼喚一種不屈不撓的民族精神，就有人在《天津青年》雜誌一篇題為〈競技運動〉的文章裡向國人提出了三個問題：中國何時才能派一位選手參加奧運會？中國何時才能派一支隊伍參加奧運會？中國何時才能舉辦奧運會？新中國成立後，中國立即開始了積極而艱辛的奧運奮鬥歷程。1969 年 11 月 26 日，國際奧委會一致通過了恢復中國合法席位的決議。1984 年洛杉磯奧運會上，中國體育代表團一舉獲得 15 枚金牌，徹底摘下了「東亞病夫」的舊帽；2000 年

悉尼奧運會，中國破天荒地奪得 28 塊金牌，名列世界第三。北京因場外因素以兩票之差失去 2000 年奧運會主辦權後，中國人民臥薪嚐膽，經過精心的準備，又全力申辦 2008 年奧運會。在美國政府宣佈大規模售臺先進武器並揚言「武力保臺」、北京申奧障礙重重之際，中國人民不畏強霸，舉國上下發起了一場聲勢浩大的「聲援、聲援、再聲援」運動，全世界華人眾志成城、同仇敵愾，以各種方式同國際霸權主義進行了堅決的鬥爭。中華民族百折不撓、自強不息的進取精神贏得了世界上正義力量的尊重和支持，中國北京終於以絕對優勢獲得了 2008 年申奧的成功。

——謙虛謹慎、腳踏實地的務實精神。北京申奧也體現了當代中華民族謙虛謹慎、腳踏實地的務實精神。北京奧申委在申辦 2000 年奧運會的臨行講話中說：「謀事在人，成事在天，存在著兩種可能性。我們本著學習學習再學習、努力努力再努力的精神，的確做了大量艱苦的工作。但不論你的工作怎麼好，舉辦的條件怎麼優越，應該舉辦的理由多麼充分，由哪座城市舉辦，最終只能由國際奧委會來決定。因此，針對兩種可能性，我們也應有兩種準備，而且要採取正確的態度，這就是成功不驕傲，不成功不氣餒。」國際奧委會公佈 2008 年申奧評估結果後，世界輿論紛紛看好北京，中國人民在這個時刻依然表現出了異常的冷靜與從容。中國人民的謙虛謹慎與一開始就叫嚷必勝的其他一些國家形成了鮮明的對比。為了成功，中國做了大量的努力，1998－2002 年北京市政府僅在環保方面的投資就高達 56 億美元，2003－2007 年仍計畫投資 66 億美元進一步改善環境，2008－2012 年，北京投入人民幣 1800 億建設 142 個重點專案。面對國際奧委會評估委員會的讚歎，北京奧申委說：「我們還有許多事情要做，所以，沒有

最滿意，只有要做得更好。」

——精益求精、不斷開拓的創新精神。申奧伊始，中國就創造性地提出了「綠色奧運、人文奧運、科技奧運」三大理念，它們就像三面大旗，使北京申奧顯得獨具特色。北京申奧宣傳片在有限的時間內，把中國博大精深的傳統文化、欣欣向榮的改革開放和積極熱誠的奧運期盼充分地展現出來。在申奧中最引人矚目的《申辦報告》，從開始撰寫到最後付印，20 萬字的報告，用奧中委官員的話說進行了「顛覆性」的修改，中文本 10 次，英法文修改 3 次，局部的修改不計其數。

直接參加撰寫的達 200 人之多，不同程度參與的有 3000 人之多，還聘請了外國專家，北京外國語大學幾乎動用了法語系全部力量投入翻譯。在報告撰寫過程中，北京市委、市政府和國家體育總局的主要領導親自參加討論，奧申委的各級領導直接參與撰寫，報告的撰寫人員創造過連續工作 32 小時的紀錄。正是靠著這種精益求精、不斷開拓的創新精神，北京申辦奧運會的行動終於征服了國際奧委會評估團，北京申奧代表團在莫斯科的《申辦報告》陳述，深深地打動了在場的每一位成員。

——兼收並蓄、海納百川的開放精神。申辦奧運會不僅是一個國家綜合國力的競爭，更是一種申辦藝術的比賽。中國人民真誠地向全世界發出了親切的呼喚：「開放的中國盼奧運」，同時懷著博大的胸懷，學他人之長，補己之短，聯合所有能夠合作的力量，力爭取得最好的效果。北京在開始申奧時就曾聘請國際公關人士協助策劃，第二次申辦一開始就定下高起點、高標準，奧申委於 1999 年 12 月主辦了「北京申奧整體形象戰略專家研討會」，愛德曼、偉達等國際知名公關公

司紛紛推介它們的公關戰略。在申奧過程中北京也曾聘請 1993 年協助悉尼勝出的澳洲著名公關彼得 · 菲力浦等國際級公關公司為北京申奧進行「形象包裝」。北京 2008 年奧運會的場館和奧運村規劃宣佈公開向國際招標，在申奧最後衝刺階段，中國人民又邀請帕瓦羅蒂等世界三大男高音歌唱家在故宮午門放歌等，都對申奧起到了積極作用。

　　——張弛有度、文明競爭的和諧精神。在申奧的整個過程中，北京始終堅持公平競爭的原則，抱著參與、學習、交流、提高的目的開展宣傳活動，從不為了競爭而專挑別人的一些短處，更不會去惡意攻擊別人。在申辦 2000 年奧運會失敗後，北京沒有去抱怨場外因素的不公，只是更加努力地勵精圖治。在澳大利亞曝出奧運會「賄選」醜聞後，中國大度地表示諒解，表示不贊成取消悉尼主辦資格。當法國和多倫多由於嫉妒北京的優勢而無端攻擊時，中國人民更是一笑置之。但是，中華民族的寬容、友好是有一定原則的，對於美國等一些國家對於中國申奧所進行的蠻橫無理的挑釁、壓制和阻撓，中國人民則表現出了強烈的憤慨並進行了英勇無畏的堅決鬥爭。北京申奧所表現出的張弛有度、文明競爭的和諧精神，贏得了世界人民的廣泛尊重。

　　第八，載人航天精神是中華民族追求飛天夢的生動體現。載人航天工程是當今世界高新技術發展水準的集中體現，是衡量一個國家綜合國力的重要標誌。在實施載人航天工程的進程中，中國航天人牢記黨和人民的重托，滿懷為國爭光的雄心壯志，自強不息，頑強拼搏，團結協作，開拓創新，取得了一個又一個輝煌成果，也鑄就了特別能吃苦、特別能戰鬥、特別能攻關、特別能奉獻的載人航天精神。這是以愛國主義為核心的偉大民族精神和以改革創新為核心的時代精神的生動體現，是紅船精神、井岡山精神、蘇區精神、延安精神、「兩彈

一星」精神、九八抗洪精神、抗擊「非典」精神的光榮傳承，是我們黨、國家、軍隊和人民的寶貴精神財富，值得大力弘揚。「特別能吃苦、特別能戰鬥、特別能攻關、特別能奉獻」是對載人航天精神的高度概括。

——艱苦奮鬥的精神。歷盡千難成偉業，人間萬事出艱辛。我國載人航天工程是在世界航天大國已經發展幾十年後起步的。為了縮小差距，迎頭趕上，載人航天工程從開始實施時就明確提出，要堅持做到起步晚、起點高，投入少、效益高，項目少、水準高，從總體上體現中國特色和技術進步，走跨越式發展的道路。中國航天人始終以人民利益為最高利益，以苦為榮，以苦為樂，常年超負荷工作，默默承受著常人難以承受的困難和壓力。載人航天工程的成功實踐告訴我們，無論是過去、現在還是將來，艱苦奮鬥永遠是我們戰勝一切困難、奪取事業勝利的重要法寶。只有以艱苦奮鬥精神做支撐，我們的民族才能自立自強，我們的國家才能發展進步，我們的各項事業才能永葆生機活力。

——勇於攻堅的精神。載人航天工程是中國航天領域迄今規模最龐大、系統最複雜、技術難度大、品質可靠性安全性要求最高和極具風險性的一項重點工程。這項空前複雜的工程在比較短的時間裡不斷取得歷史性突破，一個極其重要的原因在於，中國航天人敢於攻堅、勇於創新。從試驗室到各生產企業，從大漠深處的航天發射場到浩瀚三大洋上的「遠望號」測量船，到處留下了航天人攻堅的足跡，灑下了航天人登攀的汗水。他們知難而進，頑強拼搏，在重重困難面前百折不撓，在道道難關面前決不退縮，以驚人的毅力和勇氣戰勝了各種難以想像的困難，用滿腔熱血譜寫了共和國載人航天事業的壯麗史詩。

——開拓創新的精神。我國的載人航天工程，從飛船設計、火箭改進、軌道控制、空間應用到測控通信、太空人訓練、發射場和著陸場等方案論證設計，都瞄準世界先進技術，確保工程一起步就有強勁的後發優勢，關鍵技術就能與世界先進水準並駕齊驅，局部還有所超越。面對一系列全新領域和尖端課題，科技人員始終不懈探索、敢於超越，攻克了一項又一項關鍵技術難題，獲得了一大批具有自主知識產權的核心技術和生產性關鍵技術，展示了新時期中國航天人的卓越創新能力。這些重大突破，使我國在一些重要技術領域達到了世界先進水平。中國航天人的成功實踐告訴我們，一定要勇於站在世界科技發展的最前列，敢於在一些重要領域和科技前沿創造自主智慧財產權，大力提高核心競爭力，努力在世界高新技術領域佔有一席之地。

——無私奉獻的精神。我國載人航天事業的建設者，是一支具有光榮傳統、建立了卓越功勳的團隊。中國航天人勇敢地肩負起攀登航天科技高峰的神聖使命，為了祖國的航天事業，淡泊名利，默默奉獻。他們獻出了青春年華，獻出了聰明才智，獻出了熱血汗水，有的甚至獻出了寶貴生命。他們用頑強的意志和傑出的智慧，將「一切為了祖國，一切為了成功」寫在了浩瀚無垠的太空中。老一代航天人甘當人梯，新一代航天人茁壯成長。在載人航天工程的幾大系統中，35 歲以下的技術骨幹已占 80%，一批既懂專業、又善管理的人才成為各系統、各專業的帶頭人。一大批能夠站在世界科技前沿、勇於創新的高素質人才，為我國航天事業實現新的突破積蓄了強大的發展後勁。

綜上，改革開放新時期湧現的各種精神，極大地豐富了中國共產黨精神；在中國共產黨精神的鼓舞下，廣大人民群眾創造了改革開放的偉大成就。新時代，我們一定要把偉大的改革創新精神、敢闖敢試

精神、新時期創業精神、九八抗洪精神、抗震救災精神、北京奧運精
神、載人航天精神等，轉化為推動改革開放和社會主義現代化建設的
強大動力，緊緊抓住機遇，有效應對各種挑戰，認真解決前進道路上
面臨的突出矛盾和問題，不斷開創中國特色社會主義事業新局面，進
一步豐富中國共產黨精神。

第二節　黨代會與時俱進的精神

　　中國共產黨具有與時俱進的精神。黨的指導思想是中國共產黨精
神的靈魂，是指導我們各項工作的行動指南，是黨具有生命力和創造
力的根本。改革開放以來，我們黨在指導思想上的與時俱進，是中國
共產黨精神成長的航標，是黨的事業開拓前進的先導。與時俱進，一
個最重要的方面，就是正確對待馬克思主義。馬克思主義具有與時俱
進的理論品質。

　　——黨的十一屆三中全會，做出把黨和國家的工作重心轉移到社
會主義現代化建設上來，實行改革開放的偉大決策；開啟了改革開放
新的歷史時期。我們黨在新中國成立以來歷史上具有深遠意義的偉大
轉折是以這次全會為開端的。我們黨在思想、政治、組織等領域的全
面撥亂反正，是從這次全會開始的。偉大的社會主義改革開放，是由
這次全會揭開序幕和開始起步的。建設中國特色社會主義的新道路，
是以這次全會為起點開闢的。指導改革開放和社會主義現代化建設的
強大理論武器——建設中國特色社會主義理論，是在這次全會前後開
始逐步形成和發展起來的。一句話，黨的十一屆三中全會標誌著：中

國從此進入了改革開放和社會主義現代化建設的歷史新時期，中國共產黨從此開始了建設中國特色社會主義的新探索。黨的十九大高度評價說：「改革開放之初，我們黨發出了走自己的路、建設中國特色社會主義的偉大號召。從那時以來，我們黨團結帶領全國各族人民不懈奮鬥，推動我國經濟實力、科技實力、國防實力、綜合國力進入世界前列。」[1]

　　黨的十一屆三中全會實行了「解放思想，實事求是」的精神。這次會議和會議以前的中央工作會議，在黨的歷史上具有重大的意義。在兩個會議的整個過程中，大家在馬列主義、毛澤東思想的基礎上，解放思想，暢所欲言，充分恢復和發揚了黨內民主和黨的實事求是、群眾路線、批評和自我批評的優良作風，增強了團結。鄧小平同志尖銳地指出：「一個黨，一個國家，一個民族，如果一切從本本出發，思想僵化，那它就不能前進，它的生機就停止了，就要亡黨亡國。」[2]會議真正實現了毛澤東同志所提倡的「又有集中又有民主，又有紀律又有自由，又有統一意志、又有個人心情舒暢、生動活潑，那樣一種政治局面」[3]。

　　——1982 年 9 月 1 日，中國共產黨第十二次全國代表大會在北京舉行。做了題為〈全面開創社會主義現代化建設的新局面〉的報告。報告宣佈，我們已經在指導思想上完成了撥亂反正的艱巨任務，在各

---

1 習近平：〈決勝全面建成小康社會，奪取新時代中國特色社會主義的偉大勝利〉，新華網，2017 年 10 月 27 日。
2《鄧小平文選》（第二卷），人民出版社 1994 年版，第 143 頁。
3《毛澤東文集》（第八卷），人民出版社 1999 年版，第 293 頁。

條戰線的實際工作中取得了撥亂反正的重大勝利，實現了歷史性的偉大轉變。

十二大報告中指出：「我們在思想上堅決衝破長期存在的教條主義和個人崇拜的嚴重束縛，重新確立馬克思主義的實事求是的思想路線，使各個工作領域獲得了生氣勃勃的創造力量。我們恢復了毛澤東思想的本來面目，在新的歷史條件下堅持和發展了毛澤東思想。」[1]

大會宣導尊重「群眾首創精神」，指出：「列寧說過，生氣勃勃的創造性的社會主義是人民群眾自己創造的。毫無疑義，沒有億萬群眾的高昂的勞動熱忱，沒有成千上萬個生產單位的首創精神，沒有各地方、各部門的積極奮鬥，社會主義建設事業的蓬勃發展是不可能的。」[2]

——黨的第十三次全國代表大會的主要歷史功績，是比較系統地論述了我國社會主義初級階段的理論，明確概括和全面闡發了黨的「一個中心、兩個基本點」的基本路線。大會高度評價十一屆三中全會以來開始找到建設有中國特色社會主義道路的偉大意義，強調指出，這是馬克思主義與中國實踐相結合的過程中，繼找到中國新民主主義革命道路、實現第一次歷史性飛躍之後的第二次歷史性飛躍。

正確認識我國社會現在所處的歷史階段，是建設有中國特色的社會主義的首要問題。黨的十三大做出了「社會主義初級階段」的科學論斷。「我國正處在社會主義的初級階段。這個論斷，包括兩層含義。第一，我國社會已經是社會主義社會。我們必須堅持而不能離開社會

1《十二大以來重要文獻選編》（上），人民出版社 1986 年版，第 7 頁。
2《十二大以來重要文獻選編》（上），人民出版社 1986 年版，第 25 頁。

主義。第二，我國的社會主義社會還處在初級階段。我們必須從這個實際出發，而不能超越這個階段。」[1] 並根據這個國情制定了我們黨的建設有中國特色的社會主義的基本路線。

黨的十三大報告指出：「改革和開放，也使民族精神獲得了新的解放。長期窒息人們思想的許多舊觀念，受到了很大衝擊。積極變革，勇於開拓，講求實效，開始形成潮流。隨著時間的推移，人們將會更清楚地看到，這九年之所以不平凡，之所以舉世矚目，就是因為許多適應社會進步趨勢的新思想是在這個時期產生的，具有開創意義的新體制的基礎是在這個時期開始奠定的。社會主義體制改革就其引起社會變革的廣度和深度來說，是又一次革命。」[2]

——1992 年 10 月，中國共產黨召開了第十四次全國代表大會，這是在改革開放關鍵時期、鄧小平南方談話之後召開的一次十分重要的大會。黨的十四大強調：「改革開放和現代化建設，有力地推動著我國人民解放思想、開闊眼界、面向世界、走向未來，煥發出自強不息、奮力拼搏的精神。」[3]

黨的十四大提出：「我們從事的事業，就是堅持黨的基本路線，通過改革開放，解放和發展生產力，建設有中國特色的社會主義。就其引起社會變革的廣度和深度來說，是開始了一場新的革命。它的實質和目標，是要從根本上改變束縛我國生產力發展的經濟體制，建立充滿生機和活力的社會主義新經濟體制，同時相應地改革政治體制和

1《十三大以來重要文獻選編》（上），人民出版社 1991 年版，第 9 頁。
2《十三大以來重要文獻選編》（上），人民出版社 1991 年版，第 6 頁。
3《十四大以來重要文獻選編》（上），人民出版社 1996 年版，第 30 頁。

其他方面的體制，以實現中國的社會主義現代化。」[1]

　　黨的十四大確立了「鄧小平建設有中國特色社會主義的理論」為黨的指導思想。建設有中國特色社會主義的理論，是在和平與發展成為時代主題的歷史條件下，在我國改革開放和社會主義現代化建設的實踐過程中，在總結我國社會主義勝利和挫折的歷史經驗並借鑒其他國家社會主義興衰成敗歷史經驗的基礎上，逐步形成和發展起來的。它是馬克思列寧主義基本原理與當代中國實際和時代特徵相結合的產物，是毛澤東思想的繼承和發展，是全黨全國人民集體智慧的結晶，是中國共產黨和中國人民最可珍貴的精神財富。鄧小平同志是我國社會主義改革開放和現代化建設的總設計師。他尊重實踐，尊重群眾，時刻關注最廣大人民的利益和願望，善於概括群眾的經驗和創造，敏銳地把握時代發展的脈搏和契機，既繼承前人又突破陳規，表現出了開闢社會主義建設新道路的巨大政治勇氣和開拓馬克思主義新境界的巨大理論勇氣，對建設有中國特色社會主義理論的創立做出了歷史性的重大貢獻。鄧小平南方談話促進了中國共產黨理論的與時俱進，也使得中國共產黨的精神不斷成長。

　　——黨的十五大，是在我國改革開放和社會主義現代化建設發展的關鍵時刻召開的一次大會，是在世紀之交，承前啟後，繼往開來，堅定不移地沿著十一屆三中全會以來正確路線勝利前進的大會，是成功將中國特色社會主義推向 21 世紀的大會。十五大充分肯定了鄧小平理論的實事求是精神。

1《十四大以來重要文獻選編》（上），人民出版社 1996 年版，第 2 頁。

　　黨的十五大確立了鄧小平理論為黨的指導思想。「中國共產黨是非常重視理論指導的黨。中國人民找到了馬克思列寧主義，中國革命的面貌為之一新。馬克思列寧主義同中國實際相結合有兩次歷史性飛躍，產生了兩大理論成果。第一次飛躍的理論成果是被實踐證明了的關於中國革命和建設的正確的理論原則和經驗總結，它的主要創立者是毛澤東，我們黨把它稱為毛澤東思想。第二次飛躍的理論成果是建設有中國特色社會主義理論，它的主要創立者是鄧小平，我們黨把它稱為鄧小平理論。這兩大理論成果都是黨和人民實踐經驗和集體智慧的結晶。」[1] 並強調：「在當代中國，只有把馬克思主義同當代中國實踐和時代特徵結合起來的鄧小平理論，而沒有別的理論能夠解決社會主義的前途和命運問題。」[2] 要求「在全社會形成共同理想和精神支柱，是有中國特色社會主義文化建設的根本。要始終不渝地用鄧小平理論教育幹部和群眾」[3]。

　　黨的十五大強調了鄧小平理論的「實事求是精神」和「與時俱進精神」。黨的十五大報告指出：「鄧小平理論堅持解放思想、實事求是，在新的實踐基礎上繼承前人又突破陳規，開拓了馬克思主義的新境界。實事求是是馬克思列寧主義的精髓，是毛澤東思想的精髓，也是鄧小平理論的精髓。」[4]

　　——2002 年 11 月，黨的十六大順利召開。黨的十六大的主題是：

1《十五大以來重要文獻選編》（上），人民出版社 2000 年版，第 9 頁。
2《十五大以來重要文獻選編》（上），人民出版社 2000 年版，第 10 頁。
3《十五大以來重要文獻選編》（上），人民出版社 2000 年版，第 36 頁。
4《十五大以來重要文獻選編》（上），人民出版社 2000 年版，第 10 頁。

高舉鄧小平理論偉大旗幟，全面貫徹「三個代表」重要思想，繼往開來，與時俱進，全面建設小康社會，加快推進社會主義現代化，為開創中國特色社會主義事業新局面而奮鬥。黨的十六大強調了「改革創新精神」。

黨的十六大提出了「三個代表」重要思想。這是在科學判斷黨的歷史方位的基礎上提出來的。「三個代表」重要思想是對馬克思列寧主義、毛澤東思想和鄧小平理論的繼承和發展，反映了當代世界和中國的發展變化對黨和國家工作的新要求，是加強和改進黨的建設、推進我國社會主義自我完善和發展的強大理論武器，是全黨集體智慧的結晶，是黨必須長期堅持的指導思想。

黨的十六大強調創新精神。「創新是一個民族進步的靈魂，是一個國家興旺發達的不竭動力，也是一個政黨永葆生機的源泉。世界在變化，我國改革開放和現代化建設在前進，人民群眾的偉大實踐在發展，迫切要求我們黨以馬克思主義的理論勇氣，總結實踐的新經驗，借鑒當代人類文明的有益成果，在理論上不斷擴展新視野，作出新概括。只有這樣，黨的思想理論才能引導和鼓舞全黨和全國人民把中國特色社會主義事業不斷推向前進。」[1]

黨的十六大指出：「必須以改革的精神推進黨的建設，不斷為黨的肌體注入新活力。」「總結黨八十多年來的歷史經驗，最根本的一條，就是黨的建設必須按照黨的政治路線來進行，圍繞黨的中心任務來展開，朝著黨的建設總目標來加強，不斷提高黨的創造力、凝聚力和戰

1《十六大以來重要文獻選編》（上），中央文獻出版社 2005 年版，第 9 頁。

鬥力。」「堅持用時代發展的要求審視自己，以改革的精神加強和完善自己，這是我們黨始終保持馬克思主義政黨本色、永不脫離群眾和具有蓬勃活力的根本保證。」[1]

——2007 年 10 月，中國共產黨召開了第十七次全國代表大會，這是在我國改革發展關鍵階段召開的一次十分重要的大會。大會的主題是：高舉中國特色社會主義偉大旗幟，以鄧小平理論和「三個代表」重要思想為指導，深入貫徹落實科學發展觀，繼續解放思想，堅持改革開放，推動科學發展，促進社會和諧，為奪取全面建設小康社會新勝利而奮鬥。黨的十七大強調了「以人為本」的精神。

「中國特色社會主義理論體系，就是包括鄧小平理論、『三個代表』重要思想以及科學發展觀等重大戰略思想在內的科學理論體系。這個理論體系，堅持和發展了馬克思列寧主義、毛澤東思想，凝結了幾代中國共產黨人帶領人民不懈探索實踐的智慧和心血，是馬克思主義中國化最新成果，是黨最可寶貴的政治和精神財富，是全國各族人民團結奮鬥的共同思想基礎。中國特色社會主義理論體系是不斷發展的開放的理論體系。」[2]

黨的十七大提出了科學發展觀的科學概念。「科學發展觀，是對黨的三代中央領導集體關於發展的重要思想的繼承和發展，是馬克思主義關於發展的世界觀和方法論的集中體現，是同馬克思列寧主義、毛澤東思想、鄧小平理論和『三個代表』重要思想既一脈相承又與時俱進的科學理論，是我國經濟社會發展的重要指導方針，是發展中國

1《十六大以來重要文獻選編》（上），中央文獻出版社 2005 年版，第 13 頁。
2《十七大以來重要文獻選編》（上），中央文獻出版社 2009 年版，第 9 頁。

特色社會主義必須堅持和貫徹的重大戰略思想。」[1]科學發展觀，是立足社會主義初級階段基本國情，總結我國發展實踐，借鑒國外發展經驗，適應新的發展要求提出來的。

黨的十七大強調：「中國特色社會主義事業是改革創新的事業。黨要站在時代前列帶領人民不斷開創事業發展新局面，必須以改革創新精神加強自身建設，始終成為中國特色社會主義事業的堅強領導核心。」[2]黨的十七大報告中黨的建設部分最突出的特點，就是強調「以改革創新精神全面推進黨的建設新的偉大工程」，並且提出了體現改革創新精神的總要求和一系列創新舉措。這充分體現了我們黨準確把握時代潮流和世界大勢、具有與時俱進的遠見卓識。

——黨的十八大，是在我國進入全面建成小康社會決定性階段召開的一次十分重要的大會，胡錦濤同志代表黨中央向大會做了報告。十八大報告是回顧成就、總結經驗的報告，是高舉旗幟、科學發展的報告，是解放思想、推進改革的報告，是制定藍圖、引領未來的報告，是凝聚力量、增強信心的報告。黨的十八大以來的理論與實踐凸顯了中國共產黨自我革命的精神。

黨的十八大，成功在新的歷史起點上堅持和發展了中國特色社會主義。黨的十八大提出，科學發展觀是中國特色社會主義理論體系最新成果，是中國共產黨集體智慧的結晶，是指導黨和國家全部工作的強大思想武器。科學發展觀同馬克思列寧主義、毛澤東思想、鄧小平理論、「三個代表」重要思想一道，是黨必須長期堅持的指導思想。

1《十七大以來重要文獻選編》（上），中央文獻出版社 2009 年版，第 10 頁。
2《十七大以來重要文獻選編》（上），中央文獻出版社 2009 年版，第 38 頁。

這就實現了黨的指導思想又一次與時俱進，是這次大會的重大歷史性貢獻。

　　黨的十八以來針對「四種危險」「四大考驗」「新形勢下⋯⋯更加尖銳地擺在全黨面前」[1]，以習近平同志為核心的黨中央要求全黨不斷增強自我淨化、自我完善、自我革新、自我提高能力，確保我們黨始終成為中國特色社會主義事業的堅強領導核心。為此，習近平總書記在慶祝中國共產黨成立 95 周年大會上強調，「全黨要以自我革命的政治勇氣，著力解決黨自身存在的突出問題」[2]；2016 年年底，在中央政治局民主生活會上提出，「中央政治局要在開展批評和自我批評方面為全黨作表率，做勇於自我革命的戰士」[3]；2017 年 2 月，在召開的省部級主要領導幹部學習貫徹十八屆六中全會精神專題研討班開班式上明確指出，「勇於自我革命，是我們黨最鮮明的品格，也是我們黨最大的優勢」[4]；2017 年 10 月，在黨的十九大上強調：「增強黨自我淨化能力⋯⋯讓權力在陽光下運行，把權力關進制度的籠子。」[5]黨的十八大以來的理論與實踐彰顯了中國共產黨人自我革命的精神。

---

1 胡錦濤：《堅定不移沿著中國特色社會主義道路前進　為全面建成小康社會而奮鬥——在中國共產黨第十八次全國代表大會上的報告》，人民出版社 2012 年版，第 49 頁。

2 習近平：《習近平談治國理政》，外文出版社 2014 年版，第 4 頁。

3 〈習近平總書記主持召開中央政治局民主生活會重要講話新聞稿〉（2016 年 12 月 28 日）。

4 〈習近平在省部級主要領導幹部學習貫徹十八屆六中全會精神專題研討班開班式上發表重要講話強調：以解決突出問題為突破口和主抓手推動黨的十八屆六中全會精神落到實處〉，《人民日報》2017 年 2 月 14 日。

5 習近平：〈決勝全面建成小康社會，奪取新時代中國特色社會主義偉大勝利〉，《人民日報》2017 年 11 月 28 日。

　　用科學理論武裝的中國共產黨善於把馬克思主義基本原理同中國具體實際相結合，正確回答和解決中華民族在復興道路上面對的一系列重大問題，使中華民族偉大復興中國夢的目標一步一步變成現實。

第三節　改革開放進程中精神的作用

一、「黨的狀況如何，對於國家和民族的命運具有決定性的意義」[1]

　　江澤民同志高度重視中國共產黨精神的凝練。他先後概括了解放思想、實事求是，積極探索、勇於創新，艱苦奮鬥、知難而進，學習外國、自強不息，謙虛謹慎、不驕不躁，同心同德、顧全大局，勤儉節約、清正廉潔，勵精圖治、無私奉獻的新時期創業精神；熱愛祖國、無私奉獻，自力更生、艱苦奮鬥，大力協同、勇於登攀的「兩彈一星」精神；萬眾一心、眾志成城，不怕困難、頑強拼搏，堅韌不拔、敢於勝利的偉大抗洪精神，等等。他還概括了團結統一、獨立自主、愛好和平、自強不息的中華民族精神。

　　江澤民同志反復強調，抓住機遇而不可喪失機遇，開拓進取而不可因循守舊，講的就是要有一個好的精神狀態。因為當今世界和我們所處的時代，同過去相比發生了很多深刻變化。無論從國際還是從國

1《江澤民文選》（第一卷），人民出版社 2006 年版，第 69 頁。

內看，我們都面臨著許多新情況新問題，必須從理論上、實踐上做出回答並加以解決，否則我們就不能更好地前進。我們必須與時俱進，繼續豐富和發展馬克思主義。如果因循守舊、停滯不前，我們就會落伍，我們黨就有喪失先進性和領導資格的危險。[1]江澤民同志深刻闡述了精神狀態的重要性，指出：「始終保持一種堅忍不拔、奮發有為的良好精神狀態，是事關黨的凝聚力、戰鬥力，事關黨和人民群眾的關係，事關我們事業成功的大問題。」他提出：「全黨同志要堅持從新的實際出發，以改革的精神研究和解決黨的建設面臨的重大理論和現實問題，使黨始終保持先進性和純潔性，充滿創造力、凝聚力和戰鬥力。」[2]他反復強調，全黨同志「要始終保持共產黨人的蓬勃朝氣、昂揚銳氣和浩然正氣」[3]。

江澤民同志十分重視愛國主義精神。他指出：「我們所講的愛國主義，作為一種體現人民群眾對自己祖國深厚感情的崇高精神，是同促進歷史發展密切聯繫在一起的，是同維護國家獨立和廣大人民的根本利益密切聯繫在一起的。」[4]「社會主義制度的建立，使中華民族結束了近代以來備受列強欺凌的歷史，實現了民族獨立和人民解放；使中國結束了四分五裂的局面，實現了國家統一和人民團結；使中國人民擺脫了貧窮落後的狀態，走上了富民強國的道路。」[5]實踐證明，只有社會主義才能救中國，只有社會主義才能發展中國。因此，江澤民

1《江澤民文選》（第三卷），人民出版社 2006 年版，第 335 頁。
2《江澤民文選》（第三卷），人民出版社 2006 年版，第 282 頁。
3《江澤民文選》（第三卷），人民出版社 2006 年版，第 574 頁。
4《江澤民文選》（第一卷），人民出版社 2006 年版，第 121 頁。
5《江澤民文選》（第三卷），人民出版社 2006 年版，第 291 頁。

同志強調：「在當代中國，愛國主義和社會主義本質上是統一的」。針對蘇東劇變後一些人對社會主義前途產生的懷疑，江澤民同志明確表示：「我們認為，社會主義前途依然光明。」[1]「人類總是要擺脫任何剝削階級占統治地位的社會而進入嶄新的社會主義社會，這是歷史發展的必然。」[2]

江澤民同志重視創新精神。當今世界是一個不斷變化發展的世界，時代的劇烈變化對各個民族的生存和發展都提出了嚴峻挑戰，也使得改革創新成為時代精神的核心。一個民族要在當今激烈的綜合國力競爭中佔據一席之地，就必須堅持改革，不斷創新。江澤民同志十分重視民族精神的繼承和創新。他指出：「有沒有創新能力，能不能進行創新，是當今世界範圍內經濟、科技競爭的決定性因素。」[3] 只有堅持全面創新，中國的社會主義現代化建設才有希望，中華民族才能在新世紀實現騰飛。江澤民同志還指出，中華民族自古以來就有變革創新的光榮傳統。1996 年 11 月 1 日，他在美國哈佛大學的演講中說：「我們的先哲通過觀察宇宙萬物的變動不居，提出了『天行健，君子以自強不息』的思想，成為激勵中國人民變革創新、努力奮鬥的精神力量。」[4] 依靠這一精神力量的推動，中華民族創造了燦爛的古代文明，也是依靠這一精神力量的引導和推動，中國人民擺脫了近代以來半封建半殖民地的歷史，實現了民族獨立和人民解放。改革開放和現代化

1《江澤民文選》（第一卷），人民出版社 2006 年版，第 336 頁。
2《江澤民文選》（第三卷），人民出版社 2006 年版，第 217 頁。
3《江澤民文選》（第三卷），人民出版社 2006 年版，第 36 頁。
4《江澤民文選》（第二卷），人民出版社 2006 年版，第 62 頁。

建設取得的輝煌成就，同樣是這一精神推動的結果。

　　江澤民同志十分重視將民族精神的民族性與時代性相結合，他指出，對我國幾千年歷史留下的豐富的文化遺產，「我們應該取其精華、去其糟粕，結合時代精神加以繼承和發展，做到古為今用」[1]。對中華民族精神，「我們世世代代都要加以繼承和發揚，並結合時代和社會發展的要求，不斷為之增添新的內容」[2]。江澤民同志還提出根據時代要求弘揚和培育民族精神的重要任務。他指出：「面對世界範圍各種思想文化的相互激蕩，必須把弘揚和培育民族精神作為文化建設極為重要的任務，納入國民教育全過程，納入精神文明建設全過程，使全體人民始終保持昂揚向上的精神狀態。」[3]如何弘揚和培育民族精神呢？首先，要在全社會牢固樹立共同的理想信念和精神支柱。江澤民同志指出：「在全社會形成共同的理想信念和精神支柱，是有中國特色社會主義文化建設的根本。」[4]這個共同的理想信念和精神支柱，就是建設中國特色社會主義。把民族精神昇華為建設中國特色社會主義的共同理想信念，是今天弘揚和培育民族精神的重大現實課題，也是堅持民族精神的民族性和時代性相統一的關鍵。其次，要堅持文化建設為人民服務、為社會主義服務的方向和百花齊放、百家爭鳴的方針；堅持以科學的理論武裝人，以正確的輿論引導人，以高尚的精神塑造人，以優秀的作品鼓舞人；立足于改革開放和現代化建設的實踐，

1《江澤民文選》（第三卷），人民出版社 2006 年版，第 278 頁。
2《江澤民文選》（第三卷），人民出版社 2006 年版，第 401 頁。
3《江澤民文選》（第三卷），人民出版社 2006 年版，第 559~560 頁。
4《江澤民文選》（第二卷），人民出版社 2006 年版，第 33 頁。

著眼于世界文化發展的前沿，發揚民族文化的優秀傳統，不斷增強中國特色社會主義文化的吸引力和感召力。最後，要切實加強思想道德建設，以為人民服務為核心，以集體主義為原則，以誠實守信為重點，加強社會公德、職業道德和家庭美德教育，建立與社會主義市場經濟體系相適應、與社會主義法律規範相協調、與中華民族傳統美德相承接的社會主義思想道德體系。這些思想為我們實現民族精神與時代精神的統一、保持民族精神的先進性和活力指明了方向。

江澤民同志十分重視改革的精神。他在 2001 年「七一」講話中指出：「經過八十年的發展，我們的黨員隊伍，黨所處的地位和環境，黨所肩負的任務，都發生了重大變化。我們黨已經從一個領導人民為奪取全國政權而奮鬥的黨，成為一個領導人民掌握著全國政權並長期執政的黨；已經從一個在受到外部封鎖的狀態下領導國家建設的黨，成為在全面改革開放條件下領導國家建設的黨。」[1] 這兩大變化，要求我們從新的實際出發，以改革的精神研究和解決黨的建設所面臨的重大問題，使黨始終保持先進性和純潔性，充滿創造力、凝聚力和戰鬥力，不斷提高黨的領導水準和執政能力。

江澤民同志注重中國共產黨精神與指導思想的關係。1996 年 1 月，江澤民同志在中紀委第八次全會上明確指出：「對於共產黨員和各級領導幹部來說，保持和發揚艱苦奮鬥精神，說到底是牢固樹立和堅持馬克思主義的世界觀、人生觀問題。只有從根本上解決世界觀、人生觀問題，牢固樹立群眾觀點，黨的艱苦奮鬥的好傳統才能在自己的思

1《江澤民文選》（第三卷），人民出版社 2006 年版，第 282 頁。

想上、作風上真正扎根。」[1]「我們黨的一大長處和優勢，就是把樹立馬克思主義的世界觀、人生觀同堅持和發揚中華民族的優良傳統有機結合起來，講求共產黨員個人的思想品德修養。」[2] 他在慶祝中國共產黨成立八十周年大會上又強調：「堅持和鞏固馬克思主義的指導地位，幫助人們樹立正確的世界觀、人生觀、價值觀，堅定對馬克思主義的信仰、堅定對社會主義的信念、增強對改革開放和現代化建設的信心、增強對黨和政府的信任，增強自立意識、競爭意識、效率意識、民主法制意識和開拓創新精神。」[3] 馬克思主義是在歷史和實踐的前進中不斷發展的科學，具有與時俱進的理論品質。弘揚以改革創新為核心的時代精神，必須不斷推動馬克思主義中國化的歷史進程，不斷推進馬克思主義的理論創新，用發展著的馬克思主義指導新的實踐。黨的十五大號召全黨同志，一定要以我國改革開放和現代化建設的實際問題、以我們正在做的事情為中心，著眼於馬克思主義理論的運用，著眼於對實際問題的理論思考，著眼於新的實踐和新的發展。

江澤民同志指出：「我們進行理論創新，就是要使我們黨的基本理論在繼承的基礎上不斷吸取新的實踐經驗、新的思想而向前發展。」[4] 並強調，進行理論創新，必須堅持「兩個基本要求：一是必須堅持馬克思主義的立場、觀點和方法，堅持馬克思主義的基本原理。這一點，要堅定不移，不能含糊。二是一定要貫徹解放思想、實事求是的

1《江澤民文選》（第一卷），人民出版社 2006 年版，第 662 頁。
2《江澤民文選》（第一卷），人民出版社 2006 年版，第 623 頁。
3《江澤民文選》（第三卷），人民出版社 2006 年版，第 277 頁。
4《江澤民文選》（第三卷），人民出版社 2006 年版，第 66 頁。

思想路線，堅持勇於追求真理和探索真理的革命精神。這一點，也要堅定不移，不能含糊。這兩個『堅定不移，不能含糊』，始終是檢驗我們是不是真正的馬克思主義者的試金石」[1]。

江澤民同志特別提出如何保持與時俱進的問題。他多次站在總攬古今的高度，從歷史發展進程、人類文明變遷，乃至總結世界上一些國家、民族和政黨興衰存亡經驗教訓的角度，說明一個黨、一個國家、一個民族保持生命活力、走在時代前列的重要性。「歷史上，不看世界發展的大勢，固步自封，作繭自縛，導致國家和民族衰亡的例子比比皆是。」[2]

二、將「精神懈怠」危險置於「四種危險」之首

黨的十六大以來，以胡錦濤同志為總書記的黨中央，抓住重要戰略機遇期，在全面建設小康社會進程中推進實踐創新、理論創新、制度創新，強調堅持以人為本、全面協調可持續發展，提出堅持科學發展觀、構建社會主義和諧社會、加快生態文明建設，形成中國特色社會主義事業總體佈局，著力保障和改善民生，促進社會公平正義，推進黨的執政能力建設和先進性建設，成功在新的歷史起點上堅持和發展了中國特色社會主義。

胡錦濤同志提出：「只有始終保持知難而進、堅忍不拔、奮力拼搏、勇往直前的精神狀態，才能保證各項任務的完成。」胡錦濤同志

---

1 《江澤民文選》（第三卷），人民出版社 2006 年版，第 335 頁。
2 《江澤民文選》（第三卷），人民出版社 2006 年版，第 48 頁。

將「精神懈怠」危險置於「四種危險」之首，充分說明了黨員幹部隊伍精神懈怠問題的嚴重性。

所謂「精神懈怠」，簡而言之，就是一個人、一個政黨，失去了信仰、目標和鬥志，無所作為，不思進取。作為普通百姓，精神狀態不佳，影響的也許只是個人生活和發展，而作為一名黨員領導幹部，保持什麼樣的精神狀態，則事關群眾利益，事關大局發展，事關國家命運，是一個不折不扣的政治問題。

一是理想信念滑坡。有的認為「共產主義是一種虛無縹緲的幻想，是鏡中月、水中花，看得見摸不著，難以實現」，「理想理想，有利就想；前途前途，有錢就圖」，對馬克思主義信仰發生動搖，對中國特色社會主義缺乏信心，對社會現實的評價只看到消極的一面；有的世界觀、人生觀和價值觀嚴重扭曲，欣賞和追求低級趣味，崇尚所謂的「氣派」「瀟灑」，挖空心思往低級醜陋的場所裡鑽，有的則崇洋媚外，嚮往西方的「花花世界」。

二是宗旨觀念動搖。一些黨員幹部漸漸地疏遠了與人民群眾的感情，淡薄了全心全意為人民服務的公僕意識，不能堅持立黨為公、執政為民、以人為本。有的思想不純，認為黨的宗旨觀念「過時」了；有的「主僕錯位」，高高在上，當官做老爺，把為群眾辦事當成是自己的恩賜；對群眾的呼聲置若罔聞，對群眾疾苦漠不關心，對群眾利益麻木不仁，置群眾生命於不顧。有的甚至把黨和人民賦予的權力變成謀取私利的工具，大搞權錢交易、權權交易、權色交易。

三是創新精神淡薄。一些黨員幹部受舊體制和傳統觀念禁錮較深，習慣於從過時的觀念出發看問題，固步自封、視野狹窄，缺乏強烈的發展意識、機遇意識和憂患意識。有的不瞭解世界發展大勢，坐

井觀天、妄自尊大，習慣於跟過去比，在小範圍比，很少把本地本單位的工作放在國際國內大背景中進行思考、比較和謀劃，常常自我感覺良好，盲目自滿。工作求穩怕亂，不求有功，但求無過，滿足於守攤子，致使有的地方和單位工作長期低水準徘徊，多年來山河依舊、面貌不變。

四是責任意識不足。有的信奉「當先進太累，當後進挨批，當中游最美」，得過且過，生活上享樂為上，缺乏創先爭優的銳氣和闖勁。有的工作不負責任，有心思做官，無心思做事，大事做不了，小事不願做，精神萎靡不振，辦事拖拖拉拉，整天渾渾噩噩，缺乏起碼的職業道德。有的對工作挑三揀四、對困難避而遠之、對責任避重就輕，遇到難題不是竭思盡慮尋求解決之道，而總是以「請示」來推脫、以「報告」來搪塞、以「研究」來敷衍。

五是黨性原則不強。有的原則性不強、正義感退化、是否觀念淡薄，信奉實用主義、功利主義，甚至只相信所謂的「官場潛規則」，一事當前，首先考慮的是對自己是否有利。有的對黨忠誠度不高，在黨不言黨，表裡不一、言行不一、始終不一，「臺上臺下兩個形象，圈裡圈外兩種表現」。有的法治意識、紀律觀念淡薄，對中央政策合意的就執行，不合意的就不執行，搞「上有政策、下有對策」。有的把自己當「孔明」，視群眾為「阿斗」，對黨員民主權利、群眾民主權利不尊重、不重視、不落實，「一言堂、家長制」作風嚴重，習慣於以命令、強制方式推進工作。

六是工作落實不力。有的心浮氣燥，作風飄浮，辦事浮光掠影、走馬觀花，不腳踏實地深入基層，不面對面地抓落實，而是說得多、做得少，安排得多、落實得少。有的接受任務時滿口答應，工作落實

中拖拖拉拉，甚至在抓落實的口號中使工作任務悄無聲息地不了了之。有的對工作抓而不緊、抓而不細、大而化之：會議多、文件多，以會議貫徹會議，以文件落實文件，導致基層單位、基層部門疲于應付。有的工作標準不高，抓落實力度不夠辦法不多，責任心不強，抓抓停停，難以見到成效。[1]

　　至於「精神懈怠」的主要原因，主要是：

　　——思想滑坡、學風不正。有的黨員幹部不願學習、不善學習，缺乏學習理論的興趣和熱情，認為學不學無所謂，強調沒有時間學習，長期不讀書、不看報，卻整天忙於應酬、陷於事務，熱衷於在高檔酒樓、娛樂場所穿梭來往。有的理論學習或者為了應付檢查，或者為了裝潢門面，淺嘗輒止、不求甚解、流於形式的問題還比較普遍。由於不能找到科學理論來支撐理想信念，甚至有少數黨員幹部不信馬列信鬼神，把自己的前途命運寄託於神靈，「問計於神」，到封建迷信中尋找精神寄託。

　　——黨性不強、修養欠缺。一些黨員幹部雖然學歷層次較高，知識面較寬，思想較活躍，但由於缺乏嚴格的黨內生活鍛煉，加上個人在快速成長中忽視「內功」的修煉，黨性修養動力不足。有的個人主義嚴重，官欲太強，想自己的東西過多，很少把心思和精力用在工作上，不是從黨的事業、人民的利益出發來想事幹事，而是以個人的升遷軌跡來謀勢謀事謀人，設計升官路線圖，少數幹部幹一點事，就想到回報，個人願望一時得不到滿足，就心生怨氣，總覺得組織虧欠了

---

1 沈小平：〈精神懈怠現象的深度解讀〉，《前進》2011 年第 10 期。

他。有的過高估計自己的能力和貢獻，輕視組織的培養、同事的支持和群眾的努力，聽不得不同意見，自我感覺太好。

——私心太重、雜念纏身。無數事實表明，那些私心雜念重的人，往往是貪圖虛榮，好大喜功，文過飾非，瞻前顧後，是難以勇往直前、奮力拼搏、敢於擔當的。少數黨員幹部在做決策、抓落實時，往往首先考慮的是自己的「烏紗帽」，考慮的是自己和家人、親屬物質利益的得失，因而畏首畏尾，「平平安安占位子、舒舒服服領票子、庸庸碌碌混日子」。一些黨員幹部之所以精神懈怠，缺乏創新進取和勇於負責精神，源於對紛繁複雜的客觀事物心中無底，抓不住事物的本質和規律，心虛氣短，工作中不敢闖、不敢試、不敢冒，還是覺得循規蹈矩、按部就班保險。

——管理不嚴、監督不力。工作偏松，沒有高壓力，是造成些黨員幹部精神懈怠的重要原因。有的機關工作疊床架屋，人員配備上不是因事設人，明明是一個人能勝任的工作，為了安置照顧，偏偏安排三個人去做，導致工作量明顯不足。管理偏軟，沒有震懾力，日常管理中好人主義盛行，誰都不願得罪人，寧可誤事，不傷和氣，你好我好大家好。監督機制不健全，對幹部的評價比較原則，監督管理失之於寬，使染有精神懈怠風氣的黨員幹部有恃無恐。

——激勵乏力，導向偏差。目前，大多數單位都建立了崗位責任制度，每年也都開展目標責任制度年度考核，但幹多與幹少一樣、幹與不幹一個樣、幹好與幹壞一個樣的現象仍然不同程度存在。為不得罪人，一些單位在評先評優上往往搞「輪流坐莊」「吃大鍋飯」，獎懲不到位。一些地方對幹部年輕化存有片面認識，以為推進幹部年輕化就是幹部越年輕越好，就是要一級比一級年輕，在領導班子配備中

搞任職年齡「層層遞減」；還有不少地方在幹部任職年齡上採取了「一刀切」的做法，讓一些50歲左右甚至40多歲的幹部從領導崗位上退下來，轉任非領導職務。這種幹部任用不問德才素質、不管工作需要而簡單以年齡劃線的做法，使一些德才兼備、實績突出、群眾公認的優秀幹部因年齡原因得不到合理使用，失去幹事創業的動力，滋生暮氣、惰氣。

——環境影響、封建殘餘。改革開放的不斷深入和社會主義市場經濟體制的逐步完善，給黨的思想作風建設帶來許多新的考驗和挑戰。一方面，腐朽思想文化和生活方式的侵蝕，導致一些缺乏政治免疫力的黨員幹部產生拜金主義、享樂主義和極端個人主義，加之當前社會變革所引發的社會矛盾和社會問題增多，使相當一部分黨員幹部感到困惑和憂慮。另一方面，部分黨員幹部受「官本位」封建意識殘餘的影響，為當官、保官、升官，要麼怕冒風險，只求「天下太平」，不敢開拓創新；要麼追求一時的所謂政績，「不怕群眾不滿意，就怕上級不注意」，脫離實際，盲目冒進；要麼怕得罪領導，失掉官位，明知上級決策措施不周全，也不敢提出不同看法，唯命是從，唯唯諾諾。

正是由於我們黨始終保持自我革新和勇於糾錯的精神，所以，我們黨總能在黨和國家事業出現重大曲折時，及時果斷地撥正方向，始終沿著正確的道路前進。黨的十八大以來，以習近平同志為核心的黨中央針對我們黨面臨的「四大考驗」「四種危險」，直面黨內存在的嚴重問題，堅定不移推進全面從嚴治黨，全面落實管黨治黨責任，以零容忍態度懲治腐敗，直擊積弊、正風肅紀、扶正祛邪，黨風政風社會風氣為之一新，極大地提振了黨心民心，增強了黨的向心力和凝聚力。

三、突出強調中國共產黨精神

黨的十八大以來，以習近平同志為核心的黨中央以非凡的理論勇氣，把馬克思主義基本原理與當代中國實踐相結合，創立了習近平新時代中國特色社會主義思想，這一重大理論涉及改革發展穩定、內政外交國防、治黨治國治軍等各個方面，開闢了馬克思主義中國化的新境界，為我們黨團結帶領全國人民進行具有許多新的歷史特點的偉大鬥爭、推進中國特色社會主義偉大事業、構建黨的建設新的偉大工程、實現中華民族復興的偉大夢想，提供了思想武器和行動指南。

一個國家，一個民族，一個社會，它的核心價值觀，就是其民族精神和時代精神的集中體現。對此，習近平總書記多次強調，要積極培育和踐行社會主義核心價值觀。這個概括，實際上回答了我們要建設什麼樣的國家、建設什麼樣的社會、培育什麼樣的公民的重大問題。核心價值觀是一個民族賴以維繫的精神紐帶，是一個國家共同的思想道德基礎。為什麼中華民族能夠在幾千年的歷史長河中生生不息、薪火相傳、頑強發展呢？很重要的一個原因就是中華民族有一脈相承的精神追求、精神特質、精神脈絡。在第十二屆全國人民代表大會第一次會議閉幕會上，習近平總書記高度概括了中國精神的本質內涵：「實現中國夢必須弘揚中國精神。這就是以愛國主義為核心的民族精神，以改革創新為核心的時代精神。這種精神是凝心聚力的興國之魂、強國之魂。」「全國各族人民一定要弘揚偉大的民族精神和時代精神，不斷增強團結一心的精神紐帶、自強不息的精神動力，永遠朝氣蓬勃

邁向未來。」[1]

——習近平總書記強調，實現中華民族偉大復興的中國夢，物質財富要極大豐富，精神財富也要極大豐富。[2] 我們要鍥而不捨、一以貫之地抓好社會主義精神文明建設，為全國各族人民不斷前進提供堅強的思想保證、強大的精神力量、豐潤的道德滋養。有一位外國學者說過這樣一句話：「13 億中國人民，不能只靠『人民幣』來引領。」這句話幽默又深刻。「中國夢」和「人民幣」是理想信念與物質利益的關係，是當前利益與長遠目標的關係，是現實處境與未來追求的關係，也可以說是核心價值觀與財富佔有的關係。市場經濟創造財富的能力，離不開金錢的作用。但是，治國安邦、興國興邦，不能只靠經濟利益，不能只靠物質槓杆。對於每個中國人來說，思考中國夢，奮鬥中國夢，就是要去認識自己的權利和義務，去定位自己的角色和標准。這樣，站在「中國夢」面前，才會有更寬廣的全球視野，才會有更強烈的愛國主義，才會有更自覺的國防觀念，才會有更高尚的人生追求。此外，要看到，只要我們緊密團結，萬眾一心，為實現共同夢想而奮鬥，實現夢想的力量就無比強大，我們每個人為實現自己夢想的努力就擁有廣闊的空間。由此，全國各族人民心往一處想，勁往一處使，就能用 13 億人的智慧和力量，彙集起不可戰勝的磅礴力量。

——習近平總書記多次強調政治信念對於共產黨人的極端重要性。他指出，高揚黨的理想信念旗幟是根本。我們共產黨人的本，就

---

1 習近平：《在第十二屆全國人民代表大會第一次會議上的講話》，人民出版社 2013 年版，第 4 頁。
2 習近平：〈人民有信仰民族有希望國家有力量〉，《人民日報》2015 年 3 月 1 日。

是對馬克思主義的信仰，對中國特色社會主義和共產主義的信念，對黨和人民的忠誠。我們要固的本，就是堅定這份信仰、堅定這份信念、堅定這份忠誠。共產黨人如果沒有信仰、沒有理想，或信仰、理想不堅定，精神上就會「缺鈣」，就會得「軟骨病」。全黨一定要保持清醒頭腦。[1] 習近平總書記特別重視繼承和弘揚毛澤東等老一輩革命家的崇高風範、優秀品德和優良傳統作風。他強調，要學習毛澤東同志高瞻遠矚的政治遠見、堅定不移的革命信念、勇於開拓的非凡魄力、爐火純青的鬥爭藝術、傑出高超的領導才能；學習鄧小平同志對共產主義遠大理想和中國特色社會主義信念無比堅定的崇高品格、對人民無比熱愛的偉大情懷、始終堅持實事求是的理論品質、不斷開拓創新的政治勇氣、高瞻遠矚的戰略思維、坦蕩無私的博大胸襟；學習陳雲同志堅守信仰的精神、黨性堅強的精神、一心為民的精神、實事求是的精神、刻苦學習的精神，等等。[2]

——弘揚中國精神必須弘揚科學精神。習近平總書記強調，廣大科技工作者要發揚我國科技界愛國奉獻、淡泊名利的優良傳統，以身作則，嚴格自律，在攻堅克難、崇德向善中做到學為人師、行為世範，帶動科技界乃至全社會踐行社會主義核心價值觀。[3] 他號召廣大科技工作者，以提高全民科學素質為己任，把普及科學知識、弘揚科學精神、傳播科學思想、宣導科學方法作為義不容辭的責任，在全社會

---

1 參見習近平：〈在全國黨校工作會議上的講話〉，《求是》2016 年第 9 期。
2 參見《人民日報》2013 年 12 月 27 日、2014 年 8 月 21 日、2015 年 6 月 13 日。
3 習近平：《在中國科學院第十七次院士大會、中國工程院第十二次院士大會上的講話》，人民出版社 2014 年版，第 21 頁。

推動形成講科學、愛科學、學科學、用科學的良好氛圍。[1]

——弘揚中國精神，還應當弘揚勞模精神、勞動精神。習近平總書記強調，偉大的事業需要偉大的精神，偉大的精神來自偉大的人民。勞動模範和先進工作者是堅持中國道路、弘揚中國精神、凝聚中國力量的楷模。「愛崗敬業、爭創一流，艱苦奮鬥、勇於創新，淡泊名利、甘於奉獻」的勞模精神，生動詮釋了社會主義核心價值觀，是我們的寶貴精神財富和強大精神力量。[2]習近平總書記特別重視優秀黨員領導幹部的楷模作用。他多次強調，焦裕祿、楊善洲、谷文昌等同志，是縣委書記的好榜樣，縣委書記要以他們為榜樣，努力成為黨和人民信賴的好幹部。[3]他還對焦裕祿精神做了 20 字的概括，即親民愛民、艱苦奮鬥、科學求實、迎難而上、無私奉獻，號召全國縣委書記學習焦裕祿精神。[4]

——習近平總書記還概括了偉大的抗戰精神，這就是：天下興亡、匹夫有責的愛國情懷，視死如歸、寧死不屈的民族氣節，不畏強暴、血戰到底的英雄氣概，百折不撓、堅忍不拔的必勝信念。[5]這一概括不僅是為了緬懷和銘記一切為中華民族和中國人民做出貢獻的英雄們，更重要的是向全國人民發出號召，要崇尚英雄，學習英雄，戮力

---

1 參見《人民日報》2016 年 6 月 1 日。
2 習近平：《在慶祝「五一」國際勞動節暨表彰全國勞動模範和先進工作者大會上的講話》，人民出版社 2015 年版，第 4 頁。
3 〈習近平在會見全國優秀縣委書記時要求廣大縣委書記做政治的明白人發展的開路人群眾的貼心人班子的帶頭人〉，《人民日報》2015 年 7 月 1 日。
4 習近平：《做焦裕祿式的縣委書記》，中央文獻出版社 2015 年版，第 38 頁。
5 習近平：《在紀念中國人民抗日戰爭暨世界反法西斯戰爭勝利 69 周年座談會上的講話》，人民出版社 2014 年版，第 11 頁。

同心為實現「兩個一百年」奮鬥目標、實現中華民族偉大復興的中國夢而努力奮鬥。

　　黨的十九大確立習近平新時代中國特色社會主義思想為黨的指導思想，實現了黨的指導思想的與時俱進。習近平新時代中國特色社會主義思想構成了一個邏輯嚴密、科學完整的有機整體，深刻回答了新時代黨和國家事業發展的一系列重大理論和現實問題，進一步深化了我們黨對共產黨執政規律、社會主義建設規律、人類社會發展規律的認識，是中國革命、建設和改革的歷史邏輯、理論邏輯和實踐邏輯在新時代的創新發展，昇華了馬克思主義發展新境界，續寫了中國特色社會主義事業新篇章，為實現中華民族偉大復興中國夢提供了行動指南。

　　理論上清醒，政治上才能堅定。堅定的理想信念，必須建立在對馬克思主義的深刻理解之上，建立在對歷史規律的深刻把握之上。全黨要深入學習馬克思列寧主義、毛澤東思想、鄧小平理論、「三個代表」重要思想、科學發展觀和習近平新時代中國特色社會主義思想，深入學習黨的十九大以來以習近平同志為核心的黨中央提出的新時代基本方略，不斷提高馬克思主義思想覺悟和理論水準，保持對遠大理想和奮鬥目標的清醒認知和執著追求。中國共產黨是以科學理論為指導的馬克思主義政黨，是注重理論武裝、具有世界眼光、善於把握規律、富有創新精神的先進政黨。始終堅持理論聯繫實際，以理論創新指導偉大實踐，使我們黨永立時代潮頭、永葆青春活力，這是我們黨的優勢和特點，也是我們黨自信的思想基礎。有了「自信人生二百年，會當水擊三千里」的勇氣，我們就能毫無畏懼面對一切困難和挑戰，就能堅定不移開闢新天地、創造新奇跡。

第四節　正確認識革命傳統和改革開放的關係

　　從實踐上看，中國革命的偉大實踐是中國共產黨精神的源泉。正是在中國革命艱苦卓絕的千錘百煉中，中國共產黨成為富有革命精神的偉大政黨。迎著困難前進，在戰勝困難中實現和完成自己的精神成長，是我們黨的一條重要經驗。中國改革開放的偉大實踐是新時期中國共產黨精神的源泉。正是在中國改革開放的宏偉實踐中，中國共產黨成為富有創新精神的偉大政黨。在改革開放新的實踐中戰勝了一切艱難困苦，取得了改革開放新的偉大勝利。在改革開放中實現和完成自己的精神成長，這也是我們黨的一條重要經驗。

　　中國共產黨始終保持著與時俱進的精神。98 年來，隨著中國共產黨領導中國特色社會主義偉大實踐的深入發展，我們黨理論創新不斷推進，中國共產黨的精神不斷豐富與發展起來，黨的建設、黨的理論和黨的精神緊密結合、相互促進，展現了中華民族偉大精神成長進程極其宏偉、生動、豐富的歷史畫卷。98 年來，我們黨領導的革命、建設、改革偉大事業進程中全面推進黨的建設新的偉大工程，使我們黨充滿生機，黨的精神健康成長；98 年來，我們黨開闢的中國特色社會主義道路、創立的中國特色社會主義理論、建立的中國特色社會主義制度，使我們黨真正做到「四個自信」；98 年來，我們黨培育、繼承和弘揚的中國共產黨精神、中國革命精神、民族精神和時代精神，不斷充實、發揚光大，激勵著全黨決勝全面建成小康社會、推進社會主義現代化事業、向著實現中華民族偉大復興中國夢不斷前進。

　　新時代，面對改革開放這場事關中國長遠發展的深刻革命，我們必須堅定信心，增強定力，以積極主動精神研究和推進改革。只要符合國家利益、民族利益、人民利益，只要有利於落實新發展理念，只要有利於增加人民群眾獲得感，就堅決地破、堅決地改。黨和政府是改革的責任主體，是推進改革的重要力量；我們要打通改革的「最後一公里」。人民群眾也是推進改革的重要力量，我們要積極引導群眾參與重大改革，凝聚起改革的強大力量。任務越重，困難越大，越要知難而進、迎難而上。中國改革已經進入攻堅期和深水區，我們必須一鼓作氣、堅定不移，一竿子插到底，敢於啃硬骨頭，敢於涉險灘，敢於向積存多年的頑瘴痼疾開刀，敢於觸及深層次利益關係和矛盾。改革主體，都必須牢固樹立政治意識、大局意識、核心意識、看齊意識，對黨中央通過的改革方案，不論有多大困難，都要堅定不移抓好落實，務必取得實效。在推進中國特色社會主義偉大事業中，不斷豐富和發展中國共產黨精神。

新時代呼喚新的精神

第一節　中國共產黨精神成長的新時代

　　黨的十九大報告指出：「經過長期努力，中國特色社會主義進入了新時代。」[1] 這是我國發展新的歷史方位。對於新的歷史方位，以習近平同志為核心的黨中央做了辛勤的探索。黨的十八大以來，以習近平同志為核心的黨中央帶領我們進入一個改革開放和社會主義現代化建設的「新的歷史時期」。新時代呼喚中國共產黨的新精神。

一、新時代是經濟發展呈現新常態的時代

　　我國經濟發展進入新常態，是黨的十八大以來黨中央綜合分析了

---

1 習近平：〈決勝全面建成小康社會，奪取新時代中國特色社會主義偉大勝利〉，《人民日報》2017 年 10 月 28 日。

世界經歷長週期和我國發展階段性特徵及其互相作用做出的重大戰略判斷。

（一）科學把握經濟發展新常態概念

「新常態」就是指由過去的狀態向一種新的相對穩定的常態的轉變，是一個全面、持久、深刻變化的時期，是一個優化、調整、轉型、升級並行的過程。「我國發展仍處於重要戰略機遇期，我們要增強信心，從當前我國經濟發展的階段性特徵出發，適應新常態，保持戰略上的平常心態。」[1]經濟新常態是黨中央對我國經濟發展階段的重大戰略判斷。經濟發展進入新常態，實質是我國經濟發展已經進入高效率、低成本、可持續發展的中高速增長階段。首先，經濟新常態是經濟增長速度從高速增長轉為中高速發展。其次，是經濟結構不斷優化升級，經濟結構，包括產業結構、需求結構、城鄉二元結構、區域經濟結構等範疇。中國經濟進入新常態後，這些方面都得到了優化昇級。最後，是從要素驅動、投資驅動轉向創新驅動。新時代不再追求經濟增長的高速度，而是要不斷提高經濟增長的品質。

（二）深化改革創新，力促科技創新，開創新局面

黨的十八大以來，以習近平同志為核心的黨中央主動認識、

---

[1] 〈習近平在河南考察時強調：深化改革發揮優勢創新思路統籌兼顧　確保經濟持續健康發展社會和諧穩定〉，《人民日報》2014 年 5 月 11 日。

適應、引領新常態，在社會主義建設過程中，取得數百項重要改革成果，形成一系列治國理政新理念、新思想、新戰略。習近平總書記提出：「惟創新者進，惟創新者強，惟創新者勝。」[1] 這句話也成了近年來中央改革創新成果的時代強音。截至 2017 年 8 月，習近平總書記共主持召開 38 次中央關於深化改革創新的領導小組會議，審議通過重點改革文件 300 多份，涉及全國各行業各領域的方方面面，各項改革創新措施陸續落地，財稅金融體制改革破冰前行，國企改革蹄疾步穩，民生領域改革邁出堅實步伐，行政改革取得重大突破，公共權力結構日趨合理，各種政治關係得到調整，黨的建設得到不斷加強、執政能力也顯著提高，整個社會風清氣正和諧穩定，給人們帶來了更多的獲得感。

其次，在治國理政的實踐中，習近平總書記從未停止對科技創新的發展。提出了「推動科技創新」「聚集科技人才」「深化科技體制改革」等措施。黨的十八大以來，一份份科研捷報鼓舞人心。

二、新時代是「四個全面」協調推進的時代

習近平總書記在江蘇調研時強調，要「協調推進全面建成小康社會、全面深化改革、全面推進依法治國、全面從嚴治黨，推動改革開

---

1 習近平：《習近平談治國理政》，外文出版社 2014 年版，第 59 頁。

放和社會主義現代化建設邁上新臺階。」[1]「四個全面」是新的歷史條件下，以習近平同志為核心的黨中央從堅持和發展中國特色社會主義、實現中華民族偉大復興的「中國夢」的全域出發，逐步提出並形成的戰略佈局，也是中國共產黨治國理政思想的重要組成部分。「四個全面」的戰略目標與中國共產黨精神的價值目標本質上是一致的，都是對中國共產黨的宗旨、歷史任務和價值取向的繼承與創新。

（一）全面建成小康社會

全面建成小康社會是實現中華民族偉大復興的「中國夢」的第一階段、關鍵一步，其在中國共產黨精神價值追求的基礎上又提出了更高的價值訴求。

首先，我們要把握全面建成小康社會新的目標要求和內涵。「十三五」規劃中根據新形勢的要求提出了全面建成小康社會的新的目標要求，這其中包括：經濟保持中高速增長，創新驅動成效顯著，發展協調性明顯增強，人民生活水準和品質普遍提高，國民素質和社會文明程度顯著提高，生態環境品質總體改善，各方面制度更加成熟更加定型的新的目標要求。全面建成小康社會的核心是小康社會，小康生活和小康社會既有聯繫又有區別，小康生活一般是指物質生活水準的提高，其核心是物質生活水準的提高。相比小康生活，小康社會

---

1 〈習近平在江蘇調研強調協調推進全面建成小康社會、全面深化改革、全面推進依法治國、全面從嚴治黨只爭朝夕，把創新抓出成效〉，《解放日報》2014 年 12 月 15 日。

更加全面，內涵更豐富。

　　小康社會首要的前提是物質生活水準的小康，並且在政治、文化、社會和生態文明等方面都有了新的要求。全面建成小康社會的另一個科學內涵就是，重點在於「全面」。全面建成小康社會的「全面」首先體現在內容上，是指構成小康社會的經濟、政治、文化、社會和生態文明等方面的全面發展，而不是經濟領域的單方面發展。新形勢下，全面建成小康社會順應歷史，成為中國共產黨精神的時代體現，在發展中又增添了新的發展理念。全面建成小康社會，本質依舊是發展，是實現全面、協調可持續的發展。這種新的發展理念不僅體現在要實現經濟、政治、文化、社會、生態文明「五位一體」的全面發展，更體現在要實現發展的協調性、平衡性及良性循環，更加突出創新在發展中的動力作用，更加重視人的全面自由發展。

　　最後，全面建成小康社會的落腳點是保障和實現最廣大人民的根本利益。全面小康，覆蓋的人口要全面，是惠及全體人民的小康。小康社會最終能否全面建成，不僅要有人均資料的證明，更要有廣大人民群眾的切身感受，是人民群眾滿意的幸福生活。建成小康社會的最終目的是實現人的全面發展，建成全面的小康社會，落腳點是實現和保障最廣大人民群眾的根本利益。只有滿足人民群眾不斷增長的物質文化需要，保障人民群眾當家作主的權益，尊重人民的首創精神，為人民創造宜居的生態環境，做到堅持發展為了人民、發展依靠人民、發展成果由人民共用，在這樣的基礎上建成的小康社會才是真正的小康社會。新時代，全面建成小康社會使中國共產黨的精神有了更加全

面的價值追求，「全面小康一個都不能少」[1]。

（二）全面深化改革

黨的十九大報告指出：「只有社會主義才能救中國，只有改革開放才能發展中國、發展社會主義、發展馬克思主義。」[2]中國共產黨精神中已存在較多「全面深化改革」的因子，是「全面深化改革」的重要源泉；「全面深化改革」為中國共產黨精神增添了更多內涵。

一方面，新時代的全面深化改革要以改革支撐經濟發展新常態，面對中高速增長新常態，需要有新的戰略思考：需要尋求並儘快形成新的推動力。同時，我們不再追求經濟的高速增長，而是要提高發展品質。這就涉及經濟發展方式的轉變，在低收入發展階段所採取的發展方式不能再延續到中等收入發展階段。轉向中高速增長的新常態，實際上是倒逼我們改變發展戰略，為加快轉變經濟發展方式提供空間，因而，要加快產業結構轉型升級，要深入實施創新驅動發展戰略。全面深化改革，只有從紅船精神和小崗改革開放精神等中尋求創造之源，才能不斷推進，假若沒有「開天闢地、敢為人先的首創精神」，失去了改革開放精神，就必然故步自封、改革就會受挫甚至停止不前。

另一方面，通過改革克服城鄉二元結構。城鄉二元結構是低收入國家的標誌，中等收入階段的發展任務就是克服這種二元結構從而進

---

1 〈習近平春節前夕赴江西看望慰問廣大幹部群眾〉，《人民日報》2016 年 2 月 4 日。
2 習近平：〈決勝全面建成小康社會，奪取新時代中國特色社會主義偉大勝利〉，《人民日報》2017 年 10 月 28 日。

入高收入階段。這也是發展中國家現代化的內容。根據木桶原理，現代化的整體水準最終是由「短板」決定的。農業、農民和農村的發展狀況就是新型工業化、資訊化、城鎮化、農業現代化的短板。因此現代化的核心問題就是要克服二元結構，包括克服城鄉二元結構、工農業二元結構的短板，使農業和農村進入一元的現代化經濟。在新的歷史起點上推進三農現代化，要直接以農業、農民和農村為發展對象。在我國全面建成小康社會的決勝階段，必須通過全面深化改革來補上這塊短板。全面建成小康社會的任務，「絕不是輕輕鬆鬆、敲鑼打鼓就能實現的」[1]。只有全國人民懷無私奉獻之心、行無私奉獻之舉，在各自的崗位上埋頭苦幹、任勞任怨、默默奉獻，以愛崗敬業、攻堅克難、為國分憂的奉獻精神，國家才能朝著全面深化改革的目標一步步前進。

（三）全面依法治國

依法治國，建設中國特色社會主義法治，是中國共產黨人夢寐以求的理想與目標之一。在領導中國革命、建設、改革的具體實踐中，中國共產黨在法治道路上進行了不懈的艱辛探索，形成了中國共產黨獨特的「法治精神」。全面依法治國是中國特色社會主義的本質要求和重要保障，是關係中國共產黨執政興國、關係人民幸福安康、關係黨和國家長治久安的重大戰略問題，也是「四個全面」戰略佈局的重

---

1 習近平：〈決勝全面建成小康社會，奪取新時代中國特色社會主義偉大勝利〉，《人民日報》2017 年 10 月 28 日。

要組成部分。

一是中國共產黨一貫提倡並在實際法治工作中樹立了中國共產黨法治精神。中國共產黨的法治精神內涵豐富，概括來說有法律至上、公平民主、保障人權、法治為民、實事求是、黨的領導等。這些法治精神為今天我們落實全面依法治國提供了堅實的前提和基礎，為國家法治建設的發展進步提供了有力的精神源泉。全面依法治國是在黨的領導下向前推進的，黨領導立法、保證執法，帶頭遵守憲法和法律，樹立憲法和法律權威就是要樹立黨對國家領導的權威。因此，只有在黨的領導下，中國特色社會主義法治建設才能不斷推進，依法治國才能沿著社會主義方向充分發展，國家和社會生活的法治化才能有序推進。

二是中國共產黨法治精神十分強調尊崇憲法，發展中國特色社會主義法治理論。完善以憲法為核心的中國特色社會主義法律體系，建設中國特色社會主義法治體系，建設社會主義法治國家，發展中國特色社會主義法治理論。我國憲法是黨領導人民制定的，是全黨和全國人民意志的集中體現。全面貫徹實施憲法，是建設社會主義法治國家的首要任務和基礎性工作。任何組織或個人，都沒有超越憲法的特權；一切違反憲法的行為，都必須予以追究。只有恪守憲法原則、弘揚憲法精義、維護憲法權威、履行憲法使命，人民當家作主就會有保證，黨和國家的事業就能順利發展。

三是全面依法治國的提出與實施，本質上繼承了中國共產黨精神中的「法治精神」，並在新的時代條件下為這種精神注入了新的理念。面對經濟全球化帶來的機遇和挑戰，面對新的歷史階段我國發展過程中面臨的一系列矛盾和挑戰，必然要求以法治思維有效化解矛盾糾

紛，著力維護中國的安定。深入推進依法行政，加強建設法治政府，把政府、社會和個人的關係協調好；最後還要以法治方式維護最廣大人民的一切根本利益，讓老百姓生活得有安全感，處處感覺到公平正義。這樣才能有助於推進國家治理體系和治理能力現代化，也才能為平安中國和法治中國建設贏得廣泛深厚的群眾基礎。要增強全民的法治觀念，加強法治工作隊伍建設，推進法治社會建設。

（四）全面從嚴治黨

黨的十八大以來，以習近平同志為核心的黨中央創新發展了馬克思主義黨建學說，把全面從嚴治黨納入「四個全面」戰略佈局，堅定不移推進全面從嚴治黨、依規治黨，凝心聚力開創新局面、黨風黨政呈現新氣象。從嚴治黨的實踐，已經試出了人心向背，必須堅持不懈抓下去，把管黨治黨實現真正從寬鬆走向嚴緊硬的道路上去。新時代的全面從嚴治黨內涵豐富，可概括為以下三點：

一是中國共產黨精神中蘊含著尊崇黨章和從嚴治黨的精神。必須以黨章為根本遵循，把黨的政治建設擺在首位，思想建黨和制度治黨同向發力，統籌推進黨的各項建設。全面從嚴治黨意味著不留死角，體現了黨的建設的各個方面，實現內容全覆蓋。黨的十九大報告提出黨的建設總體佈局時，強調以加強黨的長期執政能力建設、先進性和純潔性建設為主線，以黨的政治建設為統領，以堅定理想信念宗旨為根基，以調動全黨積極性、主動性、創造性為著力點，全面推進黨的政治建設、思想建設、組織建設、作風建設、紀律建設，把制度建設貫穿其中，深入推進反腐敗鬥爭，不斷提高黨的建設品質。習近平總

書記指出，要堅持以「全面」為基礎、「從嚴」為主線，對全面從嚴治黨做了系統的闡述。從嚴治黨制度落實要「抓鐵有痕、踏石留印」。總之，就是要求全黨要把從嚴治黨的理念貫穿到黨的建設總體佈局之中去。

二是全面從嚴治黨是清正廉潔的「蘇區幹部好作風」精神的延伸。新時代要抓住「關鍵少數」，堅持「三嚴三實」，堅持民主集中制，嚴肅黨內政治生活，嚴明黨的紀律，強化黨內監督，發展積極健康的黨內政治文化。黨員是組成黨的肌體的細胞，從嚴治黨是全黨的共同任務，每個黨員都不能置身事外，要增強角色意識和政治擔當。全面從嚴治黨責任能否落實，關鍵在於是否牢牢抓住了主體責任這個「牛鼻子」。黨委書記作為全面從嚴治黨的第一責任人，「打鐵」不僅需要「自身硬」，而且要管好班子、帶好隊伍。同時，全面從嚴治黨，紀委要負監督責任。各級黨委不僅要自覺接受紀委監督，而且要大力支持和保障紀委履行職責。

三是全面從嚴治黨在內容和實質上都繼承了「兩個務必」和「趕考」精神。全面淨化黨內政治生態，堅決糾正各種不正之風，以零容忍態度懲治腐敗，不斷增強黨自我淨化、自我完善、自我革新、自我提高的能力，始終保持黨同人民群眾的血肉聯繫。全面從嚴治黨的新常態還體現在對腐敗「零容忍」的態度上。鑒於腐敗的滋長蔓延嚴重損害黨的形象並嚴重危及了黨的執政安全，黨的十八大以來，以習近平同志為核心的黨中央堅持「老虎」「蒼蠅」一起打，以強硬的姿態向世人表明對腐敗「零容忍」的強大決心。習近平總書記在第十八屆中央紀律檢查委員會第五次全體會議的講話中告誡全黨，當前反腐敗還沒有取得壓倒性的勝利，鬥爭的形勢依然嚴峻複雜，反腐倡廉建設永遠

都在路上，必須繼續保持反腐敗的高壓態勢。當然，「零容忍」並不是感情用事，而是要講科學理性，堅持標本兼治，不斷剷除腐敗現象滋長的土壤。

三、新時代是中國夢和「兩個一百年」奮鬥目標同步推進的時代

習近平總書記指出：「實現中國夢必須堅持中國道路、弘揚中國精神、凝聚中國力量。」[1]這為我們黨團結帶領人民繼續把中國特色社會主義事業推向前進指明了方向。新時代要實現中國夢，離不開中國精神的弘揚，更離不開中國共產黨精神的弘揚。

——中國夢為中國共產黨精神增添了新的內涵。習近平總書記在國家博物館參觀大型展覽《復興之路》時指出：「實現中華民族偉大復興，就是中華民族近代以來最偉大的夢想。」[2]實現中華民族偉大復興的中國夢是習近平總書記治國理政的政治宣言，是全黨全國各族人民正在致力於實現的一個偉大夢想、一個遠大目標。所以說，「中國夢」的提出，為國家的未來發展指明了方向。習近平總書記反復強調：「今天，我們比歷史上任何時期都更接近、更有信心和能力實現中華民族偉大復興的目標。」但同時告誡全黨：「行百里者半九十。中華民族偉大復興，絕不是輕輕鬆鬆、敲鑼打鼓就能實現的。全黨必

1《習近平總書記系列重要講話讀本》，學習出版社人民出版社 2014 年版，第 30 頁。
2 習近平：《習近平談治國理政》，外文出版社 2014 年版，第 425 頁。

須準備付出更為艱巨、更為艱苦的努力」。[1] 實現中國夢必須弘揚中國共產黨的精神。

——「兩個一百年」奮鬥目標的實現離不開中國共產黨精神。進入全面建成小康社會、加快推進社會主義現代化的新時代，確保到 2020 年如期實現全面建成小康社會成了黨的奮鬥目標。以習近平同志為核心的黨中央明確提出了「兩個一百年」的概念，並把「兩個一百年」的奮鬥目標與實現中華民族偉大復興的中國夢聯繫起來。「到中國共產黨成立 100 年時全面建成小康社會的目標一定能實現，到新中國成立 100 年時建成富強民主文明和諧的社會主義現代化國家的目標一定能實現，中華民族偉大復興的夢想一定能實現。」[2] 在這裡我們還看到，實現社會主義現代化作為第二個一百年的奮鬥目標與實現中華民族偉大復興是直接並列的，並把它們作為建設中國特色社會主義的總任務。黨的十九大指出，從現在到 2020 年，是全面建成小康社會決勝期。從十九大到二十大，是「兩個一百年」奮鬥目標的歷史交匯期。我們既要全面建成小康社會、實現第一個百年奮鬥目標，又要乘勢而上開啟全面建設社會主義現代化國家新征程，向第二個百年奮鬥目標進軍。長征孕育了偉大的長征精神，新的長征離不開中國共產黨精神。新的長征必將為中國共產黨精神增添新的內容。

——為實現「兩個一百年」奮鬥目標和中華民族偉大復興的中國夢而努力奮鬥。黨的十九大報告指出，中國共產黨「初心不改、矢志

---

1 習近平：〈決勝全面建成小康社會，奪取新時代中國特色社會主義偉大勝利〉，《人民日報》2017 年 10 月 28 日。
2 習近平：《習近平談治國理政》，外文出版社 2014 年版，第 36 頁。

不渝，團結帶領人民歷經千難萬險，付出巨大犧牲，敢於面對曲折，勇於修正錯誤，攻克了一個又一個看似不可攻克的難關，創造了一個又一個彪炳史冊的人間奇跡」[1]。這極大地豐富了中國共產黨精神內涵。[2] 黨的十八大以來，以習近平同志為核心的黨中央團結帶領全國各族人民，緊緊圍繞實現「兩個一百年」奮鬥目標和中華民族偉大復興的中國夢，舉旗定向、謀篇佈局，開闢了治國理政新境界。我國經濟社會發展再上新臺階、再展新畫卷，迎來了全面建成小康社會的決勝階段，站在了即將實現第一個百年奮鬥目標的歷史節點上。黨的十八大提出了到 2020 年全面建成小康社會的奮鬥目標。這個宏偉目標，是「兩個一百年」奮鬥目標的第一個百年奮鬥目標，是中華民族偉大復興征程上的一座重要里程碑。十九大指出，中國未來將在建設小康社會的基礎上，再奮鬥十五年，基本實現社會主義現代化。並且在基本實現現代化的基礎上，再奮鬥十五年，把我國建成富強民主文明和諧美麗的社會主義現代化強國。[3] 當前，全黨全國各族人民最重要的是樹立起堅定的信心，發揚中國精神，凝聚起推進事業發展的強大力量，把全面建成小康社會的宏偉藍圖變成現實，向著實現中華民族偉大復興邁出至關重要的一步。

　　堅持和發展中國特色社會主義，是實現中華民族偉大復興的必由

1　習近平：〈決勝全面建成小康社會，奪取新時代中國特色社會主義偉大勝利〉，《人民日報》2017 年 10 月 28 日。

2　習近平：〈決勝全面建成小康社會，奪取新時代中國特色社會主義偉大勝利〉，《人民日報》2017 年 10 月 28 日。

3　習近平：〈決勝全面建成小康社會，奪取新時代中國特色社會主義偉大勝利〉，《人民日報》2017 年 10 月 28 日。

之路。要實現「兩個一百年」奮鬥目標、實現中華民族偉大復興的中國夢，就必須始終堅持和發展中國特色社會主義不動搖，必須始終堅持和弘揚中國精神。

空談誤國、實幹興邦，黨的偉大的事業都是幹出來的，既要胸懷理想又要腳踏實地；既要擼起袖子加油幹，又要弘揚中國精神。把握「兩個一百年」奮鬥目標，實現中華民族偉大復興的中國夢，不可能一蹴而就，要靠求真務實、真抓實幹。習近平總書記強調指出：「全面建成小康社會要靠實幹，基本實現現代化要靠實幹，實現中華民族偉大復興要靠實幹。」[1]在確保順利全面建成小康社會的基礎上，及時開啟現代化建設新征程，朝著第二個百年奮鬥目標前行，就必須把思想和行動統一到以習近平同志為核心的黨中央決策部署上，只要一代又一代中國人齊心協力，發揚精神，不懈追求，接力奮鬥，我們就一定能夠實現中華民族偉大復興的偉大夢想。

四、新時代是人類命運共同體鑄造和「一帶一路」建設推進的時代

中國共產黨是馬克思主義政黨。隨著國際環境的變遷和新的時代到來，中國共產黨提出了「一帶一路」和人類命運共同體的主張，獲得了國際社會極大的關注和高度認同。這是中華民族以「天下為己任」精神的時代風範，也是中國共產黨國際主義精神的新時代再現。

1《習近平總書記系列重要講話讀本》，學習出版社、人民出版社 2014 年版，第 33 頁。

　　建設人類命運共同體，第一必須堅持各國相互尊重、平等相待。這條新政治道路匯聚了新中國成立以來幾代共產黨人對世界和平問題的深遠思考，是對聯合國憲章的宗旨和原則的豐富與發展。堅持這條道路，中國不僅樹立起負責任、有擔當的國際形象，也為國內改革和發展創造了良好的國際環境。事實已經證明，堅持各國相互尊重、平等相待，求同存異、聚同化異，才是世界各國實現和平相處的正確道路。

　　第二，必須堅持合作共贏、共同發展。這種經濟新前景凝結了中國改革開放 40 多年來國家發展智慧和經驗總結，發展才是硬道理，只有發展才能解決人類面臨的眾多挑戰，只有可持續發展才能解決發展中出現的問題。在全球化時代，國家的發展必定是開放的發展，一個國家只有深度融入世界經濟，積極融入經濟全球化浪潮，才能獲得發展的持久動力；國家的發展必然是合作的發展，只有合作才能辦大事、辦好事、辦長久之事，才能發揮各自資源稟賦的比較優勢，實現自身的發展訴求；國家的發展也是與其他國家實現共贏的發展，只有利益共用，國家間合作才會擁有堅實的可持續基礎，國家自身的發展環境才能得以優化；這種前景已被中國改革開放 40 多年來的發展歷史所證明，也隨著中國與世界各國之間互利共贏經濟合作關係擴展而被世界所日益接納。只有通過合作共贏、共同發展，世界各國才能找到共同的利益，世界的發展繁榮也因為各個國家的共同發展而變為現實。

　　第三，必須堅持實現共同、綜合、合作、可持續的安全。這種安全新局面，是十八大以來以習近平同志為核心的黨中央在科學判斷國際安全形勢基礎上提出來的。當今世界，安全總是相對的，只有大家的共同安全才是個體安全的堅實保障。安全不是片面的，在全球化

的世界裡，安全的內涵和外延更加豐富，時空領域更加寬廣，各種因素更加錯綜複雜。只有兼顧安全問題的歷史經驗和現實狀況，多管齊下、綜合施策，才能有效應對人類所面臨的傳統安全威脅和非傳統安全問題挑戰。安全只能通過合作才能變得不再稀缺，要以合作謀和平、以合作促安全，摒棄霸權思維和強權政治，反對訴諸武力或者以武力威脅。安全應該是可持續的，以可持續發展促進可持續安全，用發展來去除安全隱患滋生的土壤。中國宣導新安全觀，中國也在踐行新的安全理念，隨著解決安全問題的「中國方案」越來越被世界各國所認同和接納，一個持久和平的世界終將到來。

第四，必須堅持不同文明相容並蓄、交流互鑑。這種文明新氣象，既是改革開放 40 多年來中國對人類文明發展和交流進程的宏觀概括，也是 5000 年中華文明在新時代的自然湧現。世界文明是多樣的，只有在多樣中彼此尊重，相互借鑑，和諧相處，世界才能變得富有生機、充滿活力。文明的發展源自具體的實踐，也得益于其他文明優秀成果的滋養。文明的對話是平等相待而不是強制灌輸，是彼此包容而不是相互取代，是相互欣賞而不是相互排斥。當前，中國社會主義精神文明的蓬勃繁榮就是這種新氣象的生動體現。

第五，建設人類命運共同體，必須堅持綠色低碳，建設一個清潔美麗的世界。這種生產生活新方式是過去幾十年，中國經濟快速發展，人民生活發生深刻變化，但也承擔了資源環境方面的代價的總結。人類在工業化進程中在創造出來前所未有的物質財富的同時，卻也產生了難以彌補的生態破壞。我們再也經受不起用破壞性方式搞發展的老路所帶來的生態災難。我們應該遵循敬畏自然，保護自然的理念，樹立「綠水青山就是金山銀山」的生態發展意識，尋求一條人類永續

發展之路。我們建設清潔美麗的世界，也需要宣導各國人民形成一種綠色、健康的生活方式。只有在生產、生活的各個方面都實現了綠色低碳，才能不斷開拓生產發展、生活富裕、生態良好的文明發展道路，才能實現人與自然和諧發展。

「一帶一路」是習近平總書記統籌國內國際兩個大局，順應地區和全球的合作潮流，契合中國周邊參與國家和地區發展需要，立足當前、著眼長遠提出的重大倡議和構想。「一帶一路」重大倡議提出後，在國內外引起了強烈反響，各方面也都在積極回應。習近平總書記提出，要推進「一帶一路」建設，就要處理好我國利益和參與國家利益的關係，政府、市場、社會的關係，經貿合作和人文交流的關係，對外開放和維護國家安全的關係，務實推進和輿論導向的關係，國家總體目標和地方具體目標的「六大」關係。

第一，必須處理好我國利益和參與國家利益的關係。「一帶一路」建設不應僅僅著眼於我國自身發展，而是要以我國發展為契機，讓更多國家搭上我國發展快車，幫助它們實現發展目標。我們要在發展自身利益的同時，更多考慮和照顧其他國家利益。要統籌我國同參與國家的共同利益和具有差異性的利益關切，尋找更多利益交匯點，調動參與國家積極性。我國企業走出去既要重視投資利益，更要贏得好名聲、好口碑，遵守駐在國法律，承擔更多社會責任。

第二，必須處理好政府、市場、社會的關係，既要發揮政府把握方向、統籌協調作用，又要發揮市場作用。政府要在宣傳推介、加強協調、建立機制等方面發揮主導性作用，同時要注意構建以市場為基礎、企業為主體的區域經濟合作機制，廣泛調動各類企業參與，引導更多社會力量投入「一帶一路」建設，努力形成政府、市場、社會有

機結合的合作模式，形成政府主導、企業參與、民間促進的立體格局。中國擁有龐大的生產能力和國內市場，而「一帶一路」參與的許多發展中國家也擁有豐富的資源和勞動力，通過產業鏈的延伸和市場規則的協調，各國的生產要素與市場能夠深度對接和融合，凝成牢固的利益共同體與發展共同體。

第三，必須處理好經貿合作和人文交流的關係。人文交流合作也是「一帶一路」建設的重要內容。真正要建成「一帶一路」，必須在參與國家民眾中形成一個相互欣賞、相互理解、相互尊重的人文格局。要堅持經濟合作和人文交流共同推進，注重在人文領域精耕細作，尊重各國人民文化歷史、風俗習慣，加強同相關國家人民的友好往來。通過加強各國之間的人文交流，讓不同文明在互相尊重的基礎上彼此間尋求到更多的智慧，能夠汲取到更多的營養。

第四，必須處理好對外開放和維護國家安全的關係。「一帶一路」建設在本質上是一種開放型、外向型經濟發展方式，其內在發展邏輯要求減少和消除資本、人員、商品、服務等各種要素跨地區、跨國家進行流動的障礙，在全方位對外開放的背景下，更是要加強國家安全能力的安全體系的建設，要加強同參與國家在安全領域的合作，努力打造利益共同體、責任共同體、命運共同體，共同營造一個良好的國際安全環境。

第五，必須處理好務實推進和輿論導向的關係。要重視和做好輿論引導工作，通過各種方法為「一帶一路」建設營造良好輿論環境。古絲綢之路的合作精神將在現代經濟技術與社會條件下煥發新的活力，沿線古老文明亦將因為「一帶一路」建設而迎來群體性復興的浪潮。「和平合作、開放包容、互學互鑑、互利共贏」的絲綢之路精

神將隨著「一帶一路」建設的不斷展開,獲得持久的世界影響力,成為人類精神文明的寶貴財富。

第六,必須處理好國家總體目標和地方具體目標的關係。「一帶一路」建設既要確立國家總體目標,也要發揮地方積極性。地方的規劃和目標要符合國家總體目標,服從大局和全域。要把主要精力放到提高對外開放水準、增強參與國際競爭力、倒逼轉變經濟發展方式和調整經濟結構上來。要立足本地實際,找准位置,發揮優勢,取得扎扎實實的成果,努力拓展改革發展新空間。

第二節　科學把握新時代的階段特徵及問題

發揚中國共產黨精神,建設中國特色社會主義,必須科學把握我國社會發展的基本特徵。建設中國特色社會主義,必須堅持一切從中國實際出發。一個國家的實際是多方面的,包括社會性質、生產力水平、政治結構、文化傳統、發展趨勢等多個方面,但最大的實際是本國的歷史方位即社會發展階段。準確把握當代中國的歷史方位,正確認識我國社會所處的發展階段,是建設中國特色社會主義的首要問題,是制定和執行正確的路線、方針、政策的根本依據,也是制定國家中長期發展戰略的根本前提。正因為如此,進入改革開放新時代,特別是黨的十八大以來,我們黨始終高度重視對當代中國歷史方位的判斷和社會階段性特徵的分析。

一、中國特色社會主義邁入了新時代

發展中國特色社會主義是一項長期而艱巨的歷史任務，必須分階段分步驟地完成。習近平總書記在黨的十九大上明確指出：「改革開放之初，我們黨發出了走自己的路、建設中國特色社會主義的偉大號召。從那時以來，我們黨團結帶領全國各族人民不懈奮鬥，推動我國經濟實力、科技實力、國防實力、綜合國力進入世界前列，推動我國國際地位實現前所未有的提升，黨的面貌、國家的面貌、人民的面貌、軍隊的面貌、中華民族的面貌發生了前所未有的變化，中華民族正以嶄新姿態屹立於世界的東方。經過長期努力，中國特色社會主義進入了新時代。」這是我國發展新的歷史方位。之所以做出這樣的判斷，是因為：

從中國社會發展的歷史進程看，我國發展站到了新的歷史起點上。經過新中國成立以來 70 年尤其是改革開放以來 40 多年的發展，我國社會主義現代化建設成就輝煌。正如習近平總書記所指出的：中華民族實現了從站起來、富起來到強起來的歷史性飛躍。當前，我們正處在決勝全面建成小康社會、奪取中國特色社會主義偉大勝利、實現中華民族偉大復興中國夢的新時代。這一新時代體現在各個方面。從經濟角度看，我們堅定不移貫徹新發展理念，堅決端正發展觀念、轉變發展方式，發展品質和效益不斷提升。經濟保持中高速增長，在世界主要國家中名列前茅，國內生產總值從 54 萬億元增長到 99 萬億元，穩居世界第二，對世界經濟增長貢獻率超過 30%。供給側結構性改革深入推進，經濟結構不斷優化，數位經濟等新興產業蓬勃發展，高鐵、公路、橋樑、港口、機場等基礎設施建設快速推進。農業現代

化穩步推進，區域發展協調性增強，「一帶一路」建設、京津冀協同發展、長江經濟帶發展成效顯著。創新驅動發展戰略大力實施，創新型國家建設成果豐碩，天宮、蛟龍、天眼、悟空、墨子、大飛機等重大科技成果相繼問世。南海島礁建設積極推進。開放型經濟新體制逐步健全，對外貿易、對外投資、外匯儲備穩居世界前列。從「四個偉大」的角度看，偉大鬥爭，偉大工程，偉大事業，偉大夢想，緊密聯繫、相互貫通、相互作用，其中起決定性作用的是黨的建設新的偉大工程。我們堅持全面從嚴治黨，毫不動搖堅持和完善黨的領導，毫不動搖推進黨的建設新的偉大工程，進入了團結帶領全國人民進行偉大鬥爭、推進偉大事業、實現偉大夢想的新階段。從執政黨建設角度看，我們勇於面對黨面臨的重大風險考驗和黨內存在的突出問題，以頑強意志品質正風肅紀、反腐懲惡，消除了黨和國家內部存在的嚴重隱患，黨內政治生活氣象更新，黨內政治生態明顯好轉，黨的創造力、凝聚力、戰鬥力顯著增強，黨的團結統一更加鞏固，黨群關係明顯改善，黨在革命性鍛造中更加堅強，煥發出新的強大生機活力，為黨和國家事業發展提供了堅強政治保證，等等。總之，黨的十八大以來，中國發展已經進入一個新時代。

　　從中國特色社會主義發展的歷史進程看，社會主義在中國煥發出強大生機活力並不斷開闢發展新境界。中國特色社會主義是在不斷總結經驗、探索規律中開闢和前進的。以毛澤東同志為核心的黨的中央領導集體的探索和實踐，為開創中國特色社會主義提供了寶貴經驗、理論準備、物質基礎。以鄧小平同志為核心的黨的中央領導集體的探索和實踐，成功開創了中國特色社會主義。以江澤民同志為核心的黨的中央領導集體的探索和實踐，成功把中國特色社會主義推向 21 世

紀。以胡錦濤同志為總書記的黨的中央領導集體，緊緊圍繞堅持和發展中國特色社會主義這一主題，續寫了中國特色社會主義新篇章。黨的十八大以來，以習近平同志為核心的黨的中央領導集體科學把握當今世界和當代中國的發展大勢，順應實踐要求和人民願望，形成了一系列重大戰略思想，推出一系列重大戰略舉措，出臺一系列重大方針政策，推進一系列重大工作，解決了許多長期想解決而沒有解決的難題，辦成了許多過去想辦而沒有辦成的大事，推動黨和國家事業發生歷史性變革。這標誌著中國特色社會主義進入了新時代。

　　從馬克思主義中國化的歷史進程看，科學社會主義在 21 世紀的中國煥發出強大生機活力，在世界上高高舉起了中國特色社會主義偉大旗幟，當代中國馬克思主義達到了新的理論高度。2017 年 10 月，習近平總書記在黨的十九大上指出：時代是思想之母，實踐是理論之源。只要我們善於聆聽時代聲音，勇於堅持真理、修正錯誤，21 世紀中國的馬克思主義一定能夠展現出更強大、更有說服力的真理力量！黨的十八大以來，國內外形勢變化和我國各項事業發展都給我們提出了一個重大時代課題，這就是必須從理論和實踐結合的角度系統回答新時代堅持和發展什麼樣的中國特色社會主義、怎樣堅持和發展中國特色社會主義，包括新時代堅持和發展中國特色社會主義的總目標、總任務、總體佈局、戰略佈局和發展方向、發展方式、發展動力、戰略步驟、外部條件、政治保證等基本問題，並且要根據新的實踐對經濟、政治、法治、科技、文化、教育、民生、民族、宗教、社會、生態文明、國家安全、國防和軍隊、「一國兩制」和祖國統一、統一戰線、外交、黨的建設等各方面做出理論分析和政策指導，以利於更好地堅持和發展中國特色社會主義。圍繞這個重大時代課題，我們黨堅

持以馬克思列寧主義、毛澤東思想、鄧小平理論、「三個代表」重要
思想、科學發展觀為指導，堅持解放思想、實事求是、與時俱進、求
真務實，堅持辯證唯物主義和歷史唯物主義，緊密結合新的時代條件
和實踐要求，以全新的視野深化對共產黨執政規律、社會主義建設規
律、人類社會發展規律的認識，進行艱辛理論探索，取得重大理論創
新成果，形成了新時代中國特色社會主義思想。習近平新時代中國特
色社會主義思想這一科學理論體系，既是中國特色社會主義理論體系
的最新成果，也是馬克思主義中國化的最新成果，標誌著當代中國馬
克思主義達到了新的理論高度。

　　從中華民族偉大復興的歷史進程看，這個新時代，是承前啟
後、繼往開來、在新的歷史條件下繼續奪取中國特色社會主義偉大勝
利的時代，是決勝全面建成小康社會、進而全面建設社會主義現代化
強國的時代，是我國社會主要矛盾由人民群眾日益增長的物質生活需
要和落後社會生產之間的矛盾轉化為人民日益增長的美好生活需要和
不平衡不充分的發展之間的矛盾的時代；是全國各族人民團結奮鬥、
不斷創造美好生活、逐步實現全體人民共同富裕的時代，是全體中華
兒女勠力同心、奮力實現中華民族偉大復興中國夢的時代，是我國日
益走近世界舞臺中央、不斷為人類做出更大貢獻的時代。中國特色社
會主義進入新時代，在中華人民共和國發展史上、中華民族發展史上
具有重大意義，在世界社會主義發展史上、人類社會發展史上也具有
重大意義。

　　從中國對於人類應有較大的貢獻來看，中國特色社會主義道
路、理論、制度、文化不斷發展，拓展了發展中國家走向現代化的途
徑，給世界上那些既希望加快發展又希望保持自身獨立性的國家和民

族提供了全新選擇，為解決人類問題貢獻了中國智慧和中國方案。[1]

二、在變與不變中認清世情國情黨情

習近平總書記強調：「認識和把握我國社會發展的階段性特徵，要堅持辯證唯物主義和歷史唯物主義的方法論，從歷史和現實、理論和實踐、國內和國際等的結合上進行思考，從我國社會發展的歷史方位上來思考，從黨和國家事業發展大局出發進行思考，得出正確結論。」[2]貫徹黨的十九大精神，必須在變與不變的辯證關係中更準確地把握我國社會主義初級階段不斷變化的特點。

從世情看，和平、發展、合作、共贏的時代潮流沒有變，但我國發展面臨的國際環境發生了很大變化。「世界正處於大發展大變革大調整時期，和平與發展仍然是時代主題。世界多極化、經濟全球化、社會資訊化、文化多樣化深入發展，全球治理體系和國際秩序變革加速推進，各國相互聯繫和依存日益加深，國際力量對比更趨平衡，和平發展大勢不可逆轉。同時，世界面臨的不穩定性不確定性突出，世界經濟增長動能不足，貧富分化日益嚴重，地區熱點問題此起彼伏，恐怖主義、網路安全、重大傳染性疾病、氣候變化等非傳統安全威脅

---

1 習近平：〈決勝全面建成小康社會，奪取新時代中國特色社會主義偉大勝利〉，《人民日報》2017 年 10 月 28 日。
2 〈習近平在省部級主要領導幹部「學習習近平總書記重要講話精神，迎接黨的十九大」專題研討班發表重要講話〉，《人民日報》2017 年 7 月 27 日。

持續蔓延，人類面臨許多共同挑戰。」[1] 我們要充分估計國際格局發展演變的複雜性，更要看到世界多極化向前推進的態勢不會改變；要充分估計世界經濟調整的曲折性，更要看到經濟全球化進程不會改變；要充分估計國際矛盾和鬥爭的尖銳性，更要看到和平與發展的時代主題不會改變；要充分估計國際秩序之爭的長期性，更要看到國際體系變革方向不會改變；要充分估計我國周邊環境中的不確定性，更要看到亞太地區總體繁榮穩定的態勢不會改變。從這樣的世情出發，我們應高舉和平、發展、合作、共贏的旗幟，牢牢把握堅持和平發展、促進民族復興這條主線，維護國家主權、安全、發展利益，為和平發展營造更加有利的國際環境。

從國情看，中國特色社會主義進入新時代，我國社會主要矛盾已經轉化為人民日益增長的美好生活需要和不平衡不充分的發展之間的矛盾。我國社會主要矛盾的變化是關係全域的歷史性變化，對黨和國家工作提出了許多新要求。我國社會主要矛盾的變化，沒有改變我們對我國社會主義所處歷史階段的判斷，我國仍處於並將長期處於社會主義初級階段的基本國情沒有變，我國是世界最大發展中國家的國際地位沒有變。基本國情沒有變，就要堅持黨在社會主義初級階段的基本路線不動搖，始終牢記發展是硬道理，始終堅持以經濟建設為中心，大力解放和發展社會生產力。我國社會主要矛盾的變化，就必須以新的思路、新的戰略、新的舉措來更好地堅持黨的基本路線。習近平總書記明確指出：「經過改革開放近 40 年的發展，我國社會生產力

---

1 習近平：〈決勝全面建成小康社會，奪取新時代中國特色社會主義偉大勝利〉，《人民日報》2017 年 10 月 28 日。

水準明顯提高；人民生活顯著改善，對美好生活的嚮往更加強烈，人民群眾的需要呈現多樣化多層次多方面的特點，期盼有更好的教育、更穩定的工作、更滿意的收入、更可靠的社會保障、更高水準的醫療衛生服務、更舒適的居住條件、更優美的環境、更豐富的精神文化生活。」[1] 這決定了在新時代解放和發展社會生產力，必須把握好經濟發展新常態這個大邏輯，緊緊抓住和用好內涵發生深刻變化的重要戰略機遇期，牢固樹立和貫徹落實新發展理念，堅定不移推進供給側結構性改革，推動我國經濟發展長期向好。這也決定了在新時代堅持和發展中國特色社會主義，必須加強和改善黨的領導，堅持以人民為中心的發展思想，在繼續推動經濟發展的同時，更好地實現各項事業全面發展，更好地推動人的全面發展、社會全面進步。

從黨情看，「中國特色社會主義最本質的特徵是中國共產黨領導，中國特色社會主義制度的最大優勢是中國共產黨領導」，「黨是最高政治領導力量……黨政軍民學，東西南北中，黨是領導一切的。」[2] 我們黨作為中國特色社會主義事業的堅強領導核心的地位沒有變，但肩負的歷史任務更加艱巨，面臨的執政環境更加複雜。經過 98 年的發展，中國共產黨已經成為全世界擁有黨員人數最多的執政黨，肩負著帶領全國各族人民實現「兩個一百年」奮鬥目標、實現中華民族偉大復興的歷史使命，同時也面臨著「四大考驗」「四種危險」。只有推

---

1 〈習近平在省部級主要領導幹部「學習習近平總書記重要講話精神，迎接黨的十九大」專題研討班發表重要講話〉，《人民日報》2017 年 7 月 27 日。
2 習近平：〈決勝全面建成小康社會，奪取新時代中國特色社會主義偉大勝利〉，《人民日報》2017 年 10 月 28 日。

動全面從嚴治黨向縱深發展，落實好管黨治黨責任，不斷解決黨內存在的突出矛盾和深層次問題，使全面從嚴治黨的思路舉措更加科學、更加嚴密、更加有效，才能確保黨更好地經受住「四大考驗」、更好地戰勝「四種危險」，跳出政權興衰的歷史週期律，在歷史性「趕考」中交出優異答卷，完成時代和人民賦予的歷史任務。

認識和把握我國社會發展的階段性特徵，更準確地把握我國社會主義初級階段不斷變化的特點，更準確地把握我國社會主義初級階段基本國情的不變和社會主要矛盾的變化，就能堅定中國特色社會主義道路自信、理論自信、制度自信、文化自信，與時俱進地推進理論創新、實踐創新、制度創新以及其他各方面創新，以新的思路、新的戰略、新的舉措決勝全面建成小康社會，進而推進社會主義現代化建設，踏上實現第二個百年奮鬥目標的新征程，實現中華民族偉大復興的中國夢。

只要我們在變與不變中認清世情國情黨情，只要我們準確把握新時代的基本特徵，就能在推進中國特色社會主義新的偉大實踐中不斷豐富和發展中國共產黨精神。

第三節　新時代中國共產黨面臨新的考驗

黨的十九大報告提出：「要深刻認識黨面臨的執政考驗、改革開放考驗、市場經濟考驗、外部環境考驗的長期性和複雜性，深刻認識黨面臨的精神懈怠危險、能力不足危險、脫離群眾危險、消極腐敗危險的尖銳性和嚴峻性，堅持問題導向，保持戰略定力，推動全面從嚴

治黨向縱深發展。」[1]

一、長期執政的考驗

中國共產黨已經走過了 98 年的光輝歷程，具有 70 年的全國執政經歷。早在江澤民同志時期就指出：「全黨同志始終十分警惕黨執政後地位的變化可能帶來的影響，越是執政時間長了，越要抓緊黨的自身建設。」[2] 習近平總書記也警醒全黨：「黨的執政地位和領導地位並不是自然而然就能長期保持下去的。」[3] 沒有哪一個政黨在長期執政且不注重自身建設的情況下，還能夠保持原有執政地位。第一，長期執政有脫離群眾的危險。受舊思想的影響，有些黨員幹部不再以全心全意為人民服務為根本要求，開始追求生活的享樂，對人民群眾的訴求置若罔聞，完全摒棄了黨的宗旨，這樣產生的思想上的放鬆，使得一些黨員幹部逐漸地脫離群眾。第二，長期執政容易滋生和積蓄個人的既得利益。現在確有一部分黨員和幹部思想上出了一些問題，認為他們所擁有的權力地位，是屬於自己的既得利益。能否防止和消除這種狀況，教育廣大黨員幹部樹立正確的利益觀，永遠堅持全心全意為人民服務的宗旨，是對我們黨執政能力的嚴峻考驗。第三，執政時間長了，容易出現權力失控現象。對待黨員及幹部工作、生活和社交，

---

1 習近平：〈決勝全面建成小康社會，奪取新時代中國特色社會主義偉大勝利〉，《人民日報》2017 年 10 月 28 日。

2 《江澤民文選》（第三卷），人民出版社 2006 年版，第 180 頁。

3 習近平：《在黨的群眾路線教育實踐活動總結大會上的講話》，人民出版社 2014 年版，第 13 頁。

應該要採取堅決措施予以有效的監督和約束，以制度限制濫用權力，防止腐敗的發生。「一個執政黨，如果管不住、治理不好領導班子和領導幹部，後果不堪設想。歷史上的腐敗現象，為害最烈的是吏治的腐敗。由於賣官鬻爵及其帶來和助長的其他腐敗現象，造成『人亡政息』、王朝覆滅的例子，在中國封建社會是屢見不鮮的。這種歷史的教訓很值得我們注意。」[1]對於可能致使黨執政能力弱化的問題，是黨長期執政必須認真面對的。

二、改革開放的考驗

自改革開放以來，社會經濟結構也發生了巨大的變化，首要變化就是經濟成分變得更加多樣化。隨著經濟體制的深刻變革，全國社會結構已由過去的比較單一向多元複雜轉變。新的經濟組織、社會組織，產生了許多新的社會階層並且使得越來越多的人失去了「鐵飯碗」。社會結構的深刻變動，使整個社會的發展也是變化無窮的，在推動經濟社會前進的同時，也帶來了貧富差距大、地方治安不樂觀、社會保障體系不完善等社會問題和社會矛盾，給黨的執政能力帶來嚴峻的挑戰。

其次，社會利益主體發展日趨多元化。經濟社會成分、利益主體、分配方式等的多樣化，致使社會的利益格局也隨之變化。人民開

1《十四大以來重要文獻選編》（下），人民出版社 1999 年版，第 1967 頁。

始關注與自身利益相關的就業、教育、住房等問題，統籌協調各方面利益關係難度加大，平衡好人民的利益關係、合理應對各種利益矛盾，成為社會穩定與黨執政基礎穩固的重要因素。隨著利益主體多元化的發展，人們的價值觀念和利益訴求也在發生著不同變化。同時，人們的思想觀念也會受到多方面資訊的影響，並且都在不同程度地加深。在一定時期內，改革開放新思想和與此不相適應的各種思想觀念並存，消極腐朽的思想觀念嚴重阻礙了改革開放和現代化建設的進程，如何鞏固馬克思主義和中國特色社會主義在意識形態方面保持指導地位，成了黨亟待解決的問題。

最後，黨員隊伍發生重大變化。黨員隊伍隨著改革開放的浪潮出現了許多新情況：一是黨員隊伍的數量規模不斷壯大；二是黨員隊伍在年齡、性別、行業等方面的結構趨於優化；三是非公企業中的黨員人數不斷增加，黨員隊伍的構成更趨多元化；四是黨員年輕化特徵明顯；五是流動黨員逐年增多。另外，黨員隊伍內部也存在不少不適應新形勢新任務的要求、不符合黨的宗旨和性質的問題。這些問題都亟待解決。

三、市場經濟的考驗

改革開放以來，我國建立了社會主義市場經濟制度，社會主義市場經濟制度也給我們黨帶來了極大考驗。

首先，就是對領導方式轉變的要求。在現代市場經濟條件下，經濟建設必須依靠政府與市場相結合起來，在保證社會穩定、遵循市場經濟規律的同時，保障經濟社會平穩、持續地發展。而黨能否實現這樣的共同發展，又是黨面臨的一個重要問題。

其次，在發展市場經濟的同時，要堅決保持黨性原則。市場經濟作為一種有效的資源配置方式，極大地促進了經濟和社會的發展，但是市場經濟的負面影響使一些能力不足的領導幹部面臨嚴峻的考驗。比如，市場經濟的「等價交換」原則與全心全意為人民服務的宗旨相衝突，市場經濟追求利益最大化與黨性要求的克己奉公相衝突等。因此，黨的十九大要求：「增強黨內政治生活的政治性、時代性、原則性、戰鬥性，自覺抵制商品交換原則對黨內生活的侵蝕。」[1]如果領導幹部經受不住市場經濟帶來的誘惑，就會受到它的侵蝕，變得腐化起來，從而出現與全心全意為人民服務宗旨相背離的思想、行為方式。

四、外部環境的考驗

首先，新時代帶來的外部環境考驗主要是經濟全球化的影響，與此同時，逆全球化的行為也有所張揚，致使國際國內經濟形勢起伏不定。「外部環境考驗是長期的、複雜的、嚴峻的。」[2]中國經濟建設與國際國內經濟形勢息息相關。受國際經濟動盪和國內經濟波動的影響，國內經濟發展的新老問題疊加、長短期矛盾交織的複雜局面並存，經濟增速緩慢回落與物價漲幅仍處高位並存的局面也沒有得到根本改變，同時面臨部分領域投資效益不高、部分企業投資能力和意願

---

1 習近平：〈決勝全面建成小康社會，奪取新時代中國特色社會主義偉大勝利〉，《人民日報》2017年10月28日。
2 習近平：《在黨的群眾路線教育實踐活動總結大會上的講話》，人民出版社2014年版，第12頁。

下降、整體自主創新能力還是不足、民營經濟在一些領域遭遇發展瓶頸等問題，城鄉差距、地區差距、貧富差距不斷擴大等難題更是長期存在，未得到根本解決。

其次，**轉變經濟發展方式的任務依舊艱巨**。改革開放以來，我國實現了經濟高速增長，但也付出了較大代價，主要原因在於經濟增長方式粗放，自主創新能力低。粗放型的經濟增長方式使我國的經濟發展不僅受到能源、礦產資源、土地、水和生態環境的嚴重制約，而且受到各種成本上升的影響，受到國內消費需求狹窄的限制，受到國際經濟、金融風險出口限制的衝擊。因此，產能過剩部門缺乏投資的情況下，企業要獲得進一步的發展，轉變經濟發展方式刻不容緩。在國家主動調整經濟結構、轉變經濟發展方式的大背景下，全國必然掀起轉變經濟發展方式的熱潮，也將面臨更大的挑戰。因此，以政府領導方式轉變加快發展方式轉變顯得尤為迫切。

最後，是外部競爭壓力增大。隨著經濟發展方式的加快轉變，在經濟建設中面臨的市場、資源、資金、技術、人才競爭更加激烈，我國面臨的發展和競爭壓力也日益增大。儘管我國經濟總量已經排在世界第二，但經濟增長品質不高。我國在未來一段時間的外部競爭壓力將不斷增大，這對各級政府和黨員幹部領導經濟社會發展帶來了更大的外部環境挑戰。新時代中國共產黨面臨著新考驗，呼喚著中國共產黨人進一步發揚中國共產黨精神，以迎接新的、更大的考驗，堅定不移地把中國特色社會主義偉大事業繼續推向前進。

第四節　新時代需要防範精神懈怠

一、精神懈怠的含義

習近平總書記在黨的十九大報告中指出：要「深刻認識黨面臨的精神懈怠危險」[1]。對於以馬克思主義為指導思想的中國共產黨來說，黨的精神狀況就是黨的「靈魂」，如果黨的精神狀態出了問題，那就是牽一髮而動全身的嚴重問題。

黨的建設中的「精神懈怠」的含義應該是針對兩個對象而言的，即黨員個人與黨組織。首先，是對於黨員個人來說，主要是指黨員缺乏堅定的信仰、建設社會主義的動力和鬥志，精神空虛、不思進取，安於現狀。其次，對於黨的組織來講，精神懈怠就是逐漸脫離科學、規範、統一的思想理論指導，缺乏遠大的理想、目標，工作缺乏主動性或創造性，難以形成鼓舞鬥志、催人奮發的堅強領導。黨員與黨組織的精神懈怠間的關係是既相互聯繫又相互區別的。就其區別來說，後者的主體是黨的各級組織，其精神懈怠是側重於共性的存在，是對黨組織精神狀態的反映，所造成的危害不是個別性的特殊性的，而往往是全域性的普遍性的；前者的主體是黨員個人，其精神懈怠是側重

---

1 習近平：〈決勝全面建成小康社會，奪取新時代中國特色社會主義偉大勝利〉，《人民日報》2017 年 10 月 28 日。

於個性的存在，是對黨員個人精神狀態的反映，所造成的危害一般不是全域性的，而是個別性的。另外，從其聯繫來說，二者又是相互制約、相互滲透、相互轉化的。黨組織的精神懈怠是通過黨員個人的精神狀態表現出來的，反映和體現著黨員個人的普遍性和共同性，同時又對黨員個人的精神造成一定的消極導向或有著「傳染性」影響；黨員個人的精神懈怠往往是以特定的黨組織的精神狀態為形成背景的，在對其他個人的精神造成負面的影響的同時，又能夠隨其擴散或蔓延而轉化為黨組織的精神懈怠。

二、精神懈怠的表現

精神懈怠是直接現實的危險，表現形式受個人、組織的特點而呈現出多樣性。黨員幹部的精神懈怠，比較常見的表現形式主要有以下幾種。

第一，在思想上信念不堅定，精神動力不足。對中國為什麼走中國特色社會主義道路認識模糊，對什麼是社會主義、什麼是資本主義等重大理論界限劃分不清楚，缺乏堅定正確的政治方向，缺乏為捍衛和實現全面建成小康社會、實現共產主義理想信念而不懈奮鬥的精神動力，也不能全心全意為人民服務、不能積極主動地完成分內的工作，而是被動、機械地去做分內的工作，並且也不是為了社會主義偉大事業而工作，而是僅僅把它作為自己的謀生手段。

第二，說得好、做不好，講得多、做得少，光說不做，實幹精神不強。這些年我們黨的執政理念、執政要求、執政目標應當說越來越準確、越來越細化，然而在實際生活中卻貫徹落實得十分不夠，沒有

真正把這些執政理念落實到各項事業的具體行動中，沒有貫徹落實到基層的每一個角落，形式主義、文牘主義、衙門主義作風比較濃重，用會議來指揮會議，用文件來貫徹文件，用匯報來檢查匯報，結果造成人民群眾滿意度越來越低的狀況。

第三，缺乏對自身明確的認識，自我滿足，盲目樂觀，自我解剖精神缺乏。改革開放 40 多年確實取得了非常大的成績，但我們應當清醒地看到，這種快速發展是因為抓住了一些機遇，帶有粗放型、擴張型的性質，而今後我國的發展形勢會更加嚴峻。然而，一些黨員幹部看不到這一點，對已經取得的成績自我滿足，對未來的前途盲目樂觀。看不到社會主義道路、社會主義事業的艱巨性、長期性和複雜性，不深入調查目前和自身存在的問題和不足，不清醒地反省自己並嚴格地解剖自己等。回顧我黨發展歷程，就是在不斷發現問題、解決問題的過程中成長並漸漸壯大的，如果盲目自信，就會喪失腳踏實地的實幹精神，失去敢於揭短、勇於糾錯的銳氣和勇氣。

第四，固守陳規，求穩怕亂，缺乏勇於創新精神和開拓意識。在改革開放初期，由於百業待興、百廢待舉，大家都有一股敢闖敢幹的大無畏精神。短短幾十年我們就初步完善了一套具有中國特色的組織領導體制和社會管理體系，初步實現了對社會有效的管理。在這樣的情況下，有的黨員幹部開始習慣于按照既定的規章制度辦事，習慣於在已有的制度框架下工作。對於社會發展的新變化、社會管理提出的新要求、社會進步提出的新任務不願勇敢地面對，看不到在社會主義初級階段社會的基本矛盾，不願意不斷適應新時期的新要求，不用開拓進取的精神進行理論創新、制度創新、管理創新、機制創新。對於基層和群眾潛在的巨大首創精神不夠尊重、不夠支持，甚至直接扼殺

基層和群眾的改革創意和萌芽。

第五，生活上貪圖享受，艱苦奮鬥的精神開始衰減。隨著物質條件的改善，有的黨政部門和國有企業、事業單位開始講究排場，追求享受，貪圖安逸，已經看不到節約、吃苦耐勞艱苦奮鬥的精神了。一些領導幹部追求奢華，辦公樓越造越豪華；講究級別等級、官階待遇，上下級觀念全面滲透等。艱苦奮鬥精神的衰減，不僅會導致嚴重脫離人民群眾，而且會大大提高執政成本，大大削弱執政黨的競爭力和執政效率。

第六，目光短淺，急功近利，責任意識較差，憂患意識淡薄。為了得到提拔重用的政績，片面追求個人功績，置子孫後代的千秋事業於不顧，不貫徹落實科學發展觀和忽視「綠水青山就是金山銀山」的真理，產生「唯GDP論」盛行的論斷，破壞人與自然的生態和諧，大搞「形象工程」和「面子工程」，不顧發展品質和人的生命，片面追求發展速度而忽視環境可以承受的程度的錯誤觀念。對於經濟社會發展和社會管理可能出現和潛在的問題缺乏深刻的認識，或者直接充耳不聞、視而不見。憂患意識的淡漠、工作的短視、急於求成的功利觀必然會造成對未來發展預見不足、準備不足、抗拒風險能力下降，並造成嚴重的生態破壞。最後致使一些問題和矛盾長期得不到處理，直至積重難返。

三、精神懈怠的根源

現階段，一些領導幹部滋生精神懈怠的危險日益凸顯，從根本上看，是與我們黨所處的歷史地位相關聯的，既有領導幹部個人主觀上

的原因，也有幹部管理制度上的原因，既包括現實的原因，也包括深層次的社會歷史原因。

首先，主觀上的理想信念動搖，宗旨意識淡漠，是一些領導幹部精神懈怠的主觀根源。理想信念是人們的政治信仰、世界觀在奮鬥目標上的具體體現。堅持共產主義一定實現的理想和中國特色社會主義的信念是黨永葆生機和活力的根本保證，是共產黨員先進性的核心要素，是共產黨人前仆後繼、奮鬥不息的精神支柱和力量源泉。正如習近平總書記指出的：「對馬克思主義的信仰，對社會主義和共產主義的信念，是共產黨人的政治靈魂，是共產黨人經受住任何考驗的精神支柱。」[1] 作為一名黨員幹部，必須堅定理想信念，堅守對馬克思主義信仰的政治靈魂，保持正確的政治方向和人生目標。現實中一些領導幹部精神懈怠，最根本的就是中國特色社會主義和共產主義的奮鬥目標發生了動搖，從而失去了精神支柱，缺失了力量源泉。

其次，制度上對幹部考核評價不准，監督管理不力，權力限制不到位，是一些領導幹部精神懈怠的直接原因。一些領導幹部精神懈怠，放鬆主觀世界改造和黨性修養，理想信念動搖，宗旨意識淡漠，是主觀上的根本原因，但幹部選拔任用工作中存在的對幹部考核評價不準確和不全面、對幹部監督管理不嚴格和不到位等問題，也從外部直接影響著幹部的思想作風和精神狀態。幹部的精神狀態和主觀努力缺乏準確的客觀的考核評價，或者只是片面地重視工作結果，忽視對工作的客觀環境因素特別是工作基礎和工作條件的分析；或是只重視

---

1 習近平：《在全國黨校工作會議上的講話》，人民出版社 2016 年版，第 7 頁。

顯績，忽視潛績，看不到打基礎增後勁的工作；或是甚至為了得到幹部職位買官賣官屢禁不止，使那些昂揚奮進、開拓進取、扎扎實實工作的幹部得不到準確評價和充分肯定，損害其做事創業的積極性。另外，對幹部的工作和行為缺乏嚴格有效的監管和問責、獎懲制度。在一些地方和部門有作為和沒作為一個樣，得到的獎勵或懲戒完全相同。尤其是個別領導幹部工作不用心、嚴重失職瀆職、違法犯罪卻得不到應有的問責和懲罰，嚴重影響著幹部隊伍幹事創業的風氣和環境。

最後，黨的歷史方位和所面臨的歷史條件，使滋生精神懈怠的危險存在著一定的社會歷史土壤。一是長期執政、巨大成就、和平環境，使執政者容易產生精神懈怠。中國共產黨全國執政已經 70 年，這樣長期執政的時間，使執政黨積累了豐富的執政經驗，也容易使執政黨產生執政惰性，走上僵化、老化的道路。98 年來，中國共產黨團結帶領人民取得了革命、建設、改革巨大成就，實現中華民族偉大復興，展現出前所未有的光明前景。面對改革開放以來執政取得的巨大成就和相對和平的環境，黨內一部分人出現自滿情緒、安於現狀，形成某種精神懈怠並不奇怪。二是受「官本位」思想影響，一些黨內幹部做官心理嚴重，淡化了幹事意識，抑制了改革創新精神。一些幹部在「官本位」意識的影響下，官僚主義嚴重，不為老百姓說話辦事，對群眾利益漠不關心，對群眾冷暖麻木不仁，嚴重脫離群眾。三是前所未有的「多樣性選擇」和市場經濟制度帶來的負面影響，使一些領導幹部迷失了方向。改革開放和社會主義市場經濟的發展，使我國社會處在前所未有的深刻而劇烈的變革之中，這些空前的社會變革，給我國發展進步帶來了巨大的活力，黨的生機活力顯著增強，加上人們思想行為的獨立性、選擇性、多變性、差異性也顯著增強，特別是受

市場經濟負面影響，拜金主義、享樂主義和極端個人主義同時也滋生蔓延。面對這些「多樣性選擇」和市場經濟的負面影響，一些領導幹部理想信念產生動搖，世界觀、人生觀、價值觀和權力觀、地位觀、利益觀發生扭曲和錯位，因此他們感到茫然惶惑甚至隨波逐流，迷失了自己的方向，最終導致他們意志消沉、精神懈怠。

第五節　十八大以來黨員幹部的精神狀態

一、黨員幹部的精神狀態總體向好

黨的十八大以來，中國共產黨的精神狀態和思想意識發生了翻天覆地的新變化，主要表現在以下幾個方面。首先，從嚴治黨和反腐行動呈現社會新氣象。十八大以來，黨中央基於社會現實把從嚴治黨和懲治腐敗作為工作重點，進一步扭轉社會風氣。習近平總書記指出：「對我們這樣一個有八千九百多萬黨員，在一個十三億人口大國長期執政的黨，管黨治黨一刻不能鬆懈。」[1]「我們堅持黨要管黨、從嚴治黨，保持和發展了黨的先進性和純潔性，增強了黨的創造力、凝聚力、戰鬥力，為事業勝利提供了根本保證。」[2]統計顯示，十八大以來，

---

1 《習近平總書記系列重要講話讀本》，學習出版社、人民出版社 2016 年版，第156 頁。
2 《習近平總書記系列重要講話讀本》，學習出版社、人民出版社 2014 年版，第157 頁。

經黨中央批准立案審查的省軍級以上黨員幹部及其他中管幹部440人。其中，十八屆中央委員、候補委員 43 人，中央紀委委員 9 人。全國紀檢監察機關共接受信訪舉報 1218.6 萬件（次），處置問題線索 267.4 萬條，立案 154.5 萬件，處分 153.7 萬人，其中廳局級幹部 8900 餘人，縣處級幹部 6.3 萬人，涉嫌犯罪被移送司法機關處理 5.8 萬人。十八大以來，查處的官員已超過改革開放 30 多年的總和。[1] 此外，黨的法規不斷完善，《關於新形勢下黨內政治生活若干準則》《中國共產黨黨內監督條例》也紛紛頒佈，力度之大超過以往任何時候。

十八大以來的五年，從嚴治黨和反腐行動，對中國改革開放近 40 年積累的許多問題起到了肅清作用，「解決了許多長期想解決而沒有解決的難題，辦成了許多過去想辦而沒有辦成的大事」[2]。這既振奮了全體人民的精神，又把信心帶給了與腐敗行為做堅決鬥爭的人們。這是廣大人民群眾的衷心期待。越來越多關心黨和國家發展前途的人認識到：黨和國家在發展的過程中，如不及時全面從嚴治黨，改革的成就將會被蛀蟲挖空，中國特色社會主義的宏大事業將危於一旦。因此，十八大以來的一系列反腐行動，深得廣大民眾的真心支持和衷心擁護。因此，習近平總書記強調：「一個政黨，一個政權，其前途命運取決於人心向背。人民群眾反對什麼、痛恨什麼，我們就要堅決防範和糾正什麼。」[3]

---

1 〈十八屆中央紀委向黨的十九大的工作報告〉，《新華每日電訊》2017 年 10 月 30 日。

2 習近平：〈決勝全面建成小康社會，奪取新時代中國特色社會主義偉大勝利〉，《人民日報》2017 年 10 月 28 日。

3 習近平：〈決勝全面建成小康社會，奪取新時代中國特色社會主義偉大勝利〉，《人民日報》2017 年 10 月 28 日。

　　黨的十八大以來五年的全面從嚴治黨，效果有目共睹。從反對「四風」到群眾路線教育實踐活動、「三嚴三實」專題教育、「兩學一做」及其常態化，逐漸把黨員隊伍整肅一新。儘管隊伍建設是一個長期過程，但目前效果已初顯，突出政治紀律和政治規矩、工作中勤勉盡責、真正起模範作用的黨員意識逐漸得到強化，以良好的黨風政風帶動社會風氣好轉，在整個社會起到了較好的影響與作用。同時，也要清醒地看到，由於少數黨員對黨中央提出的推進管黨治黨從「寬鬆軟」邁向「嚴緊硬」的不適應，導致黨內也出現了一部分人不以為然、忙於應付的態度，以為可以走走形式，蒙混過關。

　　十八大以來的五年思想領域的變化，讓民眾對中華民族的復興充滿期待。自習近平總書記在 2012 年 11 月 29 日提出中華民族的偉大復興目標以來，民眾精神深受鼓舞。我們黨正為實現「兩個一百年」目標而努力奮鬥，也就是，到 2021 年中國共產黨成立 100 周年和 2049 年中華人民共和國成立 100 周年時，決勝全面建成小康社會，全面建成社會主義現代化國家。

　　可以看到，為了實現這一宏偉目標，以習近平同志為核心的中央領導集體不斷推進理論創新，黨的十九大提出了習近平新時代中國特色社會主義思想，並深入推進「五位一體」「四個全面」「新發展理念」、建立現代化經濟體系等一系列措施，為中華民族的偉大復興中國夢這一目標的實現在思想觀念和發展意識上夯實了基礎，也提供了新的制度和政策的保障。為了打造人類命運共同體，「一帶一路」建設藍圖的提出，亞洲銀行構架的搭建，彰顯了中華民族的雄心和魄力，廣大人民群眾的熱情被點燃。世界各地遍佈的華人的足跡可以證明，世界各地的華人華僑深深為自己祖國的強大所自豪。儘管中華民

族在從站起來到富起來並走向強起來的進程中，黨員素質的提高也是一個過程，但是，廣大人民群眾堅信，我們黨一定能帶領全國各族人民，努力構建一個經濟繁榮、人民幸福、社會安穩、國家強盛的社會主義現代化強國。

我們明確地感受到，中華民族傳統裡的集體意識和價值觀在這裡盡情揮灑，彰顯出強大的威力，具有集體主義意識的中華民族自古以來就有強大的「民族整體的利益大於個體」的民族意識，這與西方個人主義至上的理念具有根本的區別，西方原子化、個體化、碎片化的社會結構在中國根本沒有市場。為著中華民族偉大復興的宏偉目標，全體黨員與全體民眾的精神是振奮的，「擼起袖子加油幹」逐漸成為全民族共同的認識。我們堅信，有中國共產黨的堅強領導和核心作用的發揮，中國特色社會主義道路一定越走越寬敞，廣大人民群眾的民族自信心和民族自豪感一定越來越堅實，終將排除各類干擾，全民族一定會凝聚起實現中華民族偉大復興的磅礴力量，我們民族復興的目標一定指日可待。

在民族復興期待下，整個社會愈加重視精神文化需求。習近平總書記指出：「這是一個需要理論，而且一定能夠產生理論的時代。」[1]在以經濟建設為中心，加快物質文明建設的同時，如何更加重視人的精神文明和政治文明建設，形成精神與經濟、政治、文化、環境等相互促進和協調發展，是當下有待進一步加強的根本問題。

改革開放 40 多年來，當代中國經濟取得的成就有目共睹，世界第

---

1 習近平：《在哲學社會科學工作座談會上的講話》，人民出版社 2016 年版，第 8 頁。

二大經濟體的地位不可撼動；中國經濟增長對世界的貢獻率達 30%，遠遠超過美、歐、日的總和。在經濟長時期高速增長的大背景下，我們也應反省，過去為了經濟的高速發展，我們所付出的精神層面的代價難以言表。以至於其後果逐漸顯現出來，主要表現在：思想認識不統一，社會價值觀混亂，個人至上，民眾倫理道德滑坡，人們發展方向迷失，拜金主義、享樂主義甚囂塵上，精神空虛，等等。在物質條件十分富裕的當下，人們的精神世界卻十分蒼白，面對如此狀況，越來越多的黨員和廣大民眾意識到，人的精神追求是人活著的根本目標，精神富裕是當代人的追求。因而，一個社會必須高度重視對文化產品的提供和精神的涵養。

馬克思指出：「問題就是時代的口號，是表現自己精神狀態的最實際的呼聲。」[1] 從物質需求到精神需求的重視是社會發展的必然，從物質富裕到精神富裕是社會進步的邏輯。改革開放以來被忽視、邊緣化、弱勢化的價值標準、倫理道德規範等，逐漸得到全社會認真的反省和重新認識。儘管社會上仍會出現不少的低俗、亞文化等現象，但這些現象不時引發全社會的論爭，但這一舉動就已經表明，民眾在關注，在擔憂，在討論中不斷警醒、自我提升。在黨員的帶動和引導下，民眾的精神需求從低谷中開始回升，自覺地遵循真善美的底線，逐漸樹立積極、健康的世界觀、人生觀、價值觀。當然，推進社會主義精神文明建設需要在兩個層面著力。一方面，黨和政府要在精神層面加大建設力度，以良好的黨風政風引領社會風氣，逐步培育社會良

1《馬克思恩格斯全集》（第四十卷），人民出版社 1982 年版，第 289 頁。

好氛圍，真正擔負起積極健康的國民精神引導責任。另一方面，「打鐵還需自身硬。」[1]黨要全面從嚴管黨治黨，逐漸有力地推進整個社會精神面貌的改變。

十八大以來，社會建設加大了力度，其中精神層面的建設開闢了新的社會局面，人的精神文化追求逐漸走上正軌，還體現在在包容中規整散亂的價值取向。

現代社會最明顯的特徵莫過於文化和思想的多元化取向，尊重並且做好引導工作，能夠有效地促進社會群體精神狀態的提升。改革開放以來，社會民眾曾經從以往保守的狀態走向另一個極端，即奉行怎麼都行的價值取向，社會思潮、多種主義和觀點混亂並存，直接衝擊了主流文化的發展空間。十八大以來，通過對文化發展多方面的問題應對，諸如，召開了文藝工作座談會，有力地以文化凝聚人心，澄清正確的文化發展方向。對文化領域裡的諸多錯誤現象進行了糾偏，既保護了多元文化的發展，同時對低俗、違背正確價值觀的文化問題進行了清理。比如，演員的天價報酬問題也在處理之中。這表明，亟須在民眾中形成真正的「付出與回報」的健康文化心理，杜絕畸形的文化消費。

需要明確的是，對多元文化的包容，與對散亂文化價值觀的規整，並不矛盾。有效地處理一和多的關係，即在弘揚主流的文化價值取向的同時，保護多元的文化價值取向以促進社會文化的繁榮。同時，在多元文化取向中如何更好地融入主流價值觀，使其更好地被接

---

1 習近平：《習近平談治國理政》，外文出版社 2014 年版，第 378 頁。

受，是一個亟須認真思考的問題。

在發展社會文化和國民提升精神狀態方面，宣傳思想工作隊伍逐漸意識到，要使倡揚的主流價值得到實現，在符合人類文化發展規律的前提下，必須考慮實現的方式、方法，採取易於被民眾接受的途徑去宣導、去弘揚。主流文化價值的實現，切忌呆板、機械的灌輸方式。因此，近年來，加強話語體系的建設逐漸成為熱點。[1]

二、黨員幹部精神狀態存在問題不容忽視

精神狀態如何，不僅直接反映其思想境界、道德素質和綜合能力，而且對廣大幹部群眾產生明確的感染和示範作用，直接影響幹部的工作狀態，反映隊伍的作風形象，決定工作的品質效率，關乎事業的興衰成敗。現實中，有些黨員幹部的精神狀態不是很好，特別值得警惕，主要表現為：

一是追求名利。有的把名利地位看得過重，到處拉關係、找門子，沒有把心思和精力主要用在工作上；有的期望值過高，自我感覺良好，搞自我設計，一旦願望實現不了，就怨天尤人，發牢騷、講怪話，甚至混日子、撂挑子，精神頹廢。

二是不思進取。有的缺乏創新意識，安於現狀，自滿自得，小富即安；有的不講標準，不講實效，只求過得去、不求好上好，工作平庸，缺乏激情，精神退卻。

---

1 段鋼：〈十八大以來中國現實社會的精神狀態發生了哪些深刻變化〉，東方網，2017 年 10 月 16 日。

　　三是身心懶惰。有的懶於動腦，不學習、不思考；有的懶於動手，不親自幹，不認真幹；有的懶於動身，走不出，下不去，整天渾渾噩噩，無精打采，精神茫然。

　　四是為官不為。有的幹部精神狀態不好，才會想事找不到感覺、幹事打不起精神、成事拿不出辦法。正如習近平總書記所指出的，綜合各方面反映，當前「為官不為」主要有三種情況：一是能力不足而「不能為」，二是動力不足而「不想為」，三是擔當不足而「不敢為」。

　　幹部精神狀態不佳的成因主要在於：一是「官本位」思想嚴重，慣性思維「作祟」。「冰凍三尺，非一日之寒。」少數領導幹部習慣於「當官做老爺」，只看重「官位」，沒有把自己當成人民公僕，怕擔責，怕失去既得利益。工作熱衷於聽匯報、發指示，就是不深入實際、不深入群眾。不善於研究新情況、新問題，思維僵化，依法辦事意識不強，不善於運用法治思維和法治方式處理矛盾，跟不上時代，習慣於唯我是從，憑感覺決策，憑經驗辦事，依然沉浸在落後的官僚思維模式的泥沼裡不能自拔。

　　二是全面從嚴治黨力度加大，恐慌思想「作梗」。從中央出臺八項規定，到頻出數十條禁令，從暫時治理到持久戰，監督逐步加強，權力逐漸被關進籠子。少數領導幹部習慣了以前吃點喝點、送點收點、辦公室大點、車配得好點等，這些以前「習以為常」的事，現在都不能做了，一時覺得「不適應」，找不到「為官」的感覺，進而失去了幹事的「動力」。特別是對上班遲到早退、網上炒股、玩小遊戲、看無關視頻等行為也被頻頻「暗訪」曝光，這使得一些散漫慣了的公職人員感覺「極不習慣」。有的領導幹部認為「現在管得這樣嚴，幹事越多，出錯概率就越大，犯不著去冒險」，乃至「不出事」的思

想「掛帥」，為了不出事，寧願不幹事，出現「為官不為」現象。

三是監管行為遭綁架，權錢交易「作怪」。權力尋租、權錢交易等腐敗問題，也是導致「為官不為」的重要原因。少數身處關鍵崗位、位高權重的公職人員，在行政執法、市場監管過程中，「收了別人的手軟」「吃了別人的嘴軟」，腰板挺不直，面對存在的問題「裝聾作啞」，聽之任之，少數領導幹部甚至被不法奸商所要脅和綁架，導致不能作為。也有極個別領導幹部充當既得利益集團的代言人和分享者，官商一體，用「懶政」來阻礙和延滯改革，不願作為。

四是績效評價走形式，考核成為「作秀」。機關事業單位的績效考核機制不夠完善，特別是對幹部個人的年度考核遠沒有達到應有的管理效應，許多時候走了形式。一些單位存在「不幹事就不會犯錯誤，少幹事就會少得罪人，不得罪人考核評價就很好」的現象，導致「為官不為」的人佔便宜。也有一些單位為加強幹部管理，出臺了形式多樣的績效考核方案，但行政機關平常上面文件下達得多，臨時任務安排得多，對幹部考核難以精准「畫像」，導致考核、評議成為「作秀」，對「為官不為」幹部難以形成有效考核壓力。

習近平總書記指出：「我們做人一世，為官一任，要有肝膽，要有擔當精神，應該對『為官不為』感到羞恥，應該予以嚴肅批評。」[1]他要求廣大基層幹部，要意氣風發、滿腔熱情幹好，為官一任、造福一方。擔當就是責任，好幹部必須有責任重於泰山的意識，堅持黨的原則第一、黨的事業第一、人民利益第一，敢於旗幟鮮明，敢於較真

---

1 習近平：《在黨的群眾路線教育實踐活動總結大會上的講話》，人民出版社2014年版，第23頁。

碰硬，對工作任勞任怨、盡心竭力、善始善終、善作善成。「疾風識勁草，烈火見真金。」為了黨和人民的事業，我們的幹部要敢想、敢做、敢當，做我們時代的勁草、真金。[1]

1 習近平：《習近平談治國理政》，外文出版社 2014 年版，第 416 頁。

第四章

大力弘揚「不忘初心，牢記使命」的新時代中國共產黨人精神

　　黨的十九大報告主題的第一句話——不忘初心，牢記使命，講的就是全體黨員應該具備的精神風貌。習近平總書記指出，不忘初心，方得始終。中國共產黨人的初心和使命，就是為中國人民謀幸福，為中華民族謀復興。這個初心和使命是激勵中國共產黨人不斷前進的根本動力。[1] 綜觀新時代中國特色社會主義思想，最突出的感受，就是充滿著對共產主義、社會主義的堅定信仰，充滿著「革命理想高於天」的豪邁情懷與價值追求；最鮮明的立場是人民至上，強調最多的是人民群眾。所以習近平總書記在報告中要求全黨同志一定要永遠與人民

1　習近平：〈決勝全面建成小康社會，奪取新時代中國特色社會主義偉大勝利〉，《人民日報》2017 年 10 月 28 日。

同呼吸、共命運、心連心，永遠把人民對美好生活的嚮往作為奮鬥目標，以永不懈怠的精神狀態和一往無前的奮鬥姿態，繼續朝著實現中華民族偉大復興的宏偉目標奮勇前進。

面對新時代存在的形勢與問題，不忘初心，牢記使命，必須牢固樹立以下精神狀態。

第一節　要牢固樹立勇於理論創新的精神狀態

堅持不忘初心，牢記使命，就要堅持馬克思主義的指導地位，堅持把馬克思主義基本原理同當代中國實際和時代特點緊密結合起來，推進理論創新、實踐創新，不斷把馬克思主義中國化推向前進。當前，要堅持好當代中國的馬克思主義，以習近平新時代中國特色社會主義思想指導實踐。

一、理論創新的重要意義

黨的理論準備不足和指導思想不明確導致黨在國民革命和土地革命戰爭中遭遇失敗與挫折。自 1921 年建黨到 1945 年，我們黨處於幼年時期，缺乏足夠的理論準備和實踐經驗，雖將馬克思列寧主義作為建黨的理論基礎，但在黨的「七大」以前，儘管中國共產黨人以巨大勇氣和犧牲精神投身到革命洪流之中，但由於黨的指導思想不明確、全黨缺少行動指南和前進方向而導致大革命失敗，使中國革命事業遭受重大損失。中國共產黨從失敗的痛苦經歷中吸取經驗教訓，並在土

地革命戰爭中進行新的探索；但是在這一階段，黨的指導思想問題並
沒有得到很好的解決。

　　為了克服理論準備和理論指導的不足，以毛澤東同志為主要代表
的中國共產黨人進行了艱辛的理論探索，努力使馬克思主義中國化並
用中國化的馬克思主義來解釋和指導中國革命和實踐。從 1928 年「六
大」到 1945 年「七大」，黨走過了 17 年，在這 17 年中，中國共產黨
經歷了與國民黨從分裂到再次合作；經過了土地革命戰爭和抗日戰爭
兩大戰爭；經受了第五次反圍剿與長征初期的兩次失敗；實現了從國
民革命向土地革命、從國內革命戰爭向抗日民族戰爭的兩大歷史性轉
折；進行了兩次轉移即工作重心從城市向農村轉移、戰略中心從南方
向北方轉移。在這期間，中國共產黨清算和糾正了多次黨內「左」傾
與右傾錯誤，使黨獲得了關於中國革命正反兩方面的經驗與教訓。這
正反兩方面的經驗與教訓驗證了毛澤東思想的正確性，將毛澤東思想
上升到全黨指導思想成為歷史的選擇和中國革命的現實需要。在毛澤
東思想被確立為黨的指導思想之後，中國共產黨領導人民先後取得了
抗日戰爭和解放戰爭的勝利，建立了中華人民共和國，實現了國家獨
立和民族解放。新中國成立後，我們黨又在毛澤東思想的指導下，完
成社會主義改造，取得了社會主義革命的勝利，建立了社會主義基本
制度。黨的八大沒有再提以毛澤東思想作為黨的指導思想，隨後又對
毛澤東思想的認識產生偏差和失誤，導致黨和國家的事業再次遭受嚴
重挫折。

　　改革開放以來，我們黨和國家取得了巨大成績，其重要原因在於
黨的指導思想進行理論創新，與時俱進。十一屆三中全會以來，我們
黨全面總結我國社會主義建設經驗，同時借鑑國際經驗，以巨大的政

治勇氣、理論勇氣、實踐勇氣實行改革開放，經過艱辛探索，形成了黨在社會主義初級階段的基本理論、路線、綱領、經驗，建立和完善社會主義市場經濟體制，堅持全方位對外開放，推動社會主義現代化建設取得舉世矚目的偉大成就。取得這些成就的根本原因是我們黨准確、科學、完整地把握了毛澤東思想的科學體系，與時俱進地推進黨指導思想的理論創新，形成了包括鄧小平理論、「三個代表」重要思想與科學發展觀等在內的中國特色社會主義理論體系。如果將社會主義時期即第二次飛躍中形成的中國特色社會主義理論體系的過程再加以細分，那麼黨的指導思想體現了三次與時俱進。

第一次與時俱進，是把鄧小平理論確立為黨的指導思想和行動指南。鄧小平理論大體形成於從十一屆三中全會到 20 世紀 90 年代初的 14 年間。這一理論首次用獨創性的思想、觀點，比較系統地初步回答了在中國這樣的經濟文化相對落後的國家什麼是初級階段的社會主義、在初級階段怎樣建設社會主義的一系列基本問題。它是馬克思列寧主義基本原理同當代中國實踐和時代特徵相結合的產物，是毛澤東思想在新的歷史條件下的繼承和發展，是馬克思主義在中國發展的新階段，是當代中國的馬克思主義。十四大把它稱為「鄧小平同志建設有中國特色社會主義的理論」，提出了用這一理論武裝全黨的戰略任務，初步確立了它對黨的全部工作的指導地位。十五大把這一理論正式命名為鄧小平理論，與馬克思列寧主義、毛澤東思想一道作為黨的行動指南載入黨章，寫在黨的旗幟上，從而實現了黨的指導思想的與時俱進。

第二次與時俱進，是把「三個代表」重要思想確立為黨的指導思想和行動指南。「三個代表」重要思想大體形成於從十三屆四中全會

到新世紀初的 13 年間。它是在鄧小平理論基礎上，對什麼是初級階段的社會主義、在初級階段怎樣建設社會主義這一根本問題的進一步回答，特別是對建設什麼樣的黨、怎樣建設黨的問題的創造性回答。它是對馬克思列寧主義、毛澤東思想、鄧小平理論的繼承和發展，反映了當代世界和中國的發展變化對黨和國家工作的新要求，是加強和改進黨的建設、推進我國社會主義自我完善和發展的強大理論武器。十六大把它同馬克思列寧主義、毛澤東思想、鄧小平理論一道，作為黨必須長期堅持的指導思想，並載入黨章確立為黨的行動指南，寫在黨的旗幟上，從而又一次實現了黨的指導思想的與時俱進。

第三次與時俱進，是把科學發展觀確立為黨的指導思想和行動指南。科學發展觀大體形成於從十六屆三中全會到十七大的五年間。它是馬克思主義同當代中國實際和時代特徵相結合的產物，是馬克思主義關於發展的世界觀和方法論的集中體現，對新形勢下實現什麼樣的發展、怎樣發展等重大問題做出了新的科學回答，把我們對中國特色社會主義規律的認識提高到新的水準，開闢了當代中國馬克思主義發展新境界，是中國特色社會主義理論體系最新成果，是指導黨和國家全部工作的強大思想武器。十七大已經把它當作我國經濟社會發展的重要指導方針，稱為發展中國特色社會主義必須堅持和貫徹的重大戰略思想。十八大在此基礎上，進而把它同馬克思列寧主義、毛澤東思想、鄧小平理論、「三個代表」重要思想一道，作為黨必須長期堅持的指導思想，並確立為黨的行動指南載入黨章，寫在黨的旗幟上，從而再次實現了黨的指導思想的與時俱進。

二、習近平新時代中國特色社會主義思想是第三次歷史性飛躍

　　把馬克思主義普遍真理同中國具體實際結合起來，使馬克思主義在中國具體化即馬克思主義中國化，是我們黨建立以來一直面臨的永恒性歷史課題。以毛澤東思想和中國特色社會主義理論體系為行動指南，是建黨以來兩大歷史時期黨的指導思想的三次歷史性飛躍。

　　第一次飛躍，是第一次「結合」，發生在新民主主義革命時期。

　　黨經過反復探索，在總結成功和失敗經驗的基礎上，找到了有中國特色的革命道路，把革命引向勝利。在這次飛躍中，形成了黨的第一大理論成果——毛澤東思想。劉少奇在「七大」上做的《論黨》報告中說：「毛澤東思想，就是馬克思列寧主義的理論與中國革命的實踐之統一的思想，就是中國的共產主義，中國的馬克思主義。」[1]七大把它同馬克思列寧主義一道，作為我們黨一切工作的指標，寫在黨的旗幟上，實現了黨的指導思想的第一次與時俱進。毛澤東思想系統回答的，是在一個半殖民地半封建的東方大國如何實現新民主主義革命的問題；新中國成立後，又對建設什麼樣的社會主義、怎樣建設社會主義進行了艱辛探索，以創造性內容為馬克思主義寶庫增添了新的財富。總起來說，就是黨章中所寫的：「毛澤東思想是馬克思列寧主義在中國的運用和發展，是被實踐證明了的關於中國革命和建設的正確的理論原則和經驗總結，是中國共產黨集體智慧的結晶。」[2]

1《劉少奇選集》（上卷），人民出版社 1981 年版，第 333 頁。
2《十二大以來重要文獻選編》（上），人民出版社 1986 年版，第 64 頁。

　　第二次飛躍，是第二次「結合」，發生在十一屆三中全會以後的改革開放和社會主義現代化建設新時期，黨在總結新中國成立以來正反兩方面經驗和研究國際經驗與世界形勢的基礎上，找到了一條建設中國特色社會主義的道路，開闢了社會主義建設的新階段。在這次飛躍中，形成了黨的第二大理論成果，即中國特色社會主義理論體系。這個理論體系系統回答了在中國這樣一個十幾億人口的發展中大國建設什麼樣的社會主義、怎樣建設社會主義，建設什麼樣的黨、怎樣建設黨，實現什麼樣的發展、怎樣發展等一系列重大問題。十七大指出：「這個理論體系，堅持和發展了馬克思列寧主義、毛澤東思想，凝結了幾代中國共產黨人帶領人民不懈探索實踐的智慧和心血，是馬克思主義中國化最新成果，是黨最可寶貴的政治和精神財富，是全國各族人民團結奮鬥的共同思想基礎……在當代中國，堅持中國特色社會主義理論體系，就是真正堅持馬克思主義。」[1]據此，十七大又把這一理論體系寫在黨的旗幟上，實現了黨的指導思想的第二次與時俱進。

　　第三次飛躍，是第三次「結合」，是繼毛澤東思想、鄧小平理論之後，馬克思列寧主義同中國實際相結合的習近平新時代中國特色社會主義思想。新時代中國特色社會主義思想是行動的馬克思主義，它產生於社會主義中國這片廣闊土壤，其目標指向就是實現中華民族偉大復興；新時代中國特色社會主義思想是發展的馬克思主義，其影響是長期的，日久歲深、歷久彌深，必將影響實現「兩個一百年」奮鬥目標和整個民族復興的歷史進程。我們要將它作為長期堅持的指導思

1《十七大以來重要文獻選編》（上），中央文獻出版社 2009 年版，第 9 頁。

想，指引我們不斷從勝利走向勝利。新時代中國特色社會主義十四條基本方略，是新時代中國特色社會主義思想的具體體現。新時代中國特色社會主義思想，是實現民族偉大復興征程上的行動指南。這個系統完整的科學理論體系，既是全黨智慧的結晶，又集中展現了習近平總書記的巨大理論勇氣、超凡政治智慧、遠見卓識和獨創思想；既是在過去長期的實踐中孕育，又是在黨的十八大以來的治國理政實踐中進一步昇華形成的。

首先，習近平新時代中國特色社會主義思想，與馬克思列寧主義、毛澤東思想、鄧小平理論、「三個代表」重要思想、科學發展觀一脈相承，是承前啟後基礎上的理論創新。說一脈相承，是它們都堅持馬克思主義的立場觀點方法，在思想基礎上一脈相承。習近平新時代中國特色社會主義思想，是在繼承馬克思列寧主義創始人和我們黨四代中央領導集體思想成果的基礎上形成的，具有豐富的理論淵源和充分的理論依據。說理論創新，十九大提出的一系列新理念新思想新觀點新論斷，一是以中國特色社會主義進入新時代面臨的實際問題為中心，著眼於新的實踐，在堅持中發展，在繼承中創新；二是進一步回答了在新的時代條件下，什麼是社會主義、怎樣建設社會主義，建設一個什麼樣的黨、怎樣建設黨，實現什麼樣的發展、怎樣發展這一系列重大理論現實問題；三是更加深化了對共產黨執政規律、社會主義建設規律、人類社會發展規律的認識，豐富和完善了黨的基本理論、基本路線，開闢了黨的基本方略，是馬克思主義中國化的最新理論成果。

其次，習近平新時代中國特色社會主義思想，從經濟、政治、文化、社會、生態等各個方面、各個領域展開，彼此相互貫通、相互聯

繫，是一個內涵豐富、思想深刻、邏輯嚴謹的科學體系，是科學分析研判新時代新矛盾新問題基礎上的理論創新。習近平新時代中國特色社會主義思想，是指導新時代中國特色社會主義發展的思想體系。習近平新時代中國特色社會主義思想的理論內涵和實踐內容十分豐富，從靜態看，具有很強的相容性和輻射力，涉及生產力和生產關係、經濟基礎和上層建築各個環節，涵蓋改革發展穩定、內政外交國防、治黨治國治軍各個方面；從動態看，具有很強的時代性和開放性，「兩個十五年」的總體設計指明它不僅僅是指導今後五年的發展，直到21世紀中葉，它必將隨著實踐的發展而不斷充實豐富。這一思想體系做出了中國特色社會主義進入了新時代、我國社會主要矛盾已經轉化等重大政治論斷，深刻闡述了新時代中國共產黨的歷史使命，確定了決勝全面建成小康社會、開啟全面建設社會主義現代化強國新征程的目標，對新時代推進中國特色社會主義偉大事業和黨的建設新的偉大工程做出了全面部署，這一系列重要思想、觀點、判斷、舉措，是十八大以來治國理政具體實踐的昇華，是馬克思主義中國化的新飛躍。

最後，習近平新時代中國特色社會主義思想的鮮明主題，就是堅持和發展中國特色社會主義，集中反映了我們黨在新時代推進中國特色社會主義事業的理論思考，是堅持基本主題基礎上的理論創新。建設中國特色社會主義，是一個以社會主義初級階段為起點、需要經歷若干個不同發展階段的長期歷史進程。在這個歷史進程中，馬克思主義中國化的唯一主題、全部的理論和實踐主題只有一個，那就是建設中國特色社會主義。習近平新時代中國特色社會主義思想，是新時代建設中國特色社會主義偉大實踐的產物，以一系列新的理念、新的思想、新的觀點、新的論斷深化了對建設中國特色社會主義等一系列基

本主題的認識，豐富了中國特色社會主義理論體系。「實踐永無止境，黨的理論創新也永無止境。」[1] 十八大以來的具體實踐，充分顯示了理論創新的巨大威力，歷史必將不斷證明，習近平新時代中國特色社會主義思想不僅造福中國，更將影響世界。新時代，我們要全面貫徹習近平新時代中國特色社會主義思想，堅持以新的理論視野、以新的思想觀念、以新的理論思維認識、研究、回答新的問題，不斷開闢馬克思主義中國化的新境界，不斷開拓新時代中國特色社會主義事業的新局面。

正是我們黨始終保持了勇於理論創新的精神狀態，以習近平新時代中國特色社會主義思想為指導，十八大以來的歷史性變革，在民族復興歷史上寫下了濃墨重彩的一筆。以習近平同志為核心的黨中央舉旗定向、運籌帷幄，大手筆謀劃國內國際大局，大氣魄治黨治國治軍，大力度推進改革發展穩定，政治清明前所未有，改革力度前所未有，持續繁榮前所未有，文化自信前所未有，生態文明前所未有，依法治國前所未有，強軍建設前所未有，大國地位前所未有。這些歷史性變革和偉大成就是全方位的、開創性的，是深層次、根本性的，具有十分重大的意義。它的歷史意義在於，近代以來久經磨難的中華民族實現了從站起來、富起來到強起來的歷史性飛躍。它的時代意義在於，真正拿出民族復興的時間表、路線圖並付諸實施，標誌著中國特色社會主義進入了新時代，中華民族偉大復興開啟了新紀元。它的世界意義在於，中國特色社會主義拓展了發展中國家走向現代化的途

---

1 胡錦濤：《在全黨深入學習實踐科學發展觀活動總結大會上的講話》，人民出版社 2010 年版，第 24 頁。

徑，為解決人類問題貢獻了中國智慧和中國方案，從而在世界上高高舉起中國特色社會主義的偉大旗幟。

三、認真學習貫徹習近平新時代中國特色社會主義思想

習近平新時代中國特色社會主義思想，開創了治國理政、管黨治黨的新境界，具有劃時代意義和強大真理力量，對於在新起點上進行偉大鬥爭、建設偉大工程、推進偉大事業、實現偉大夢想，必將產生十分重大而深遠的影響。黨和國家事業之所以發生這樣的歷史性變革，最根本就在於有習近平同志這個堅強領導核心為全黨掌舵。習近平總書記具有馬克思主義政治家、思想家、理論家、戰略家的雄才大略、遠見卓識與堅定信念，他站在歷史的高點，嫻熟地運用馬克思主義的立場、觀點和方法，指引我們進行偉大鬥爭、建設偉大工程、推進偉大事業、實現偉大夢想，得到了全黨全軍和全國各族人民的衷心擁護愛戴，不愧為英明領袖，不愧為新時代改革開放和現代化建設的總設計師，不愧為黨的一代核心。我們要認真學習習近平總書記的馬克思主義立場、觀點和方法，認真學習習近平總書記高度的政治責任、鮮明的人民立場、真摯深厚的為民情懷、實幹興邦的崇高風範和勇於擔當的精神品格。我們在任何時候、任何情況下都必須堅決維護以習近平同志為核心的黨中央的權威和集中統一領導。

一要迅速傳達學習。各級黨委中心組要把學習十九大精神作為重要內容，各級組織部門要統籌組織好專題研討、幹部輪訓等工作，基層黨組織要辦好專題報告、輔導講座、研討交流等，各級黨校、行政學院、社會主義學院等幹部培訓機構要把學習十九大精神納入教學培

訓計畫。要原原本本學，真正做到學深悟透、學通弄懂；創新方法學，堅持集中學習與個人自學相結合、通讀文件與專題研討相結合、學習理論與研究工作相結合；以上率下學，抓好黨員領導幹部這一重點，促使各級黨員領導幹部先學一步、學深一步，為廣大黨員做好示範、當好表率。

二要興起宣傳熱潮。各級黨委特別是宣傳部門要精心部署、深入推進，扎實開展集中宣講、新聞宣傳、網路宣傳，著力在全國營造學習貫徹十九大精神的濃厚氛圍。要注重內容建設，既宣傳黨的十九大確立的重要思想、重要觀點、重大判斷、重大舉措，又宣傳各地學習貫徹的具體舉措和實際行動、反映幹部群眾學習貫徹的典型事蹟和良好風貌。要注重深入持續，把宣傳十九大精神作為一項長期工作，使十九大精神成為凝聚人心、鼓舞士氣、推動工作的持久動力。

三要抓好貫徹落實。各級各部門要以十九大精神特別是習近平新時代中國特色社會主義思想為統領，對今後五年乃至更長時間經濟社會發展和黨的建設各項工作進行審視完善，科學謀劃新時代的新思路新舉措，推動十九大精神在全國各地落地生根。要適時安排舉辦黨的十九大精神專題研討班，持續深入學習；結合「兩學一做」學習教育常態化制度化，制訂開展「不忘初心、牢記使命」主題教育方案並抓好組織實施，切實用習近平新時代中國特色社會主義思想武裝全黨，推動各級黨組織和黨員幹部更加自覺地以新思想引領新實踐。

四要統籌各項工作。要用十九大精神統攬全域、指導工作，一手抓大會精神學習貫徹，一手抓各項工作落實，兩手都要硬，把十九大精神融入各項具體工作中，在實踐中融會貫通。

第二節　要牢固樹立「以人民為中心」的精神狀態

　　黨的十九大指出：「堅持以人民為中心。……把人民對美好生活的嚮往作為奮鬥目標，依靠人民創造歷史偉業。」[1] 堅持不忘初心，牢記使命，就要堅信黨的根基在人民、黨的力量在人民，堅持一切為了人民、一切依靠人民，充分發揮廣大人民群眾積極性、主動性、創造性，不斷把為人民造福事業推向前進。人民立場是中國共產黨的根本政治立場，是馬克思主義政黨區別於其他政黨的顯著標誌。黨與人民風雨同舟、生死與共，始終保持血肉聯繫，是黨戰勝一切困難和風險的根本保證，正所謂「得眾則得國，失眾則失國」。全黨同志要把人民放在心中最高位置，堅持全心全意為人民服務的根本宗旨，實現好、維護好、發展好最廣大人民根本利益，把人民擁護不擁護、贊成不贊成、高興不高興、答應不答應作為衡量一切工作得失的根本標准，使我們黨始終擁有不竭的力量源泉。

一、黨的初心的表現：全心全意為人民服務

　　我們黨一成立就肩負起實現中華民族偉大復興的重任。「不忘初心」簡單地說就是不要忘記我們黨的理想、信念、宗旨，不要忘記

---

1 習近平：〈決勝全面建成小康社會，奪取新時代中國特色社會主義偉大勝利〉，《人民日報》2017 年 10 月 28 日。

我們這個黨是要幹什麼的、我們過去是怎麼幹的。全心全意為人民服務，就是要做到為人民謀幸福、為民族謀復興。在紀念毛澤東誕辰120周年座談會上，習近平總書記指出：「全心全意為人民服務，是我們黨一切行動的根本出發點和落腳點，是我們黨區別於其他一切政黨的根本標誌。黨的一切工作，必須以最廣大人民根本利益為最高標準。檢驗我們一切工作的成效，最終都要看人民是否真正得到了實惠，人民生活是否真正得到了改善，人民權益是否真正得到了保障。」[1]

——毛澤東同志是黨的宗旨的確立者

縱觀中國共產黨的發展歷史很容易發現，把為人民服務作為一個科學命題提出來，並將其確立為中國共產黨的根本宗旨，是毛澤東同志對中國共產黨和中國人民做出的巨大貢獻。

一是孕育階段：對於毛澤東同志而言，產生為人民服務這個思想，最初可以追溯到他參加革命之初。青少年時期，毛澤東同志就決心要為改變勞苦大眾的艱難處境貢獻自己的力量。從親近農民、心憂天下到為國為民，毛澤東同志的人生道路朝著革命的方向邁進。

到了井岡山革命時期，紅軍將領王爾琢不幸犧牲，他在悼念王爾琢的一副挽聯中這樣寫道：「一哭爾琢，二哭爾琢，爾琢今已矣！留卻重任誰承受？生為階級，死為階級，階級念如何？得到勝利方始休！」這裡，「階級」顯然指的就是「工農階級」，也就是為了工

---

1 習近平：〈在紀念毛澤東同志誕辰120周年座談會上的講話〉，《人民日報》2013年12月27日。

農大眾、為人民群眾之意。

1932 年，在給中央代寫的〈大量吸收知識份子〉的決定一文中，毛澤東同志首次提出黨的各級組織要歡迎「為工農服務」的知識份子。1934 年 1 月，在〈關心群眾生活，注意工作方〉一文中，毛澤東同志指出，如果想要獲得群眾擁護我們，就要做到「真心實意地為群眾謀利益，解決群眾的生產和生活的問題」[1]。1940 年，他在〈新民主主義論〉一文中指出，新民主義的文藝「應為全民族中百分之九十以上的工農勞苦民眾服務」[2]。這是為人民服務思想的最初表述，為完整提出「全心全意為人民服務」思想奠定了基礎。

二是明確提出「為人民服務」思想階段：1939 年 2 月，毛澤東同志在致張聞天的一封信中，當談到儒家舊道德之勇時，他指出那種「勇」，只是「勇於壓迫人民，勇於守衛封建制度，而不勇於為人民服務」[3]。這是毛澤東同志最早提出「為人民服務」這一命題。

1942 年 5 月，在延安文藝座談會上，毛澤東同志提出一個極其重要的觀點，即我們的文藝「是為著人民大眾的」。他提道：「對於過去時代的文藝形式，我們也並不拒絕利用，但這些舊形式到了我們手裡，給了改造，加進了新內容，也就變成革命的為人民服務的東西了。」[4] 至此，毛澤東同志第一次從馬克思世界觀、人生觀和歷史觀的高度，對「為人民服務」進行了論述，使其具有了新的科學內涵。

1《毛澤東選集》（第一卷），人民出版社 1991 年版，第 138 頁。
2《毛澤東選集》（第二卷），人民出版社 1991 年版，第 708 頁。
3《毛澤東書信選集》，解放軍出版社 1989 年版，第 147 頁。
4《毛澤東選集》（第三卷），人民出版社 1991 年版，第 855 頁。

1944 年 9 月 8 日，毛澤東同志在〈為人民服務〉演講中，首次系統闡述了「為人民服務」的重要思想。毛澤東同志說：「我們的每一個指戰員以至每一個炊事員、飼養員，都是為人民服務的。」[1]「因為我們是為人民服務的，所以，我們如果有缺點就不怕別人批評指出。」[2]這篇文章的發表，標誌著毛澤東同志「為人民服務」思想的正式形成。

三是從「為人民服務」到「全心全意為人民服務」階段：1944 年 10 月 4 日，毛澤東同志在清涼山中央印刷廠禮堂的一次重要講話中，又在為人民服務的前邊又加上了「全心全意」四個字。這句話的大意是，不論是做新聞工作的，還是做出版工作的，都要全心全意為人民服務。他繼而用啟發的方式問每個同志：我們是要全心全意服務人民呢，還是半心半意為人民服務呢？或者三心二意為人民服務呢？他認為「個人利益和私心雜念」，是影響全心全意為人民服務的重要原因。「全心全意為人民服務」和「為人民服務」，就其根本的立足點來說是完全相一致的。但在為「人民服務」前面加上「全心全意」這個修飾性的定語，就不僅是個量的發展問題，而且是在質上又有了一種新的昇華。

1945 年，毛澤東同志在黨的「七大」開幕式上說：「我們應該謙虛，謹慎，戒驕，戒躁，全心全意地為中國人民服務。」[3]在黨的「七大」政治報告中，毛澤東同志又專門強調了「全心全意為人民服務」問題。更為重要的是，黨的「七大」以黨的根本大法的形式對「全心全意為人民服務」的宗旨加以確認，將其鄭重地寫入了黨章。從黨成

1《毛澤東文集》（第三卷），人民出版社 1996 年版，第 210 頁。
2《毛澤東選集》（第三卷），人民出版社 1991 年版，第 1004 頁。
3《毛澤東選集》（第三卷），人民出版社 1991 年版，第 1027 頁。

立至 1945 年「七大」前的黨章中均沒有明確地確定「為人民服務」的宗旨，還只是停留在黨的一些文獻和毛澤東同志的一些談話中。諸如「共產黨並不是一個只圖私利的小宗派、小團體」而是「堅定地代表無產階級利益的」「為民族為人民謀利益的黨」等。到了黨的「七大」，才首次在黨章中寫上「中國共產黨代表中國民族與中國人民的利益」等內容。

　　新中國成立後，毛澤東同志又結合這個社會主義建設的實際，更進一步加大了對黨員進行「全心全意為人民服務」宗旨教育。1953 年 4 月 10 日，在出版《毛澤東選集》第三卷時，毛澤東同志把在張思德追悼會上的講演，正式定名為〈為人民服務〉。黨的八大更加明確地強調了「必須全心全意地為人民群眾服務」[1]。1957 年，針對部分幹部革命熱情消退、為人民服務的熱情有所消退的狀況，毛澤東同志說，有的幹部「全心全意為人民服務的精神少了」，又指出：「一萬年以後，也要奮鬥。共產黨就是要奮鬥，就是要全心全意為人民服務，不要半心半意或者三分之二的心三分之二的意為人民服務。」[2] 經過毛澤東同志的大力弘揚，黨的全心全意為人民服務宗旨被正式確立了起來，成了黨員政治、道德素質的基本標準。

——鄧小平同志繼承了毛澤東同志黨的宗旨思想

　　作為擁有共同理想的戰友和同志，鄧小平同志與毛澤東同志黨的

1《建國以來重要文獻選編》（第九冊），中央文獻出版社 1994 年版，第 321 頁。
2《毛澤東文集》（第七卷），人民出版社 1999 年版，第 285 頁。

宗旨思想在基本點上是相通的。

第一，都突出強調人民群眾的主體地位。強調人民群眾的主體地位，是毛澤東同志和鄧小平同志黨的宗旨思想的共同思想基礎和理論前提。毛澤東同志將中國傳統的民本觀念和馬克思主義黨的宗旨思想結合起來，形成了黨的宗旨思想。鄧小平同志繼承和發展了毛澤東同志的這一思想，他認為，人民具有歷史主動性、創造性和自主性，人民群眾通過認識自然、改造自然推動著歷史前進，他們是建設中國特色社會主義的強力依靠力量和堅實精神支柱，他們的實踐是黨的最後決策的基礎。鄧小平同志時時刻刻關注著人民群眾的實踐首創，並且將它當作發展中國特色社會主義和提高人民物質文化水準的關鍵性因素。他說：「黨只有緊緊地依靠群眾，密切地聯繫群眾，隨時聽取群眾的呼聲，瞭解群眾的情緒，代表群眾的利益，才能形成強大的力量，順利地完成自己的各項任務。」[1]

第二，擁有相同的出發點和目的。1956 年，鄧小平同志對為人民服務做了進一步的說明，他強調指出，中國共產黨的性質和任務可以用兩句話來說明：一是要全心全意為人民服務，二是一切工作都以人民群眾的根本利益為出發點。在十一屆三中全會後，鄧小平同志堅持並發展了毛澤東同志的這一思想，在談及改革的時候他提出，之所以要改革，是因為改革是人民最長久的利益所在。鄧小平同志確立的中國特色社會主義的整個理論體系，堅持的根本方向都是要維護最廣大人民群眾最大、最根本的利益。

1《鄧小平文選》（第二卷），人民出版社 1994 年版，第 342 頁。

第三，都強調人民利益的至上性。鄧小平同志進一步發展了毛澤東的人民利益思想，使之成為中國特色社會主義理論的一項重要內容。鄧小平同志時刻關注最廣大人民群眾的根本利益，以此作為制定黨的路線、方針和政策的出發點、基礎和目標。他不斷告誡全黨社會主義的現代化建設是離不開群眾的，只有符合人民的利益，社會主義事業才不會被人民拋棄，與人民群眾保持密切聯繫是最大的政治。鄧小平同志所提出的以經濟建設為中心、黨的基本路線一百年不動搖、「三個有利於」等理論都是從人民群眾的根本利益出發的，是他的黨的宗旨思想的具體實踐和體現。

——江澤民同志和胡錦濤同志開闢了黨的宗旨思想的新境界

江澤民同志對毛澤東同志黨的宗旨思想的新發展有如下幾個方面。

第一，形成了對人民群眾構成的科學認識。江澤民同志在深化對社會主義勞動價值理論的研究和認識的基礎上，針對一部分人所從事的生產經營活動、職業、身份等特點指出，那些新的社會階層中的群眾，同樣為發展中國特色社會主義社會的生產力和各項事業做出了巨大貢獻。在此基礎上，江澤民同志鄭重提出：「他們與工人、農民、知識份子、幹部和解放軍指戰員團結在一起，他們也是有中國特色社會主義事業的建設者。」[1] 第二，與時俱進地豐富了人民利益觀。江澤民同志進一步深刻闡明了「為人民謀利益」對建設中國特色社會主義

1《江澤民文選》（第三卷），人民出版社 2006 年版，第 286 頁。

和加強黨的自身建設具有的重大意義。在論述「三個代表」重要思想時，江澤民同志強調指出：「建設有中國特色社會主義全部工作的出發點和落腳點，就是全心全意為人民謀利益。」[1]這個論述堅持和發展了毛澤東同志全心全意為人民服務的思想。

第三，積極探索社會主義制度下人民主體作用實現的新途徑。黨的十四大把建立社會主義市場經濟確定為我國經濟體制改革的目標，這為促進人的全面發展創造了物質技術基礎，而且有利於增強廣大人民平等、自立、效率、競爭、民主等意識以及創新精神，從而為人民主體性的充分實現創造了計劃經濟體制下所沒有的條件。

第五，提出了「立黨為公、執政為民」的執政理念。江澤民同志認為：「全心全意為人民服務，立黨為公，執政為民，是我們黨同一切剝削階級政黨的根本區別。」[2]

第六，黨群關係是一個「根本政治問題」。江澤民同志對黨群關係的極端重要性有著清醒認識，他從「根本政治問題」的角度出發，指出黨群關係與黨的事業以及黨的興衰成敗、生死存亡關係密切，為了確保黨的長期執政地位，必須不斷增強自身的階級基礎和擴大黨的群眾基礎。

胡錦濤同志繼續推進了黨的宗旨思想的創新。以人為本是科學發展觀的核心內容，為新時期執政黨提出了新的具體的要求。

一是提出了「以人為本」的發展理念。「以人為本」主要是為了解決發展的目的問題。就是說，我們的發展，是為了造福人民、促進

1《江澤民文選》（第二卷），人民出版社 2006 年版，第 45 頁。
2《江澤民文選》（第三卷），人民出版社 2006 年版，第 279 頁。

人的全面發展的發展。科學發展觀將「以人為本」作為理論核心，是
與黨的宗旨一致的。它強調社會發展的核心目標與最高追求是人的發
展，這樣就在理論上突破了那種單純地把經濟增長視為發展的局限。
可以毫不誇張地說，科學發展觀對於提升人民群眾的主體地位，有著
極其重要的理論指導意義，是發展觀在新的歷史時期的一次大跨越。
針對發展「為了誰、依靠誰」的問題，胡錦濤同志提出了發展為了人
民、發展依靠人民、發展成果由人民共用的要求。胡錦濤同志的這些
觀點和主張既是對毛澤東黨的宗旨思想的發展，又完全符合全國人民
的利益和願望，是與我們黨的根本宗旨和偉大歷史任務完全相一致的。

　　二是提出了必須注重人民利益及「群眾利益無小事」等人民利益
思想。胡錦濤同志強調指出：「群眾利益無小事。凡是涉及群眾的切
身利益和實際困難的事情，再小也要竭盡全力去辦。」[1]2003 年 12 月
在紀念毛澤東誕辰 110 周年座談會上，胡錦濤同志又再次強調指出：
「要牢記群眾利益無小事的道理，把實現人民群眾的根本利益落實到
改革發展穩定的各項工作中去，特別要落實到關心群眾生產生活的工
作中去。」[2]

　　三是提出「權為民所用，情為民所繫，利為民所謀」思想。為
此，提出要落實好「立黨為公、執政為民」「改善民生」的執政理念。
胡錦濤同志指出，堅持立黨為公、執政為民，要以人民是否高興、答

1　胡錦濤《在「三個代表」重要思想理論研討會上的講話》，人民出版社 2003 年版，
　　第 20 頁。
2　胡錦濤《在紀念毛澤東同志誕辰 110 周年座談會上的講話》，人民出版社 2008 年版，
　　第 13 頁。

應、贊成、滿意作為一切決策的衡量標準和出發點。胡錦濤同志指出，必須將社會建設擺在更加突出的位置，更加重視民生改善，要加快推進以改善民生為重點的社會建設，努力使全體人民學有所教、勞有所得、病有所醫、老有所養、住有所居，推動建設和諧社會。這些決策為改善民生、真正實現最廣大人民的根本利益從制度構架上得到了更好的解決。

二、習近平總書記是新時代踐行「以人民為中心」的表率

習近平總書記在十九大報告中指出：「人民是歷史的創造者，是決定黨和國家前途命運的根本力量。必須堅持人民主體地位，堅持立黨為公、執政為民，踐行全心全意為人民服務的根本宗旨，把黨的群眾路線貫徹到治國理政全部活動之中，把人民對美好生活的嚮往作為奮鬥目標，依靠人民創造歷史偉業。」[1] 這反映了堅持以人民為中心是習近平總書記的核心理念，彰顯了人民至上的價值取向。全心全意為人民服務，是我們黨的根本宗旨，也是我們黨的根本價值取向。中國共產黨是人民利益的忠實代表，除了人民的利益，沒有自己的特殊利益。一句話，就是人民至上。著力踐行以人民為中心的發展思想，把實現人民幸福作為發展的目的和歸宿，做到發展為了人民、發展依靠人民、發展成果由人民共用。

一是強調人民主體地位。習近平總書記的人民觀首先體現在他多

---

1 習近平：〈決勝全面建成小康社會，奪取新時代中國特色社會主義偉大勝利〉，《人民日報》2017 年 10 月 28 日。

次強調：「人民是歷史的創造者，群眾是真正的英雄，人民群眾是我們力量的源泉。」[1] 習近平總書記在接受國外媒體專訪時曾由衷地說：「我的執政理念，概括起來說就是：為人民服務，擔當起該擔當的責任。」[2] 他還在各種場合多次講到「要樹立以人民為中心的工作導向」，表現出滿滿的為民情懷，也彰顯了人民至上的價值取向。堅持人民社會主體地位，符合唯物主義群眾史觀的基本觀點。這是歷史唯物主義一條最基本的原理。當前，中國共產黨執政地位的繼續鞏固，社會發展穩定局面的保持，改革開放事業的進一步深化，全面建成小康社會與中華民族偉大復興美好前景的實現，都要寄希望於人民，都離不開人民的辛勤耕耘和艱苦創造，都要求調動起人民群眾生產勞動的積極性、主動性和創造性。必須尊重人民的社會主體地位，尊重群眾的首創精神，尊重人民的主人翁地位，真正把人民視為社會主義建設的依靠力量，把一切發展進步成就的取得歸功於人民，讓人民真正享有改革和發展的成果。「四個全面」的治國方略，全面貫穿了習近平總書記的人民主體地位的思想，充分體現了其作為一位堅定的馬克思主義者相信人民、依靠人民的政治立場。

　　二是強調擺正人民在黨執政中的位置。習近平總書記在多次講話中都談到了黨的宗旨，指出全心全意為人民服務是中國共產黨一切行動的根本出發點和落腳點，是中國共產黨和其他一切政黨相區別的根本標誌。習近平總書記要求黨員幹部把人民群眾當主人、當先生，把有限的工作時間投入無限的為人民服務之中去，要始終牢記黨的根本

---

1 習近平：《習近平談治國理政》，外文出版社 2014 年版，第 5 頁。
2 習近平：《習近平談治國理政》，外文出版社 2014 年版，第 101 頁。

宗旨，強化宗旨意識，擺正自己的位置，從思想和感情深處真正把人民群眾當主人。把自己看作人民群眾的公僕和學生，眼睛要向下看，放下官架子，俯下身子，履行好人民賦予的職責。「把人民當主人，當先生。」這一要求具有很強的現實針對性，切中時弊。為人民服務是沒有限度的，是無止境的，各級領導幹部要把有限的工作時間投入無限的為人民服務之中去。堅持為人民服務的價值取向，就要始終把實現好、維護好、發展好最廣大人民的根本利益作為一切工作的出發點和落腳點。黨的十八屆五中全會提出，堅持以人民為中心的發展思想。這就要求我們黨在改革與發展的過程中處理好改革發展與人民群眾利益的關係，真正做到發展為了人民、發展依靠人民、發展成果由人民共用。

三是強調人民立場。習近平總書記強調密切聯繫群眾是黨的優良傳統，群眾路線是中國共產黨的生命線和根本工作路線，是黨的根本工作方法，是黨永葆青春活力和戰鬥力的重要傳家寶。深入貫徹落實群眾路線教育實踐活動是實現黨的十八大確定的奮鬥目標，保持黨的先進性和純潔性，解決群眾反映強烈的突出問題，密切黨群幹群關係，增強黨的創造力凝聚力戰鬥力，鞏固黨的執政基礎和執政地位的根本工作方法。群眾路線是馬克思主義人民性思想的中國化體現。在新的歷史時期，習近平總書記傳承了毛澤東思想這一活的靈魂，他指出：「群眾路線是永葆黨的青春活力和戰鬥力的重要傳家寶，必須做到教育和實踐兩手抓，使馬克思主義群眾觀點深深植根於思想中、真

正落實到行動上。」¹沒有同人民群眾的血肉聯繫，為人民服務、執政為民就是一句空話。現實中，在一些黨員幹部身上存在的形式主義、官僚主義、享樂主義和奢靡之風等作風問題，其共同點都是脫離人民群眾。為此，習近平總書記深刻指出：「作風問題，核心是黨和人民群眾的關係問題，根本是始終保持黨同人民群眾的血肉聯繫。」²2013年6月，黨中央先後分兩批開展了黨的群眾路線教育實踐活動，群眾路線教育實踐活動以「反四風」紮緊廣大黨員幹部頭上的緊箍咒，密切黨和人民群眾的關係，為貫徹黨的執政宗旨明確工作方法和思路。

四是強調關心人民生活。習近平同志在擔任總書記伊始就十分明確地宣示：「人民對美好生活的嚮往，就是我們的目標。」³在十八屆中央政治局常委和中外記者見面時的講話中，他把改善民生作為新一屆領導集體的重要責任，全面回應了人民對於教育、就業、醫療、住房、環境保護等重大民生問題的期待，把人民對美好生活的嚮往當作新一屆領導集體的奮鬥目標。不斷改善民生是改革和發展的根本目的，以最廣大人民的根本利益為本，始終把讓老百姓過上好日子，實現好、維護好、發展好最廣大人民的根本利益作為黨和國家一切工作的出發點和落腳點。促進社會公平正義，增進人民福祉，造福於人民，讓發展成果更多更公平地惠及全體人民，確保人民共用改革發展紅利，共用改革發展成果，實現人民幸福安康是習近平總書記做好民生

---

1 〈習近平在中央黨的群眾路線教育實踐活動第一批總結暨第二批部署會議上的重要講話〉，《人民日報》2014年1月22日。

2 習近平：《在黨的群眾路線教育實踐活動總結大會上的講話》，人民出版社2014年版，第5頁。

3 習近平：《習近平談治國理政》，外文出版社2014年版，第424頁。

工作的根本目的。習近平總書記認為，改善人民生活，人民得到真正實惠是堅持立黨為公、執政為民的本質要求，是黨和人民事業不斷發展的重要保證，也是衡量一切工作成效的終極尺度。習近平總書記指出：「以人民為中心的發展思想，不是一個抽象的、玄奧的概念，不能只停留在口頭上、止步於思想環節，而要體現在經濟社會發展各個環節。」「要著力踐行以人民為中心的發展思想。」[1]「我們要不斷解決人民最關心最直接最現實的利益問題，努力讓人民過上更好生活。」[2]「新發展理念」積極回應了廣大人民的訴求和期盼，突出了人民最關心、最直接的熱點難點問題，始終圍繞「人民對美好生活的向往」，抓住了制約發展的癥結，開出了解決問題的良方，是實踐以人民為中心的發展思想的正確途徑。

三、將「以人民為中心」落到實處

我們黨執政至今，面對國內外嚴峻的形勢，全心全意為人民服務的思想面臨各種挑戰，因此強化黨的宗旨教育尤為重要和緊迫。比如，黨的歷史方位的變化，容易淡化全心全意為人民服務的思想；社會轉型期的變革容易衝擊全心全意為人民服務的觀念；西方思想文化的滲透與侵蝕瓦解著全心全意為人民服務的教育效果。習近平總書記

---

1 習近平：《在省部級主要領導幹部學習貫徹黨的十八屆五中全會精神專題研討班上的講話》，人民出版社 2016 年版，第 24 頁。
2 習近平：《在慶祝全國人民代表大會成立 60 周年大會上的講話》，人民出版社 2014 年版，第 7 頁。

指出：「黨與人民風雨同舟、生死與共，始終保持血肉聯繫，是黨戰勝一切困難和風險的根本保證。」[1] 我們必須按照「人民立場」這個標准落實黨的十九大「以人民為中心」的要求。

第一，要牢固樹立「人民立場」。「人民立場」深刻回答了「為誰發展」和「靠誰發展」的問題，體現了群眾史觀的基本要求，為當前黨群關係建設奠定了堅實的理論基礎。「人民立場」，強調把人民群眾作為經濟社會發展的價值主體，始終堅持尊重人、關心人、解放人、發展人；闡釋了發展是為了全體人民，把滿足人民群眾日益增長的物質文化需要和促進人的全面發展作為發展的目的和歸宿，使全體人民共用改革發展成果，回答了「為誰發展」這一核心問題。

「人民立場」包含了發展「依靠誰」的深刻內容。不忘初心，就是不能忘記全心全意為人民服務的宗旨。「人民立場」，就是必須堅持「人民，只有人民，才是創造歷史的動力」的觀點。要把人民群眾作為經濟社會發展的主體和原動力，通過發揮所有人的聰明才智，建設小康社會，實現共同富裕。

第二，始終代表好最廣大人民的根本利益。一方面，發展是密切黨群關係的基礎，是第一要務。代表最廣大人民的根本利益，核心是堅持以經濟建設為中心不動搖。「以經濟建設為中心」與促進政治、經濟、文化、社會、生態的全面協調發展並不矛盾。中國發展的最大問題是經濟落後，因此要把精力放到經濟建設上來。然而一味強調經濟增長又導致了分配不公、社會腐敗、資源枯竭和生態惡化等深層次

---

1 習近平：〈在慶祝中國共產黨成立 95 周年大會上的講話〉，《人民日報》2016 年 7 月 2 日。

矛盾問題。這必然要求在發展經濟的同時，有必要統籌經濟社會的全面發展，就是既要堅持以經濟建設為中心，又要堅持以人民為中心的發展思想。

另一方面，協調好各方利益是密切黨群關係的關鍵。隨著市場經濟的發展，我國收入差距拉大的速度也非常快，基尼系數已達0.462。執政黨必須突出利益整合功能，協調好最廣大人民的根本利益。為此，必須首先關心工農基本群眾的利益，不解決好這部分群眾的生活問題，黨的階級基礎、群眾基礎就無從談起。必須建立良性的利益調節機制，按照「初次分配和再分配都要處理好效率和公平的關係，再分配更加注重公平」的原則，努力使全體社會成員共用發展成果。必須擴大工農基本群眾政治參與。當下工農群眾中人大代表、政協委員的比例相對較少，經濟上的弱勢群體有可能成為政治上的弱勢群體，因此要注意引導和更多吸收工人農民、知識份子、中小企業家和經理人員參政議政，堅決禁止變相以財產規模確定政治參與資格甚至賄選現象。必須堅持不斷改善民生，改善民生是密切黨群關係的紐帶，創新民生問題的民主保障制度，「幹不幹」百姓定，「幹什麼」百姓選，「怎麼幹」百姓提，「幹得好不好」百姓評，建立「以民主促民生」的工作機制；同時，重點解決群眾反映強烈的教育、住房、看病等突出問題。

第三，妥善處理好人民內部矛盾。隨著我國改革發展進入新時代，我國社會主要矛盾發生了改變，我國社會存在的一些人民內部矛盾出現了多發多樣的狀況，這是社會深刻變革中難以避免的現象。關鍵是要正視矛盾，關注主要矛盾，也不忽視次要矛盾，找到化解矛盾的正確途徑和有效方法，形成妥善處理矛盾的體制機制，而不能讓矛

盾積累和發展起來，以致影響改革發展穩定的大局。一般說來，這些矛盾都是人民內部矛盾，是一種非對抗性的矛盾，只要處理妥當，就能適當化解。關鍵是要有一顆為民之心，善於體察民情，關心人民群眾的疾苦，扎扎實實為人民群眾排憂解難。同時，「始終與人民心連心、同呼吸、共命運。要從人民偉大實踐中汲取智慧和力量」[1]。

　　第四，要把全面從嚴治黨落到實處。習近平總書記在「七一」講話中指出：「要保持黨的先進性和純潔性，著力提高執政能力和領導水準，著力增強抵禦風險和拒腐防變能力，不斷把黨的建設新的偉大工程推向前進。」[2]黨的作風正，人民的心氣順，黨和人民就能同甘共苦。一方面，要堅信黨的根基在人民、黨的力量在人民，堅持一切為了人民、一切依靠人民，充分發揮廣大人民群眾積極性、主動性、創造性，不斷把為人民造福事業推向前進。另一方面，一以貫之抓好黨的作風建設。實踐證明，只要真管真嚴、敢管敢嚴，黨風建設就沒有什麼解決不了的問題。要落實好習近平總書記提出的要求：「從中央政治局常委會、中央政治局、中央委員會抓起，從高級幹部抓起，持之以恒加強作風建設，堅持和發揚黨的優良傳統和作風，堅持抓常、抓細、抓長，使黨的作風全面好起來，確保黨始終同人民同呼吸、共

1　習近平：《緊緊圍繞堅持和發展中國特色社會主義　學習宣傳貫徹黨的十八大精神——在十八屆中共中央政治局第一次集體學習時的講話》，人民出版社 2012 年版，第 12 頁。

2　習近平：〈在慶祝中國共產黨成立　95 周年大會上的講話〉，《人民日報》2016 年7 月 2 日。

命運、心連心。」[1]

必須從黨的生死存亡和民族興衰的高度，充分認識抓好黨風廉政建設和反腐敗工作的重要性。要堅持中國特色反腐倡廉道路，堅持標本兼治、綜合治理、懲防並舉、注重預防方針，全面推進懲治和預防腐敗體系建設，做到幹部清正、政府清廉、政治清明；加強反腐倡廉教育和廉政文化建設，深化重點領域和關鍵環節改革，健全反腐敗法律制度，更加科學有效地防治腐敗；嚴格執行黨風廉政建設責任制；堅決查處大案要案，著力解決發生在群眾身邊的腐敗問題。總之，要堅持從嚴治黨，以鐵的手腕毫不留情地剷除腐敗分子，維護黨的形象，使人民群眾看到希望，以反腐倡廉的實效取信於民。

第三節　要牢固樹立「空談誤國，實幹興邦」的精神狀態

黨的十八大以來，習近平總書記屢次提出「空談誤國，實幹興邦」，引發上下共鳴。習近平總書記在參觀《復興之路》展覽時曾講到，中華民族的昨天，可以說是「雄關漫道真如鐵」。中華民族的今天，正可謂「人間正道是滄桑」。中華民族的明天，可以說是「長風破浪會有時」。可見，「空談誤國，實幹興邦」，不僅是一種富有效力的政治語境，而且是一條關聯改革歷程的內在紐帶。把握「空談誤國，

---

1 習近平：〈在慶祝中國共產黨成立 95 周年大會上的講話〉，《人民日報》2016 年 7 月 2 日。

實幹興邦」有助於我們對中國發展道路進行整體理解。貫徹十九大會議精神，必須牢固樹立「空談誤國，實幹興邦」的精神狀態。

一、「空談誤國，實幹興邦」的話題由來

「空談誤國，實幹興邦」，這句話是鄧小平同志提出的。1992 年 1 月 18 日，鄧小平同志到南方視察，專列抵達漢口火車站時，時任湖北省委書記關廣富陪鄧小平同志在月臺散步。鄧小平同志當時有個談話，他說：「空談誤國，實幹興邦，不要再進行所謂的爭論了。」[1] 鄧小平同志 1992 年的南方談話，如春雷一般打開了中國人的思路，推動了中國進一步的改革開放，成為推進中國跨越發展的巨大動力。習近平總書記今天講這句話，其實也是想向外界說明，新一代中國領導集體堅持改革開放的信心和決心。習近平總書記提出的「空談誤國，實幹興邦」的思想包含著豐富的內容，它是中國特色社會主義理論體系不斷豐富發展的結果。

「空談誤國，實幹興邦」意味著努力做到實事求是。實幹不是蠻幹、胡幹，而是在掌握世情、國情、黨情的基礎上做決策、辦實事。實幹的前提是按照實事求是的精神辦事。實事求是要求我們必須立足國情、把握規律。鄧小平同志指出：「我們的現代化建設，必須從中國的實際出發。」[2]「實際」就是社會主義初級階段的基本國情、新時代的階段性特徵以及階段性特徵在全面建成小康社會決定性階段的特

---

1 〈「空談誤國實幹興邦」的由來〉，南都網，2012 年 11 月 29 日。
2 《鄧小平文選》（第三卷），人民出版社 1993 年版，第 2 頁。

殊表現等，實幹就是立足於這些實際的行動。因此，實幹興邦要求我們的行動始終不能脫離以基本國情為核心的實際。

「空談誤國，實幹興邦」意味著勇於實踐、與時俱進。我們黨有一個很大的優點，就是始終堅持知與行的統一、理論與實際的統一、認識與實踐的統一。要做到「三統一」，就要落實、落實、再落實，就要實幹。實幹是巧幹、真幹。這就要鼓勵、支持廣大黨員幹部在改革開放進程中勇於思考、勇於探索、勇於實踐、勇於創新。江澤民同志指出：「創新是一個民族進步的靈魂，是一個國家興旺發達的不竭動力。」我們要善於用各方面的創新來推動工作的落實，尤其要大力推進制度建設和創新，善於總結各方面改革和建設的成功經驗，並上升到制度、規範和程式的高度，用以指導實踐，同時在全面建成小康社會的實踐中進一步推進制度建設和創新。

「空談誤國，實幹興邦」意味著求真務實、真抓實幹。實幹，要求全黨大力弘揚求真務實精神、大興求真務實之風，求真實、真相、真理，務發展之實、人民利益之實。十六大以後，黨中央提出了「求真務實是我們黨的思想路線的核心內容」的科學論斷，指出「務實，就是堅持勤奮工作、埋頭苦幹，對黨和人民的事業高度負責，堅持不懈地帶領群眾艱苦創業，扎扎實實地做好各項工作」。求真務實的關鍵是引導全黨同志不斷求我國社會主義初級階段基本國情之真，務堅持長期艱苦奮鬥之實；求社會主義建設規律和人類社會發展規律之真，務抓好發展這個黨執政興國第一要務之實；求人民群眾的歷史地位和作用之真，務發展最廣大人民根本利益之實；求共產黨執政規律之真，務全面加強和改進黨的建設之實。

「空談誤國，實幹興邦」意味著反對形式主義、務求實效。十八

大以來，黨中央在反對形式主義方面採取了很多有針對性的措施。八項規定要求切實改進會風，提高會議實效，開短會、講短話，力戒空話、套話等。把反對形式主義作為「四風」之首，要求各級領導幹部出實策、鼓實勁、辦實事，不圖虛名，不務虛功，堅決反對幹部群眾反映強烈的「四風」問題，以身作則帶領群眾把各項工作落到實處。十九大以後，在第一次政治局會議上又深化了「八項規定」的內容。習近平總書記提出，要使那些對群眾感情真摯、深得群眾擁護的幹部，那些說話辦事有灼見、有效率的幹部，那些對上對下都實實在在、不玩虛招的幹部，那些清正廉潔、公眾形象好的幹部，得到褒獎和重用；使那些享樂思想嚴重、熱衷於形式主義、嚴重脫離群眾的幹部，受到警醒和懲戒。

二、「空談誤國，實幹興邦」是新時代的必然要求

習近平總書記指出：「中華民族偉大復興，絕不是輕輕鬆鬆、敲鑼打鼓就能實現的。全黨必須準備付出更為艱巨、更為艱苦的努力。」[1] 這就是習近平總書記代表黨中央在對全黨同志提出「實幹興邦」的殷切希望。各級幹部尤其是領導幹部要認真體會習近平總書記「空談誤國，實幹興邦」這句話的深刻道理，真抓實幹，真正將注意力轉移到工作中來，用自己辛勤的工作為改革開放和中國特色社會主義事業盡到本分。

---

1 習近平：〈決勝全面建成小康社會，奪取新時代中國特色社會主義偉大勝利〉，《人民日報》2017 年 10 月 28 日。

第一，「空談誤國，實幹興邦」，是以習近平同志為核心的黨中央集體執政理念與治國理政思路的根本要求。黨的十八大以後，面對全面建成小康社會的新任務，面對發展方式亟待轉變、社會矛盾集中凸顯、改革進入攻堅階段的新形勢，以習近平同志為核心的黨中央領導集體如何繼續推進改革開放和社會主義現代化建設事業，備受國內國際關注。習近平總書記致力於全面改革的推進、落實，正是對這一問題的積極回應，是以習近平同志為核心的中央領導集體執政理念與治國理政思路的具體體現。這些執政理念與治國理政思路主要包括：以堅持和發展中國特色社會主義為執政使命；以國家富強、民族振興、人民幸福為執政目標；以實現人民對美好生活的嚮往，讓每個中國人享有人生出彩、夢想成真以及與祖國和時代一起成長進步的機會為執政追求；以堅持中國道路、弘揚中國精神、凝聚中國力量為執政方略；以為民、務實、清廉為執政準則；以空談誤國、實幹興邦為執政信條；等等。這些執政理念、治國理政思路與改革相聯繫時，就勢必要求將改革全面推進、將改革舉措落到實處。

第二，「空談誤國，實幹興邦」，為中國夢提供了實現路徑，賦予中國夢以行動內涵。黨的十八大之後，習近平總書記提出並闡述了民族復興中國夢，這是著眼於堅持和拓展中國道路提出的重要戰略思想，它反映了近代以來一代又一代中國人的美好夙願，進一步揭示了中華民族的歷史命運和當代中國的發展走向，指明了全黨各族人民共同的奮鬥目標。它把國家民族的整體利益與每個人的具體利益緊密聯繫在一起；它把國家富強、民族振興和人民幸福緊密地聯繫在一起；它把中國的過去、現在與未來緊密聯繫在一起；它把中國、世界和人類的命運緊密聯繫在一起。這是一個心心相通的「最大公約數」，是

一個跨越時空的宏偉夢想。在習近平總書記「空談誤國、實幹興邦」的實踐觀指引下，我們更加自覺地時刻關注社會發展的客觀要求和人民群眾的實踐創造，不斷加快經濟發展方式的轉變，不斷推進體制改革的進程。實現中國夢這一重要戰略思想，在深化改革的全面推進中，越來越變得觸手可摸：它既是奮鬥目標，更是實踐過程；它既是一個宏偉夢想，更是一個偉大事業與建設工程；它不僅充分體現了我們黨高度的歷史擔當，更日益成為一種使命追求；它不僅是新一代中央領導集體對全體人民的莊嚴承諾，更是一個艱巨的踐諾歷程；它不僅是黨和國家面向未來的政治宣言，更是一串創造歷史的進軍步伐。

第三，「空談誤國，實幹興邦」，體現了中國特色社會主義理論的實踐性特色。創立和發展中國特色社會主義理論體系的過程，是總結實踐經驗的過程，也是用這一理論體系指導和推動改革發展的過程。同時，新鮮生動的偉大實踐又在檢驗著最新理論，有力地證明了中國理論體系的科學性、真理性。新時期以來，黨的歷次代表大會，都在一方面對改革開放以來的實踐經驗進行階段性總結的基礎上，對中國理論做出新的概括；另一方面又提出用科學理論武裝頭腦、指導實踐、推動工作的任務。從黨的十五大到黨的十八大，從學習鄧小平理論、貫徹「三個代表」重要思想，到深入學習實踐科學發展觀，用中國理論武裝全黨、教育人民，理論創新和理論武裝高潮迭起，理論對實踐的指導作用充分發揮，實踐的成就又進一步增強理論的巨大威力。每個時代都有自己的實踐任務，當今中國的實踐主題就是以全面深化改革促全面協調發展。習近平總書記的「空談誤國、實幹興邦」實踐觀，立足當代中國改革開放的鮮活實踐，不斷吸收新的時代發展內容，豐富著中國理論，同時也使其實踐性特色更加鮮明。

第四，「空談誤國，實幹興邦」，彰顯了馬克思主義注重「改變世界」的實踐品格。近代以來，中華民族面臨著民族獨立和社會現代化的雙重歷史任務。一個多世紀以來的歷史證明，指導完成這雙重歷史任務的思想武器，正是馬克思主義。因為馬克思主義不是書齋裡的學問，而是注重實踐的革命理論，是人們認識世界、改造世界的世界觀、方法論。實踐性是馬克思主義區別於其他學說的最主要最顯著的特點：它第一次把科學的實踐觀點引入哲學，全面科學地論證了實踐是人類社會的存在基礎及發展動力，人類社會的一切「問題」只能通過「變革的實踐」加以解決；揭示了實踐在認識中的決定作用和在自身理論中的基礎地位；它強調自己的全部理論都要付諸實踐，指導實踐，變為群眾的行動，化作改造世界的物質力量。正因如此，馬克思主義的奠基人才把自己的學說稱為「實踐的唯物主義」。習近平總書記空談誤國、實幹興邦的實踐觀，在當代中國時代條件下，就是「以我國改革開放和現代化建設的實際問題、以我們正在做的事情為中心，著眼於馬克思主義理論的運用，著眼於對實際問題的理論思考，著眼於新的實踐和新的發展。」[1] 以中國方式、中國氣派、中國語言闡釋弘揚馬克思主義的實踐品格。

一言以蔽之，習近平總書記在黨的十八大後新一屆中央領導集體開局之際再次強調「空談誤國，實幹興邦」，既包含著新一屆中央領導集體對當代中國的深刻理解與洞察，又包含著今後幾年全黨工作的主要基調和方向。改革進入深水區，我們黨要下更大的勇氣和決心，

---

1 習近平：《習近平談治國理政》，外文出版社 2014 年版，第 9 頁。

用「行動上的落實」代替「言語上的爭論」，用動真格的實幹代替空談。這既是領會黨的當前工作重心的關鍵所在，也是理解當代中國共產黨學問的要義所在。

三、大力提倡「空談誤國，實幹興邦」之風

回首過去 98 年的歲月征程，中國共產黨由小變大、由弱變強，團結和帶領全國各族人民歷經各種艱難險阻、戰勝一切強敵，最終取得今日國家繁榮昌盛的輝煌成就，靠的就是「實幹」。中國革命的最終勝利，是一次次戰鬥累積而成；改革開放和中國特色社會主義事業偉大事業的開創，是一次次勇於探索而來。實踐一再證明：只有真抓實幹、埋頭苦幹、踏實肯幹，黨和人民的事業才能夠取得一個接一個的勝利，人民群眾才能夠得到最大的幸福。現實中，少數官員嘴上道理常常是一套又一套，說得天花亂墜，吹得神乎其神，編製一個又一個美麗的諾言，欺騙組織和群眾。更有甚者，大搞「形式主義」「政績工程」，最後什麼效果都不能取得，浪費人力、物力、財力，損害黨和政府的形象，降低群眾的信任度，確實是在「空談誤國」。這樣的現象在一定程度、一定範圍內廣泛存在。

第一，一切從實際出發，在實踐中認識真理並發展真理。這是馬克思主義認識論的根本要求。全面深化改革是個巨大的系統工程，複雜性前所未有，要善於探索其內在規律，把握和處理好全面深化改革的六個重大關係，包括：解放思想和實事求是的關係；整體推進和重點突破的關係；全域和局部的關係；頂層設計和摸著石頭過河的關係；膽子要大和步子要穩的關係；改革發展穩定的關係。還要重視探索改

革方法。在總體方法上注重改革的「三性」：必須「更加注重改革的系統性、整體性、協同性」；在突破方法上，有「四從」選擇：從最緊迫的事項改起，從老百姓最期盼的領域改起，從制約經濟社會發展最突出的問題改起，從社會各界能夠達成共識的環節改起。在推進方法上，如何處理好「五個關係」：「整體政策安排與某一具體政策的關係、系統政策鏈條與某一政策環節的關係、政策頂層設計與政策分層對接的關係、政策統一性與政策差異性的關係、長期性政策與差異性政策的關係」還有待於進一步摸索。「大智」來源於偉大實踐，偉大實踐必定是社會的實踐，要將「實踐—認識—實踐」的過程與「從群眾中來，到群眾中去」結合起來，尊重人民群眾的創造，傾聽人民群眾的呼聲，反映人民群眾的意願，集中人民群眾的智慧，堅持問計於民，從人民群眾的偉大實踐中汲取智慧和力量。

第二，要果斷拿出改革勇氣。一方面，全面深化改革，勇於打破利益固化的藩籬。在當代中國，實幹就是要推進全面改革，以改革激發社會的活力和創造力。改革開放是一個系統工程，必須堅持全面改革，在各項改革協同配合中系統推進。改革開放是一場深刻而全面的社會變革，每一項改革都會對其他改革產生重要影響，每一項改革又都需要其他改革協同配合。因此，我們要注重各項改革的相互促進、相互協調，整體推進，重點突破，形成推進改革開放的強大合力。為此，必須敢於和善於打破固化的利益藩籬。這些利益藩籬嚴重地阻礙著各項改革的推進，使改革的協調性、全面性打了折扣。另一方面，全面深化改革，要有政治勇氣。政治勇氣對於處理國內外重大事務尤其是改革方面有著重大的影響。當年毛澤東同志因其巨大的政治勇氣，維護了國家的主權完整與領土安全，顯示了中華民族英勇奮鬥、

團結奉獻、不怕犧牲的大無畏氣概；鄧小平同志提出的「社會主義市場經濟」「一國兩制」的治國方針，也體現了巨大的政治勇氣與政治智慧。新時代，全面深化改革已經進入攻堅期、深水區，改革越是向前推進，越會碰到困難、遇見阻力，這無疑對改革者提出了「大勇」的要求。習近平總書記斷然指出：「中國已經進入改革的深水區，需要解決的都是難啃的硬骨頭，這個時候需要『明知山有虎，偏向虎山行』的勇氣，不斷把改革推向前進。」在改革實踐中，實現政治勇氣，離不開政治智慧。既要認真分析處理重大政治事務的風險，也要考慮其信心的來源，更要認清矛盾衝突及其得失。可以說，政治勇氣是政治智慧的體現。政治勇氣的實現，也離不開善良的政治意志。政治勇氣必須用之於維護並實現社會的公平正義，而非一己私利，否則勇氣會變成邪惡與冷酷。

　　第三，把促進社會公平正義、增進人民福祉作為改革的出發點和落腳點。價值關係的本質是利益關係。作為利益的主體可以是個體，可以是集體，也可以是社會。任何一個現實的個人必然既是個體，又屬於某個集體，同時還是社會的成員。因此個人的利益是多層次的，既有個人利益，又有集體利益，還有社會利益，僅僅以個人利益作為價值評價的依據，顯然會失之片面。正確的態度是「要把促進社會公平正義、增進人民福祉作為一面鏡子，審視我們各方面體制機制和政策規定」。我們黨領導人民全面建設小康社會、進行改革開放和社會主義現代化建設的根本目的，就是通過發展社會生產力，不斷提高人民物質文化生活水準，促進人的全面發展。因此，推進任何一項重大改革，都要站在人民立場上把握和處理好涉及改革的重大問題，都要從人民利益出發謀劃改革思路、制訂改革方案、落實改革舉措，「人

民對美好生活的嚮往，就是我們的奮鬥目標」。要將「實踐—認識—實踐」的過程與「從人民利益出發試行改革 —— 形成改革的思想理論、總體設計、方案舉措 —— 落實改革舉措以創造人民的美好生活」化為一體。

第四，牢記「兩個務必」，始終保持艱苦奮鬥的作風。歷史和現實都表明，一個沒有艱苦奮鬥精神做支撐的民族，是難以自強自立的，更難以屹立於世界民族之林；一個沒有艱苦奮鬥精神做支撐的國家，是難以發展進步和開拓創新的，更是難以興旺發達的。我們黨 90 多年的奮鬥歷程告訴我們：黨是靠艱苦奮鬥起家的，也是靠艱苦奮鬥發展壯大、成就偉業的。艱苦奮鬥作為我們黨的優良傳統和作風，作為我們馬克思主義政黨的政治本色，是凝聚黨心民心、激勵全黨和全體人民為實現宏偉目標共同奮鬥的強大精神力量，是我們黨推進國家繁榮富強、民族興旺發達、人民生活富裕的重要法寶。

我們堅信，全國人民在新一屆中央領導集體的領導下，一心一意謀發展，聚精會神搞建設，一定能早日實現國家和民族的偉大復興。

第四節　要牢固樹立「打鐵必須自身硬」的精神狀態

辦好中國的事情，關鍵在黨。中國特色社會主義最本質的特徵是中國共產黨領導，中國特色社會主義制度的最大優勢是中國共產黨領導。堅持和完善黨的領導，是黨和國家的根本所在、命脈所在，是全國各族人民的利益所在、幸福所在。堅持不忘初心、繼續前進，就要保持黨的先進性和純潔性，著力提高執政能力和領導水準，著力增強抵禦風險和拒腐防變能力，不斷把黨的建設新的偉大工程推向前進。

一、新時代從嚴治黨的必要性

我們黨的發展歷程從一定意義上來說就是不斷從嚴治黨的過程。中國共產黨創建之時，「一大」就始終嚴明黨的紀律，大會決定「接受黨員要特別謹慎，嚴格審查」。在革命和建設時期，我們黨進行過多次整風運動，加強對黨員的教育，嚴肅黨的紀律，整頓黨風、懲治腐敗、從嚴治黨。黨的十一屆三中全會以來，面對經濟建設中暴露的弊端，鄧小平堅決地指出：「這個黨該抓了，不抓不行了。」[1]「從嚴治黨」在黨的十四大正式提出並寫入黨章；黨的十五大、十六大在黨建部分中反復重申黨要管黨的原則和從嚴治黨的方針；黨的十七大將從嚴治黨貫穿于黨的建設的各個方面；黨的十八大報告指出：「面

1《鄧小平文選》（第三卷），人民出版社 1993 年版，第 314 頁。

對複雜多變的國際形勢和艱巨繁重的改革發展穩定任務，實現『兩個一百年』奮鬥目標，實現中華民族偉大復興的中國夢，必須堅持黨要管黨、從嚴治黨。」[1]

從嚴治黨是黨的建設的根本原則，貫穿黨建始終。仔細分析黨的歷史上著重突出「從嚴治黨」的時間節點便能清晰地發現：在黨面對關乎黨的命運、國家生死存亡的時期，我們黨尤其強調從嚴治黨。我們黨領導革命、建設和改革的過程中越是面對危險和難題之時，越是需要加緊對黨的治理、提高管黨治黨水準之時。因此，對當今正處於社會轉型期、正在進行全面深化改革的中國來說，從嚴治黨不僅具有歷史意義，更有深刻的現實內涵。

之所以強調黨的十八大之後「新時代」語境之下從嚴治黨的必要性和極端重要性，原因主要有：一是從世情方面來看，隨著中國的GDP總量超過日本，成為全球第二大經濟體，中國在世界中承擔著更多的大國責任，中國已經與世界各國在共同利益基礎之上構成「命運共同體」，如何使中國特色社會主義彰顯世界意義，如何使中國道路更加可持續，如何打消「中國威脅論」「黃禍論」等西方偏見，始終要依靠作為社會主義事業領導核心的中國共產黨。因此，我們黨能否加強紀律、統一意志、統一行動，是面對複雜國際形勢做出正確判斷的關鍵。從嚴治黨的世界歷史意義在於，我們黨會團結帶領全國各族人民經受住各種風險與困難，完成時代賦予的光榮而艱巨的任務。二是從國情方面來看，雖然我們在經濟、政治、文化、社會、生態方面

---

1 習近平：《習近平談治國理政》，外文出版社 2014 年版，第 390 頁。

均取得了新進步、邁出了新步伐，但是需要看到的還有經濟發展不平衡、不充分、不可持續問題；一些領域存在道德失範、誠信缺失現象；社會矛盾明顯增多，教育、就業、醫療、住房、生態環境等關係群眾切身利益的問題增多等。保持既有成就和解決新問題，同樣需要我們從嚴治黨。三是從黨情來看，我們黨執政已 70 年，除了黨所處的社會生態發生了很大變化，黨的自身情況也發生了很大變化。因此，「如果管黨不力、治黨不嚴，人民群眾反映強烈的黨內突出問題得不到解決，那我們黨遲早會失去執政資格，不可避免被歷史淘汰」[1]。綜上所述，黨的十八大以來，在新的歷史時期中我們黨和國家面臨著前所未有的機遇和挑戰，黨必須堅持黨要管黨、從嚴治黨。唯有如此，才能使我們在新時期「蹄疾步穩」地進行全面深化改革。

二、十八大以來全面從嚴治黨取得重大成就

正所謂「打鐵還需自身硬」，十八大以來黨的建設堅持的一條根本原則就是黨要管黨、從嚴治黨。十八大以來，黨要管黨、從嚴治黨的要求切實落到了實處，真真切切見到了成效，而且被賦予鮮明特色；十八大以來黨要管黨、從嚴治黨的要求，不是停留在文字語言中和上傳下達的口號裡，而是真的下足了力、用足了勁，主觀努力不懈，主體追求強烈；十八大以來黨要管黨、從嚴治黨的一系列舉措讓人振奮、叫人喝彩，人們從中感受到力量，增強了自信心和自豪感，並給

1《習近平總書記系列重要講話讀本》，學習出版社人民出版社 2014 年，第 157 頁。

予了了充分肯定和高度稱讚。我們要按照習近平總書記的要求，把全面
從嚴治黨的思路舉措搞得更加科學、更加嚴密、更加有效。

　　一是真正把黨要管黨、從嚴治黨落到了實處。全面從嚴治黨，
關鍵在嚴。以習近平同志為核心的黨中央強調黨要管黨、從嚴治黨。
2013 年 6 月，習近平總書記在全國組織工作會議上的講話指出：「對
我們這樣一個擁有八千五百多萬黨員、在一個十三億人口大國長期執
政的黨，管黨治黨一刻不能鬆懈。」[1] 他還指出：「從嚴是我們做好一
切工作的重要保障。」[2] 即真嚴、敢嚴、長嚴，才能管好黨治好黨。

　　十八大以來，全面從嚴治黨在黨的建設各方面全方位展開。體現
在：一是提出堅定理想信念是加強黨的建設最根本的要求，目的是解
決好「總開關」問題。二是大力加強黨的組織建設，一方面，從嚴治
吏，把「抓好關鍵少數」作為重點來抓。另一方面，強化黨的基層組
織，健全黨的基層組織體系，充分發揮基層黨組織的戰鬥堡壘作用。
三是以作風建設作為全面從嚴治黨的切入點，在認真執行八項規定的
基礎上，一系列相關的規章制度相繼出臺，以抓鐵有痕、踏石留印的
態度抓黨的作風建設。四是以零容忍態度懲治腐敗，在思想認識上、
反腐敗措施上、政治策略上都採取了一系列舉措，反腐力度空前加大。
五是注重黨內法規制度建設，以法治思維和法治方式治黨管黨。

　　歷史地看，自十三大首次提出「黨要管黨、從嚴治黨」的要求以

1《習近平總書記系列重要講話讀本》，學習出版社、人民出版社 2014 年版，第
　156 頁。
2 習近平：《在黨的群眾路線教育實踐活動總結大會上的講話》，人民出版社
　2014 年版，第 14 頁。

來，我們黨始終把它視為自身建設必須遵循的原則、方針。十八大以來黨要管黨、從嚴治黨的特點特徵體現得更為鮮明、集中，廣大黨員幹部和人民群眾的感受也尤為深切和強烈。一是與過往的若干時期比較，黨中央真正將黨要管黨、從嚴治黨問題擺上日程、凸顯出來，而且賦予其「全面從嚴」的鮮明時代特色，許多要求真正落到了實處、見到了成效；二是全面從嚴治黨的要害是「治」，從全黨的認識和工作來看，認真落實「兩個責任、一崗雙責」已成為對各級黨組織和黨員領導幹部抓黨建的重要要求，全面從嚴治黨形成了真抓實幹的態勢，可謂主體追求強烈、主觀努力不懈；三是從全黨和全國人民的殷切期望看，十八大以來全面從嚴治黨成效顯著，贏得了黨心民心，黨內政治生活氣象更新，全黨理想信念更加堅定、黨性更加堅強，黨自我淨化、自我完善、自我革新、自我提高能力顯著提高，黨的執政基礎和群眾基礎更加鞏固，為黨和國家各項事業發展提供了堅強政治保證。

二是始終保持了與人民群眾的血肉聯繫。習近平總書記認為，我們黨堅定不移推進全面從嚴治黨，著力解決了人民群眾反映最強烈、對黨的執政基礎威脅最大的突出問題。這些突出問題，一方面，表現在思想感情上；另一方面，表現在黨風和廉政建設上。十八大以來，我們黨在樹立群眾觀念、改進黨的作風、反腐倡廉方面的成績可圈可點，贏得了人民群眾的信任，黨與人民群眾的聯繫得到了加強，黨的執政基礎進一步鞏固。

為密切黨與人民群眾的血肉聯繫，在黨的建設價值取向上，習近平總書記強調「以人民為中心」。首先，「以人民為中心」的理論基礎是馬克思主義唯物史觀，習近平總書記反復強調人民的歷史主體地位。其次，實現國家富強、民族振興、人民幸福是「以人民為中心」

的價值追求。2012 年 11 月 15 日，在十八大後中外記者見面會上，習近平總書記強調：「人民對美好生活的嚮往，就是我們的奮鬥目標。」[1]再次，堅持「以人民為中心」的發展思想，指明了發展的目的、意義。最後，善做群眾工作，是「以人民為中心」的重要保證。以習近平同志為核心的黨中央始終強調，全黨必須提高做群眾工作的能力，引領群眾聽黨話、跟黨走。突出「以人民為中心」，表達了習近平總書記心繫人民的情感，構成了其黨建思想濃墨重彩的底色。

十八大以來，我們黨以作風建設作為加強黨的自身建設的突破口，獲得了人民群眾普遍讚譽。加強作風建設的經驗表明：「講認真」是加強黨的建設的要害所在，我們必須緊緊抓住，要通過破解存在於黨的作風中的諸多難題，讓人民群眾不斷看到成效和變化，取信於民。據國家統計局的一項民意調查顯示，十八大以後，人民群眾對黨風廉政建設和反腐敗的滿意度逐年走高，2013 年是 81%，2014 年是 88.4%，2015 年是 91.5%，2016 年是 92.9%。十八大以來反腐倡廉建設的實踐表明：我們黨有決心有信心堅決把黨風廉政建設和反腐敗鬥爭進行到底。

三是確保了黨始終是偉大事業的堅強領導核心。習近平總書記在十九大報告中強調，偉大鬥爭，偉大工程，偉大事業，偉大夢想，緊密聯繫、相互貫通、相互作用，其中起決定性作用的是黨的建設新的偉大工程。推進偉大工程，要結合偉大鬥爭、偉大事業、偉大夢想的實踐來進行，確保黨在世界形勢深刻變化的歷史進程中始終走在時代

---

1 習近平：《習近平談治國理政》，外文出版社 2014 年版，第 424 頁。

前列，在應對國內外各種風險和考驗的歷史進程中始終成為全國人民的主心骨，在堅持和發展中國特色社會主義的歷史進程中始終成為堅強領導核心。[1] 這也是十八大以來我們黨反復強調「治國必先治黨、治黨務必從嚴」的要求，把全面從嚴治黨提升到一個前所未有的水準。

我們黨明確提出中國共產黨的領導「是中國特色社會主義最本質的特徵，也是中國特色社會主義的最大優勢」的時代命題，將堅持黨的領導提升到了一個前所未有的戰略高度。我們黨聚焦於把黨建設得更加堅強有力，積極進行好具有許多新的歷史特點的偉大鬥爭，明確提出了習近平同志在全黨的核心地位，要求全黨不斷增強「四個意識」，強調對黨絕對忠誠，確保全黨與以習近平同志為核心的黨中央保持高度一致。

黨的建設始終服務於治國理政的理論與實踐。無論是「五位一體」總體佈局，還是「四個全面」戰略佈局；無論是堅持「四個自信」，還是強調堅持和發展中國特色社會主義這一主題，都體現了以習近平同志為核心的黨中央圍繞治國理政加強黨的領導、黨的建設的態度和決心。在偉大實踐中，我們黨進一步明確在「四個全面」重大戰略佈局中，「全面從嚴治黨」的特殊重要地位，它為其他三個「全面」提供堅強的領導力量；其他三個「全面」，既對從嚴治黨提出了新的更高的標準和要求，同時也要靠全面從嚴治黨來保障、來支撐，通過「四個全面」戰略佈局，更好地將全面從嚴治黨融入了治國理政戰略目標中。

總之，正如習近平總書記所說的那樣：「只有進一步把黨建設好，

---

1 習近平：〈決勝全面建成小康社會，奪取新時代中國特色社會主義偉大勝利〉，《人民日報》2017 年 10 月 28 日。

確保我們黨永葆旺盛生命力和強大戰鬥力，我們黨才能帶領人民成功應對重大挑戰、抵禦重大風險、克服重大阻力、解決重大矛盾，不斷從勝利走向新的勝利。」[1]

三、全面加強新時代黨的建設偉大工程

全面加強新時代黨的建設偉大工程，必須貫徹落實好新時代黨的建設總要求，真正把黨建設成為始終走在時代前列、人民衷心擁護、勇於自我革命、經得起各種風浪考驗、朝氣蓬勃的馬克思主義執政黨。

第一，必須突出習近平新時代中國特色社會主義思想的指導地位。習近平新時代中國特色社會主義思想是我們黨又一次「重大理論創新成果」，是「馬克思主義中國化最新成果」，是「中國特色社會主義理論體系的重要組成部分」。其回答的是「新時代堅持和發展什麼樣的中國特色社會主義、怎樣堅持和發展中國特色社會主義」這個重大問題。

黨的指導思想，是世界觀、方法論，對黨的建設起著最終指導作用。習近平新時代中國特色社會主義思想包含了關於堅持黨的領導、加強黨的建設的豐富內容。他明確中國特色社會主義最本質的特徵是中國共產黨領導，中國特色社會主義制度的最大優勢是中國共產黨領導，黨是最高政治領導力量，提出新時代黨的建設總要求，突出政治建設在黨的建設中的重要地位。我們必須堅持以習近平新時代中國特

---

1 〈習近平在省部級主要領導幹部「學習習近平總書記重要講話精神，迎接黨的十九大」專題研討班發表重要講話〉，《人民日報》2017 年 7 月 27 日。

色社會主義思想作為全面加強黨的建設偉大工程的行動指南，把我們黨鍛造成為堅持和發展中國特色社會主義的堅強領導核心。

第二，必須始終堅持「黨領導一切」。這次大會報告強調中國共產黨的領導「是中國特色社會主義最本質的特徵，也是中國特色社會主義的最大優勢」的時代命題。這次大會報告還深刻提出「沒有中國共產黨的領導，民族復興必然是空想」「偉大鬥爭，偉大工程，偉大事業，偉大夢想，緊密聯繫、相互貫通、相互作用，其中起決定性作用的是黨的建設新的偉大工程」等思想，從而將堅持黨的領導提升到了一個前所未有的戰略高度。

一方面，黨政軍民學，東西南北中，黨是領導一切的。中國共產黨領導是中國特色社會主義制度的最大優勢，是我們戰勝各種風險挑戰、實現「兩個一百年」奮鬥目標、實現中華民族偉大復興中國夢的根本保證。另一方面，黨的建設始終服務于治國理政的理論與實踐，全面增強執政本領。實踐證明，無論是「五位一體」總體佈局，還是「四個全面」戰略佈局；無論是堅持「四個自信」，還是強調堅持和發展中國特色社會主義這一主題，都體現了以習近平同志為核心的黨中央圍繞治國理政加強黨的領導、黨的建設的態度和決心。

第三，必須加強黨的政治建設和紀律建設。在黨的建設佈局方面，這次會議強調，要加強黨的政治建設，「旗幟鮮明講政治是我們黨作為馬克思主義政黨的根本要求。黨的政治建設是黨的根本性建設，決定黨的建設方向和效果」[1]。同時，要加強黨的紀律建設，「重

---

1 習近平：〈決勝全面建成小康社會，奪取新時代中國特色社會主義偉大勝利〉，《人民日報》2017 年 10 月 28 日。

點強化政治紀律和組織紀律，帶動廉潔紀律、群眾紀律、工作紀律、生活紀律嚴起來」。

新時代加強黨的政治建設和紀律建設，必須保證全黨服從中央、堅持黨中央權威和集中統一領導。我們黨聚焦于把黨建設得更加堅強有力，明確提出了習近平同志在全黨的核心地位，要求全黨不斷增強「四個意識」，強調對黨絕對忠誠，確保全黨與以習近平同志為核心的黨中央保持高度一致。新時代加強黨的政治建設和紀律建設，必須堅持黨的基本路線。堅持建設現代化經濟體系，以經濟建設為中心，堅持改革開放。現在談發展，除了經濟領域，還拓展到了社會等領域。

第四，必須完善新時代黨的建設總體佈局。全面落實十九大報告提出的以「一條主線、五個建設」為主要內容的黨的建設總體佈局，必須下大力氣。一方面，要始終堅持黨要管黨、全面從嚴治黨。全面從嚴治黨永遠在路上。在全面從嚴治黨這個問題上，我們不能有差不多了，該鬆口氣、歇歇腳的想法，不能有打好一仗就一勞永逸的想法，不能有初見成效就見好就收的想法。

另一方面，全面從嚴治黨，基礎在全面，關鍵在嚴。全面加強新時代黨的建設偉大工程，除前所述及的政治建設、紀律建設以外，還要大力加強以下幾個方面的建設：一是思想建設是黨的基礎性建設，要把堅定理想信念作為黨的思想建設的首要任務。二是大力加強黨的組織建設，既要把「抓好關鍵少數」作為重點來抓，從嚴治吏，又要強化黨的基層組織，健全黨的基層組織體系，充分發揮基層黨組織的戰鬥堡壘作用。三是加強作風建設，必須緊緊圍繞保持黨同人民群眾的血肉聯繫，增強群眾觀念和群眾感情，不斷厚植黨執政的群眾基礎。

四是只有以反腐敗永遠在路上的堅韌和執著，深化標本兼治，保證幹部清正、政府清廉、政治清明，才能確保黨和國家長治久安。五是注重黨內法規制度建設，以法治思維和法治方式治黨管黨。

　　第五，必須堅持以人民為中心的價值追求。習近平總書記指出：「人民是歷史的創造者，是決定黨和國家前途命運的根本力量。」「一個政黨，一個政權，其前途命運取決於人心向背。」[1]十八大以來，在黨的建設價值取向上，習近平總書記強調「以人民為中心」。十八大以來全面從嚴治黨的經驗啟示我們，全面加強新時代黨的建設偉大工程必須以人民為中心，必須堅持人民主體地位，堅持立黨為公、執政為民，踐行全心全意為人民服務的根本宗旨，把黨的群眾路線貫徹到治國理政全部活動之中，把人民對美好生活的嚮往作為奮鬥目標，依靠人民創造歷史偉業。明確這一點，對於我們全面加強新時代黨的建設偉大工程無疑是至關重要的。

　　「路漫漫其修遠兮，吾將上下而求索。」全黨同志一定要不忘初心，牢記使命，永遠保持謙虛、謹慎、不驕、不躁的作風，永遠保持艱苦奮鬥的作風，勇於變革、勇於創新，永不僵化、永不停滯，繼續在這場歷史性考試中經受考驗，努力向歷史、向人民交出新的更加優異的答卷！

---

1 習近平：《在慶祝全國人民代表大會成立 60 周年大會上的講話》，人民出版社 2014 年版，第 12 頁。

第五章

「四個自信」：當代中國共產黨人的精神面貌

　　當今世界，要說哪個政黨、哪個國家、哪個民族能夠自信的話，那中國共產黨、中華人民共和國、中華民族是最有理由自信的。全黨要堅定道路自信、理論自信、制度自信、文化自信。有了「自信人生二百年，會當水擊三千里」的勇氣，我們就能毫無畏懼面對一切困難和挑戰，就能堅定不移開闢新天地、創造新奇跡。全黨同志必須牢記，我們要建設的是中國特色社會主義，而不是其他什麼主義。歷史沒有終結，也不可能被終結。中國特色社會主義是不是好，要看事實，要看中國人民的判斷，而不是看那些戴著有色眼鏡的人的主觀臆斷。中國共產黨人和中國人民完全有信心為人類對更好社會制度的探索提供中國方案。

　　堅持不忘初心，牢記使命，就要堅持中國特色社會主義道路自信、理論自信、制度自信、文化自信，堅持黨的基本路線不動搖，不斷把中國特色社會主義偉大事業推向前進。

第一節　「四個自信」的時代價值

不忘初心，牢記使命，就是要堅持「四個自信」。「四個自信」來源於中國革命、建設和改革的偉大實踐，是歷史和時代賦予我們應有的精神狀態。

第一，「四個自信」重振了鴉片戰爭以來中華民族的自信與自豪。鴉片戰爭以來，曾經「泱泱大國」的中華民族的自信心被列強打擊成「一地雞毛」。隨著中國這個世界上最大的發展中國家迅速擺脫貧困並躍升為世界第二大經濟體，迅速重新走向世界舞臺的中央，中國的經濟社會發展距離中華民族復興的目標，從來沒有像今天這樣接近過；中華民族對自己近代以來艱難探索所形成的中國道路、中國理論、中國制度，以及作為幾千年積澱下來的民族精神、心理支撐的中國文化，也從來沒有像今天這樣自信過；近代以來中華民族對自己的民族和國家，從來沒有像今天這樣充滿了自信和自豪。

第二，「四個自信」堅定了中華民族對中國特色社會主義道路上實現中國夢的矢志不移的信念。首先，它拂去塵埃，扭轉困局。改革開放以來，國內外對中國特色社會主義的懷疑、質疑、否定聲從來就沒有停息過。「四個自信」告訴我們和世界，中國已經發展到今天這樣的程度，任何對中國特色社會主義的懷疑、質疑、否定都是已經過時的，經不住實踐檢驗的。歷史已經發展到該中華民族「四個自信」的時候了。其次，堅定信念，推動前進。我們應該毫不動搖地堅持並推進中國道路、中國探索、中國創造，不斷開闢中國特色社會主義新

境界，堅定在中國特色社會主義道路上實現中華民族復興的信念。中國特色社會主義不斷取得的重大成就，意味著近代以來久經磨難的中華民族實現了從站起來、富起來到強起來的歷史性飛躍。

第三，「四個自信」把中國特色社會主義的理論與實踐推向一個新階段。首先，長期以來馬克思主義政黨對社會主義內涵的認識，總體上局限於「理論、運動、制度三者統一」的大框架內，而「四個自信」突破了這一邏輯框架，這是我們黨對中國特色社會主義認識的重大突破，也是對科學社會主義內涵具有原創性的重大突破。其次，「四個自信」把對中國特色社會主義的道路、理論、制度自信昇華到一個民族「最深層的精神追求」「價值理念」，民族文化的「獨特創造」「鮮明特色」的精神和哲學高度，使中國特色社會主義的發展有了至高境界精神力量。最後，「四個自信」是對中國特色社會主義的集中歸結和精神濃縮。「四個自信」濃縮、概括了中國特色社會主義的最基本的核心內涵，並賦予它信念與信仰的精神動力。這是中國共產黨對「三大規律」認識的進一步深化。

第四，「四個自信」激勵中華民族砥礪前行，為人類文明發展提供精神指引並探索更好的道路。「四個自信」不僅具有民族的意義，而且具有開闢人類文明發展道路的世界意義。世界進入後現代化時代，各類全球性問題困擾並威脅人類的命運。20 世紀 70 年代，歷史學家湯因比在對人類各種文明進行比較後得出，人類不能再像過去的帝國那樣依靠武力來統一，也絕對不可能依靠西方的民主制度來實現統一，人類的希望在東方，中國文明將為未來世界轉型和 21 世紀人類社會提供無盡的文化寶藏和思想資源。習近平總書記提出：「要推動中華文明創造性轉化、創新性發展，啟動其生命力，讓中華文明同各

國人民創造的多彩文明一道，為人類提供正確精神指引。」「為人類對更好社會制度的探索提供中國方案。」

　　第五，「四個自信」引領國際共產主義運動走向復興方面凸顯中國貢獻。蘇東劇變，世界共產主義運動遭受重大挫折，國際國內一些人懷疑、動搖乃至拋棄了對馬克思主義的信仰。「中國道路」「中國模式」「中國經驗」，就是在馬克思主義指導下在科學社會主義道路上發展中國、富強中國、復興中國的道路、模式和經驗。始終「不忘初心」，以馬克思主義為自己行動指南的中國共產黨 70 年社會主義建設的成就，已經證明了馬克思主義歷久彌堅的真理力量，已經把國際共產主義運動推向一個新境界，並貢獻了中國智慧；待到中國共產黨人和中國人民「為人類對更好社會制度的探索提供中國方案」並得到世界廣泛學習之時，就是國際共產主義運動步入新階段的歷史時刻，就是中國共產黨對國際共產主義事業做出歷史性貢獻的時刻。中國特色社會主義和「四個自信」，將在把中國特色社會主義偉大事業、從而也就是把國際共產主義運動推進到一個新階段的同時，在世界範圍重顯馬克思主義、共產主義的真理光輝，重塑對馬克思主義和共產主義的廣泛信仰。

第二節　「四個自信」的豐富內涵與深化完善

　　習近平總書記提出「四個自信」，不僅在原來講的「三個自信」基礎上補充了「文化自信」，而且使「四個自信」成為一種內涵豐富、內容精深的系統化理論。

關於堅持「四個自信」的內在原因，習近平總書記在慶祝中國共產黨成立 95 周年大會上的重要講話中指出：「當今世界，要說哪個政黨、哪個國家、哪個民族能夠自信的話，那中國共產黨、中華人民共和國、中華民族是最有理由自信的。」[1] 我們黨之所以必須堅持中國特色社會主義「四個自信」最根本的原因就是「中國特色社會主義不是從天上掉下來的，是黨和人民歷盡千辛萬苦、付出巨大代價取得的根本成就。中國特色社會主義，既是我們必須不斷推進的偉大事業，又是我們開闢未來的根本保證」[2]。

2016 年 10 月 21 日，習近平總書記在紀念紅軍長征勝利 80 周年大會上的講話中對堅持「四個自信」的基本內涵進行了高度概括，他指出：我們要堅信，中國特色社會主義道路是實現社會主義現代化的必由之路，是指引中國人民創造自己美好生活的必由之路；中國特色社會主義理論體系是指導黨和人民沿著中國特色社會主義道路實現中華民族偉大復興的正確理論，是立於時代前沿、與時俱進的科學理論；中國特色社會主義制度是當代中國發展進步的根本制度保障，是具有鮮明中國特色、明顯制度優勢、強大自我完善能力的先進制度；中國特色社會主義文化積澱著中華民族最深層的精神追求，代表著中華民族獨特的精神標識，是中國人民勝利前行的強大精神力量。[3]

---

1 習近平：〈在慶祝中國共產黨成立 95 周年大會上的講話〉，《人民日報》2016 年 7 月 2 日。

2 習近平：《在紀念毛澤東同志誕辰 120 周年座談會上的講話》，人民出版社 2013 年版，第 14 頁。

3 習近平：《在紀念紅軍長征勝利 80 周年大會上的講話》，人民出版社 2016 年版第 13 頁。

　　2016 年 11 月 30 日，習近平總書記在中國文聯十大、中國作協九大開幕式上的講話中，對堅持「四個自信」的重要地位和作用進行了論述。他指出：「實現中華民族偉大復興，必須堅定中國特色社會主義道路自信、理論自信、制度自信、文化自信」；「堅定文化自信，是事關國運興衰、事關文化安全、事關民族精神獨立性的大問題」[1]。

　　2017 年 7 月 26 日，習近平總書記在省部級主要領導幹部專題研討班上的重要講話中，對堅持「四個自信」的目標任務進行了深刻論述。他強調要通過「牢固樹立中國特色社會主義道路自信、理論自信、制度自信、文化自信」「確保黨和國家事業始終沿著正確方向勝利前進」，「決勝全面建成小康社會，奪取中國特色社會主義偉大勝利，為實現中華民族偉大復興的中國夢不懈奮鬥」。

　　習近平總書記在十九大報告中不僅強調堅定道路自信、理論自信、制度自信、文化自信，並且指出，要堅定文化自信，推動社會主義文化繁榮興盛。沒有高度的文化自信，沒有文化的繁榮興盛，就沒有中華民族偉大復興。要堅持中國特色社會主義文化發展道路，激發全民族文化創新創造活力，建設社會主義文化強國。

　　總之，「四個自信」作為中國共產黨創新理論的一個重要成果，作為習近平新時代中國特色社會主義思想的重要內容，必將隨著我們黨領導中國特色社會主義事業的不斷發展而繼續豐富和發展。

---

1 習近平：〈在中國文聯十大、中國作協九大開幕式上的講話〉，《人民日報》2016 年 12 月 1 日。

第三節　關於道路自信

中國特色社會主義道路，是中國共產黨堅持把馬克思主義與中國實際相結合，探索出的一條實現了社會主義與市場經濟的有機結合，極大提升了生產力，通向中華民族偉大復興的光明大道。這條道路是基於中國國情的獨創，沒有照搬他國的模式和經驗，是中華民族走向復興之路，也是人類文明發展之路。中國共產黨精神，強化了對中國特色社會主義道路的自信；中國特色社會主義道路的自信，增添了中國共產黨的精神動力。

一、道路自信的基礎

第一，道路自信是在改革開放 40 多年的偉大實踐中走出來的。經過 40 多年的改革開放，我國的經濟建設和社會發展已取得了巨大成就，勝利地實現了現代化建設的前兩步戰略目標，生產力水準上了一個大臺階。但是我們也要看到我國仍然處於「三個沒有變」的階段：我國基本國情沒有變；現階段我國社會主要矛盾沒有變；我國是世界上最大發展中國家的國際地位沒有變。因此在當今國際國內形勢發生深刻變化、我國改革發展穩定面臨大好機遇和嚴峻挑戰的條件下，我們必須毫不動搖地走黨和人民在長期實踐中開闢出來的正確道路，必須堅持和發展中國特色社會主義，牢牢把握我國發展前進的正確方向。

第二，道路自信是在中華人民共和國成立 70 年的持續探索中走

出來的。經過這些年的探索，我們對中國特色社會主義道路的認識已經比之前清楚了很多，目前，我們黨對什麼是中國特色社會主義、怎樣建設中國特色社會主義的問題的認識找到了規律。從自己的實際出發，走中國特色社會主義道路，既吸收借鑑別國有益的做法為我所用，又不照搬照抄別國的方法，不盲從別國的路子，要始終堅持以我為主，這就是我國目前和今後的道路。這是一條康莊大道，只要堅定不移地按照科學發展的思路和方法走下去，國家的繁榮富強、民族的偉大復興、人民的幸福富裕生活等目標都一定會順利達到，道路自信的信念就會越來越堅定。

第三，道路自信是對近代以來 170 多年中華民族發展歷程的深刻總結中走出來的。1840 年以來，無數仁人志士革命先烈救亡圖存，追尋中華民族偉大復興的步伐就從未停止。而自從 1921 年以後有了中國共產黨，中國共產黨又成功找到了馬克思主義真理，中國革命形勢發生翻天覆地的巨大變化。在歷史的進程中，中國共產黨肩負起民族獨立和人民解放的歷史重任，開創社會主義新中國，走出了一條中國特色的社會主義強國之路，成為中華民族發展和自強的領導核心。特別是改革開放 40 多年來，在中國共產黨的堅強領導下，國家綜合國力日益強大，國際地位不斷提升，民族復興之路也越走越寬廣，展示了中華民族前所未有的光明前景。實踐證明，中國共產黨是中國革命和建設的當之無愧的領導者，是開啟中國現代化建設和改革開放航程的領航者，是中國特色社會主義事業的堅強領導核心。在當代中國，只有堅持中國共產黨的領導，才能保證國家走向繁榮富強的道路不動搖，才有能力組織起廣大的民眾朝著中國特色社會主義事業的目標奮進。

二、道路自信的內涵

　　道路自信，是對建設中國特色社會主義偉大事業實現途徑的自信，是對堅持走社會主義道路的自信。這樣的自信是經過歷史和實踐檢驗的，這樣的道路不是封閉僵化的老路，也不是改旗易幟的邪路。我們對中國特色社會主義道路的自信，並不是心理上的自負，也不是行為上的浮誇，而是這條路是復興中華文明的正確道路；中國特色社會主義的道路自信，是整個中國形成對中國特色社會主義道路的自覺和自信。其主要內容應包括：第一，堅信中國特色社會主義道路是唯一正確的道路、是引領中國繼續發展的唯一正確的道路，也是實現中華民族偉大復興的必由之路。近代以來，中國人民在救國道路的選擇上百般求索：改良主義、自由主義、無政府主義，屢試屢敗；「洋務夢」「立憲夢」「變法夢」，夢夢皆空。唯有中國共產黨的領導和中國特色社會主義道路，徹底扭轉了中華民族的命運。黨的十八大報告指出，道路關乎黨的命脈，關乎國家前途、民族命運、人民幸福。在中國建設社會主義，是必須立足於中國的國情的，走出一條適合自己發展的道路，這樣的中國特色社會主義道路，不同於西方的資本主義制度，也不是照搬照抄其他國家的經驗，而是考慮中國的國情與馬克思主義相結合的。經過黨的不斷實踐和探索，找到了適合中國發展的道路，並取得了輝煌的成就。中國特色社會主義道路自信，就是對這一發展道路過程中成果的肯定，中國社會主義建設、國家翻天覆地的變化，也充分地證實了這條第一無二的道路是適合中國發展的，這條道路是正確的。

　　第二，堅信中國特色社會主義道路既有獨特性，同時又包含著

豐富人類文明的價值。中國共產黨探索的這條道路，既不同于蘇聯模式的高度集中，又不同於西方的資本主義，對於中國這樣一個經濟文化落後的東方大國來說，顯然西方的資本主義制度、以蘇聯模式為代表的社會主義制度都是不適合中國的，這兩條道路都是行不通的。要改變舊中國積貧積弱、內憂外患的悲慘命運，實現民族振興、國家富強，就是只能探索自己的道路。中國共產黨人立足國情，總結國內外社會主義經驗，最終開闢出了一條能夠滿足全國人民需要的強國之路。正是這樣的道路，我們黨的改革開放取得了矚目的成就，社會物質文化日益發展，人民的生活水準逐漸提高，我國的綜合國力也在逐漸增強。這是中國特色社會主義道路獨具的優勢，這也是我們應該堅持的原因。同時，這條具有中國特色的社會主義道路還有著豐富人類文明的價值，這是一條和平開放的道路，是符合世界和平發展的主題的。中國特色社會主義道路豐富了社會主義的發展道路，為世界各國的發展提供了寶貴的借鑑意義。

第四節　關於理論自信

中國特色社會主義理論體系，是改革開放 40 多年成功實踐的理論結晶，凝結了幾代中國共產黨人帶領人民不懈探索實踐的智慧和心血。堅持中國特色社會主義理論體系，就是堅持馬克思主義、堅持科學社會主義。在中國共產黨精神激勵下，我們經過艱辛探索，創立了中國特色社會主義理論體系，極大增強了我們的精神力量；中國特色社會主義理論體系指導我們從勝利走向勝利，進一步豐富和發展了中國共

產黨精神。

一、理論發展的階段

「理論自信」這一概念，內涵主要是指一個政黨對自身理論價值的充分肯定，以及對自身理論發展和未來實踐目標的前景抱有堅定的信心、必勝的信念。放眼今天的中國，就是指中國共產黨對中國特色社會主義理論的真理性和引導中國夢的必然實現性要有堅定的立場和充分的自信，並要求全黨、全國人民堅定對這一理論必定引導中國夢的實現，要抱有必勝的信心。理論是夢想和信仰理性的存在形態，從這個角度看，理論自信首先要解決的是一個黨、一個國家決心舉什麼旗、走什麼路的問題，也就是什麼是社會主義、怎樣建設社會主義的問題。毛澤東同志曾經說過，主義譬如一面旗幟，旗幟立起了，大家才有所指望，才知所趨赴。這裡的主義就是對一種夢想和信仰理性的認識和判斷。我們黨從誕生之日起，就信仰共產主義和社會主義的理想與美好夢想，高舉馬克思主義偉大旗幟；在新民主主義革命、社會主義革命和建設時期，高舉毛澤東思想的旗幟；在改革開放新時期，高舉鄧小平理論、「三個代表」重要思想和科學發展觀的旗幟。這樣，大家才對未來有了指望，人民群眾才有一個明確的中國特色社會主義的共同理想和趨向，為社會主義和共產主義的目標而奮鬥，為實現民族獨立和人民解放而奮鬥，為實現國家富強和人民幸福而奮鬥。在黨的十八大報告中明確指出：我們要堅定不移高舉中國特色社會主義偉大旗幟，既不走封閉僵化的老路，也不走改旗易幟的邪路。這就十分明確地表明了我們黨要帶領全中國人民，堅定不移地沿著中國特色社

會主義道路奮勇前進，努力實現中國夢。習近平總書記強調，實現中華民族的偉大復興的中國夢，「就是要實現國家富強、民族振興、人民幸福」。所以，旗幟就是夢想，就是方向，起著凝聚人心、統一思想的重要作用。黨的十八大的新思想、新觀點和新表述鮮明地展示了新時期我們黨的新形象，表明了我們黨和國家新時期舉什麼旗幟、走什麼路、用什麼理論指導新的實踐、建設什麼樣的黨、怎樣建設黨、向什麼目標邁進等一系列關乎黨和國家發展全域的重大問題。這對於引導當代中國發展方向、凝聚人心、集聚正能量、全面推進中國特色社會主義偉大事業、逐步實現中國夢，具有現實意義和深遠的歷史意義。中國共產黨98年的奮鬥實踐充分證明，沒有馬克思主義的指導，沒有毛澤東思想和中國特色社會主義理論體系的指導，我們的革命、建設和改革事業就不可能取得成功。黨的十八大報告中鮮明地提出了道路自信、理論自信、制度自信的時代命題，在這三個自信中，堅持什麼樣的道路和制度，是一個政治立場的問題，而政治立場往往取決於自身的信仰。在當下，堅定中國特色社會主義理論和實現中國夢的自信，是中國共產黨信仰的理論形態在當代中國的具體體現。它要求全黨、全國人民堅定自己的信仰，從根本上解決了舉什麼旗的問題，是明確道路、建立制度的根本前提。中國特色社會主義理論體系作為我們的行動指南，中國夢作為我們奮鬥的目標，正確回答了我們要以什麼樣的理論為指導、我們要向什麼目標前進的重大問題，也就是實現什麼樣的發展、怎樣發展的問題，對於中國特色社會主義的道路和制度起著指導作用。圍繞著中國特色社會主義旗幟和中華民族偉大復興的中國夢，我們的道路才能不斷開拓，制度才能不斷完善，理論才能不斷發展。可以說，理論自信是最基本的自信，是自信的靈魂所

在，是道路自信和制度自信的思想、夢想和信仰的基礎，三者統一於中國特色社會主義的偉大實踐。

二、理論自信的內涵

中國共產黨是根據馬克思主義學說，經過自身的探索，所建立起來的政黨。中國共產黨成立 98 年來，我們黨形成了習近平新時代中國特色的社會主義思想，並從思想理論層面上保證我們黨成為中國革命、建設、改革的堅強領導核心，保證黨和國家事業不斷地取得突破性的勝利。而理論自信，就是要相信習近平新時代中國特色社會主義思想獨有的特色和優勢。

第一，堅信習近平新時代中國特色社會主義思想的根本宗旨、政治綱領、黨的性質始終沒有改變，並且保證黨的建設路線始終保持在正確的軌道上。黨在不同的歷史時期，都會有著不同的階段性奮鬥目標，也會採取不一樣的應對方法，但是黨始終堅持根本宗旨和政治綱領不動搖。與此相聯繫，黨在各個時期都有著不同的歷史任務，但都能根據相應歷史時期的發展特徵與形勢，提出黨的建設發展的新目標和要求，努力使黨的建設與黨的歷史任務緊密結合。而這兩者之間的緊密聯繫和結合，是黨的建設的最重要的規律之一。這樣的規律也使得黨的建設理論對黨的建設發揮了一定的指導作用，也使得黨的理論在實踐中不斷地豐富和發展。

第二，堅信習近平新時代中國特色社會主義思想是堅持「以人民為中心的發展思想」的。人民的需求和期待為出發點的，堅持建設社會主義的力量是來源於人民的觀念，並能一直保持旺盛的生命力。我

們黨根植於人民群眾，我們黨的理論也同樣根植於人民群眾之中，自建黨以來，黨始終以人民的利益與訴求為準則，堅持對人民有利的部分，摒棄和改正人民所不滿意的部分，總之，黨的建設就是以人民的利益為先的，黨和人民的關係問題也是黨的作風建設的核心。十八大以來，黨以改進作風建設為突破，堅持全年推進從嚴治黨，在全黨開展黨的群眾路線教育實踐活動，密切黨同群眾之間的聯繫，為黨的建設提供了重要的力量，也為實現「兩個一百年」奮鬥目標和中華民族偉大復興夢提供了強大的力量。

第三，堅信習近平新時代中國特色社會主義思想是我們的行動指南。習近平新時代中國特色社會主義思想從理論和實踐結合上系統回答新時代堅持和發展什麼樣的中國特色社會主義、怎樣堅持和發展中國特色社會主義的基本理論問題，科學內涵包括新時代堅持和發展中國特色社會主義的總目標、總任務、總體佈局、戰略佈局和發展方向、發展方式、發展動力、戰略步驟、外部條件、政治保證等基本問題，並根據新的實踐對經濟、政治、法治、科技、文化、教育、民生、民族、宗教、社會、生態文明、國家安全、國防和軍隊、「一國兩制」和祖國統一、統一戰線、外交、黨的建設等各方面做出理論創新，更好地堅持和發展中國特色社會主義，是全黨全國人民為實現中華民族偉大復興而奮鬥的行動指南。

第五節　關於制度自信

中國特色社會主義制度是在改革開放偉大實踐中經過不斷探索逐

步建構起來的，富有效率，能集中力量辦大事、辦成事，逐步定型的制度體系。中國特色社會主義制度不是抽象的，不是籠統的，而是具體的，是在經濟、政治、文化、社會等各個領域形成的一整套相互銜接、相互聯繫的制度體系。中國特色社會主義制度是當今中國發展進步的根本制度保障，集中體現了中國特色社會主義的特點和優勢，也是我們黨對世界社會主義發展做出的重大貢獻。中國共產黨精神激勵著人們不斷改革創新，促使中國特色社會主義制度愈加完善，進一步增強我們的制度自信；中國特色社會主義制度為中國共產黨精神成長進一步提供了制度保障。

一、制度自信的發展

自黨成立開始，建立美好的共產主義社會制度就已經被寫進了黨的綱領。98 年來，制度自覺和自信始終伴隨著中國革命、建設和改革的歷史進程，推動著中國特色社會主義偉大事業的開啟、發展和進步。正是因為有這樣的社會主義制度，黨才有了可以依靠的力量，帶領人民取得了新民主主義革命的勝利，並建立一個完全不同于專制封建社會的新中國。新中國成立後，黨帶領人民進行了社會主義建設，其間進行了社會主義改造，並確立了社會主義基本制度，為當代中國一切發展進步奠定了根本政治前提和制度基礎；此外，黨還帶領人民發展了中國特色社會主義道路，確立了以公有制為主體、多種所有制共同發展的社會主義經濟制度，這樣的分配方式也從初期的不平衡不協調，轉變為全面、協調、可持續的科學發展體制，並完全形成了一整套相互銜接、相互依存的中國特色社會主義制度體系，為中國特色

社會主義事業注入了強大生機和活力。

二、制度自信的內涵

　　中國的制度已經在社會主義革命、建設時期，得到了驗證。自改革開放以來，中國的經濟得以發展，人民群眾的物質文化生活水準、國家綜合國力和國際地位大幅度提升。這些成就足以證明「中國特色社會主義制度是當代中國發展進步的根本制度保障，是具有鮮明中國特色、明顯制度優勢、強大自我完善能力的先進制度」。第一，是對中國特色社會主義政治制度的自信。發展社會主義民主政治，建設社會主義政治文明，是全面建設小康社會的重要目標，是構建社會主義和諧社會的根本保證，也是建設中國特色社會主義的一個重要內容。「人民民主是社會主義的生命。沒有民主就沒有社會主義，就沒有社會主義的現代化，就沒有中華民族偉大復興。」[1]我國特色社會主義政治制度是人民代表大會制度、政治協商制度、多黨合作的政治制度、民族區域自治制度、基層群眾自治制度，無論哪一項政治制度都是立足本國國情的、以人民的利益為先的、保證人民當家做主的根本原則，這都是具有中國鮮明的特色的。實踐證明，只有扎根于本國土壤，綜合本國的國情和現狀而形成的政治制度才是最可靠最適用的。中國特色社會主義制度，是經過幾代人在中國的革命和建設中總結出來的，我國的政治制度能夠有效地保障每一個公民的權利和自由，保

---

1 習近平：《在慶祝全國人民代表大會成立 60 周年大會上的講話》，人民出版社2014 年版，第 7 頁。

證人民能夠廣泛地參與到國家治理中去；中國特色社會主義制度還能
夠保證民族的統一和團結，針對特別地區的情況制定獨有的制度，很
好地促進了地區間的和平，以及地區對國家的信任和支持；此外，中
國特色社會主義政治制度還有力地維護了國家的獨立自主和國家主權
完整，給人民帶來穩定的生活環境和美好的生活。因此，可以說「中
國社會主義民主政治具有強大生命力，中國特色社會主義政治發展道
路是符合中國國情、保證人民當家作主的正確道路」。這也是中國特
色社會主義制度的優越性所在。

　　第二，對中國特色社會主義經濟制度的自信。我國的經濟制度是
以公有制為主、多種所有制共同發展。這一制度，也是由我國的國情
所決定的，不是照搬他國的經濟制度，也不是模仿來的。社會主義公
有制的產生和發展是符合社會化生產要求的，順應生產力和社會經濟
發展的趨勢，公有制經濟作為社會主義現代化建設的支柱，是國家經
濟的重要來源，可以說，沒有公有制的主體地位，就少了一份社會主
義現代化建設的重要依靠力量。

　　第三，對中國特色社會主義各項制度的自信。中國特色社會主義
制度，是在黨團結帶領全國各族人民推進中國特色社會主義偉大事業
進程中，不斷建構和完善起來的，是符合中國國情的制度，經過改革
開放 40 多年的不懈努力，中國特色社會主義制度正不斷完善，逐步成
型。中國特色社會主義制度呈現出蓬勃的生機和活力。

第六節 關於文化自信

中國特色社會主義文化是反映先進生產力發展規律及其成果的文化，是源於人民大眾實踐又為人民大眾服務的文化，是繼承人類優秀精神成果的文化，具有科學性、時代性和民族性。中國特色社會主義文化，源自中華民族 5000 多年文明歷史所孕育的中華優秀傳統文化，熔鑄於黨領導人民在革命、建設、改革中創造的革命文化和社會主義先進文化，植根於中國特色社會主義偉大實踐。增強中國特色社會主義文化的吸引力和感召力，是中國共產黨領導人民全面建成小康社會、開創新時代中國特色社會主義事業新局面的必然要求。中國共產黨精神引領中國特色社會主義文化發展，增強中國特色社會主義文化自信，就進一步增添了中國共產黨精神動力。

一、文化自信的提出

黨的十八大以來，習近平總書記在多個會議上反復地強調過文化自信的重要性，並以這種方式將他的文化觀和文化理念傳遞給全國人民。「文明特別是思想文化是一個國家、一個民族的靈魂。無論哪一個國家、哪一個民族，如果不珍惜自己的思想文化，丟掉了思想文化這個靈魂，這個國家、這個民族是立不起來的」，因為中國優秀傳統文化，「可以為治國理政提供有益啟示，也可以為道德建設提供有益啟發」，「只有堅持從歷史走向未來，從延續民族文化血脈中開拓前

進，我們才能做好今天的事業」，「沒有文明的繼承和發展，沒有文化的弘揚和繁榮，就沒有中國夢的實現」[1]。基於文化自信對中國發展的重要性，在 2014 年 2 月 24 日的中央政治局第十三次集體學習中，習近平總書記提出要「增強文化自信和價值觀自信」。之後的兩年間，習近平總書記又對此有過多次論述：「增強文化自覺和文化自信，是堅定道路自信、理論自信、制度自信的題中應有之義。」「中國有堅定的道路自信、理論自信、制度自信，其本質是建立在 5000 多年文明傳承基礎上的文化自信。」[2] 2016 年 5 月和 6 月，習近平總書記又連續兩次對「文化自信」加以強調，指出「我們要堅定中國特色社會主義道路自信、理論自信、制度自信，說到底是要堅持文化自信」；要引導黨員特別是領導幹部「堅定中國特色社會主義道路自信、理論自信、制度自信、文化自信」。2016 年 7 月 1 日，慶祝中國共產黨成立 95 周年大會上，習近平總書記指出：「我們要堅持道路自信、理論自信、制度自信，最根本的還有一個文化自信。」同時闡述了文化自信的概念：「文化自信，是更基礎、更廣泛、更深厚的自信。」[3] 2017 年 10 月，習近平總書記在黨的十九大報告中指出：「堅定文化自信，推動社會主義文化繁榮興盛。」[4] 其語氣更加堅定、語境更為莊嚴、觀

---

1 習近平：〈在紀念孔子誕辰 2565 周年國際學術研討會暨國際儒學聯合會第五屆會員大會開幕會上的講話〉，《人民日報》2014 年 9 月 25 日。
2 習近平：《在文藝工作座談會上的講話》，人民出版社 2015 年版，第 25 頁。
3 習近平：〈在慶祝中國共產黨成立 95 周年大會上的講話〉，《人民日報》2016 年 7 月 2 日。
4 習近平：〈決勝全面建成小康社會，奪取新時代中國特色社會主義偉大勝利〉，《人民日報》2017 年 10 月 28 日。

點更為鮮明、態度更為堅決，傳遞出這既是文化理念又是指導思想。文化自信自此以後成為繼道路自信、理論自信和制度自信後的中國特色社會主義道路上的「第四大自信」。

二、文化自信的內涵

文化自信是一個民族、一個國家以及一個政黨對自身文化價值的充分肯定和積極踐行，並對其文化的生命力持有堅定的信心。習近平總書記指出：「我們說要堅定中國特色社會主義道路自信、理論自信、制度自信，說到底是要堅定文化自信。文化自信是更基本、更深沉、更持久的力量。」[1] 我們應該堅信中國的傳統文化能夠給我們帶來巨大的能量。中華民族有著博大精深的優秀傳統文化，這樣的文化能夠讓中國人更加地有底氣，是我們最深厚的文化軟實力，是我們文化發展的母體，積澱著中華民族最深沉的精神追求。中華民族傳統文化中的精神有很多，艱苦奮鬥精神、精忠報國、革故鼎新等，這樣的精神激勵著一代又一代的中華優秀兒女立功建設，為社會發展做出自己的貢獻；還有一些像民為邦本、載舟覆舟等治國理念，一直以來都是中華民族治國理政的思想淵源。這些千百年傳承下來的思想理念，已經影響了世世代代的中華兒女，並逐漸成為大家的價值觀，成為中國人獨特的精神世界。我們的革命文化、社會主義先進文化等，都將成為中華民族文化中不可或缺的一個部分。革命文化具有的時代特徵，

---

1 習近平：《在哲學社會科學工作座談會上的講話》，人民出版社 2016 年版，第 17 頁。

脫胎于中華民族優秀文化傳統，又能夠在新形勢下進行再造，並成為推進文化建設的堅實基礎；我們的社會主義先進文化，是對中華民族優秀文化和紅色革命文化的繼承和發展，是運用馬克思主義指導下產生的再造文化，社會主義的先進文化在短短的幾十年社會主義實踐之中，創造了中國道路、中國模式，這是一種有生命的文化，也是體現人類文明發展進步方向的文化。

　　總之，自信是一種積極、健康、進取、向上而富有生機活力的情感、意識、態度與能力。一個擁有堅定自信的民族，才能獲得直面挑戰、迎難而上、戰勝風險、自立自強、攻堅克難、超越自我的強大內在能量，並以此激發全民創新、創造、創業的活力，聚集起強大的社會正能量，支撐起實現「兩個一百年」奮鬥目標、實現中華民族偉大復興中國夢的宏偉事業。

附錄

決勝全面建成小康社會奪取新時代中國特色社會主義偉大勝利

——在中國共產黨第十九次全國代表大會上的報告

（2017 年 10 月 18 日）習近平

同志們：

現在，我代表第十八屆中央委員會向大會作報告。中國共產黨第十九次全國代表大會，是在全面建成小康社會決勝階段、中國特色社會主義進入新時代的關鍵時期召開的一次十分重要的大會。

大會的主題是：不忘初心，牢記使命，高舉中國特色社會主義偉大旗幟，決勝全面建成小康社會，奪取新時代中國特色社會主義偉大勝利，為實現中華民族偉大復興的中國夢不懈奮鬥。

不忘初心，方得始終。中國共產黨人的初心和使命，就是為中國人民謀幸福，為中華民族謀復興。這個初心和使命是激勵中國共產黨人不斷前進的根本動力。全黨同志一定要永遠與人民同呼吸、共命運、心連心，永遠把人民對美好生活的嚮往作為奮鬥目標，以永不懈

息的精神狀態和一往無前的奮鬥姿態，繼續朝著實現中華民族偉大復興的宏偉目標奮勇前進。

當前，國內外形勢正在發生深刻複雜變化，我國發展仍處於重要戰略機遇期，前景十分光明，挑戰也十分嚴峻。全黨同志一定要登高望遠、居安思危，勇於變革、勇於創新，永不僵化、永不停滯，團結帶領全國各族人民決勝全面建成小康社會，奮力奪取新時代中國特色社會主義偉人勝利。

一、過去五年的工作和歷史性變革

十八大以來的五年，是黨和國家發展進程中極不平凡的五年。面對世界經濟復蘇乏力、局部衝突和動盪頻發、全球性問題加劇的外部環境，面對我國經濟發展進入新常態等一系列深刻變化，我們堅持穩中求進工作總基調，迎難而上，開拓進取，取得了改革開放和社會主義現代化建設的歷史性成就。

為貫徹十八大精神，黨中央召開七次全會，分別就政府機構改革和職能轉變、全面深化改革、全面推進依法治國、制定「十三五」規劃、全面從嚴治黨等重大問題作出決定和部署。五年來，我們統籌推進「五位一體」總體佈局、協調推進「四個全面」戰略佈局，「十二五」規劃勝利完成，「十三五」規劃順利實施，黨和國家事業全面開創新局面。

經濟建設取得重大成就。堅定不移貫徹新發展理念，堅決端正發展觀念、轉變發展方式，發展品質和效益不斷提升。經濟保持中高速增長，在世界主要國家中名列前茅，國內生產總值從五十四萬億元增

長到八十萬億元，穩居世界第二，對世界經濟增長貢獻率超過百分之三十。供給側結構性改革深入推進，經濟結構不斷優化，數位經濟等新興產業蓬勃發展，高鐵、公路、橋樑、港口、機場等基礎設施建設快速推進。農業現代化穩步推進，糧食生產能力達到一萬二千億斤。城鎮化率年均提高一點二個百分點，八千多萬農業轉移人口成為城鎮居民。區域發展協調性增強，「一帶一路」建設、京津冀協同發展、長江經濟帶發展成效顯著。創新驅動發展戰略大力實施，創新型國家建設成果豐碩，天宮、蛟龍、天眼、悟空、墨子、大飛機等重大科技成果相繼問世。南海島礁建設積極推進。開放型經濟新體制逐步健全，對外貿易、對外投資、外匯儲備穩居世界前列。

全面深化改革取得重大突破。蹄疾步穩推進全面深化改革，堅決破除各方面體制機制弊端。改革全面發力、多點突破、縱深推進，著力增強改革系統性、整體性、協同性，壓茬拓展改革廣度和深度，推出一千五百多項改革舉措，重要領域和關鍵環節改革取得突破性進展，主要領域改革主體框架基本確立。中國特色社會主義制度更加完善，國家治理體系和治理能力現代化水準明顯提高，全社會發展活力和創新活力明顯增強。

民主法治建設邁出重大步伐。積極發展社會主義民主政治，推進全面依法治國，黨的領導、人民當家作主、依法治國有機統一的制度建設全面加強，黨的領導體制機制不斷完善，社會主義民主不斷發展，黨內民主更加廣泛，社會主義協商民主全面展開，愛國統一戰線鞏固發展，民族宗教工作創新推進。科學立法、嚴格執法、公正司法、全民守法深入推進，法治國家、法治政府、法治社會建設相互促進，中國特色社會主義法治體系日益完善，全社會法治觀念明顯增強。

國家監察體制改革試點取得實效，行政體制改革、司法體制改革、權力運行制約和監督體系建設有效實施。

思想文化建設取得重大進展。加強黨對意識形態工作的領導，黨的理論創新全面推進，馬克思主義在意識形態領域的指導地位更加鮮明，中國特色社會主義和中國夢深入人心，社會主義核心價值觀和中華優秀傳統文化廣泛弘揚，群眾性精神文明創建活動扎實開展。公共文化服務水準不斷提高，文藝創作持續繁榮，文化事業和文化產業蓬勃發展，互聯網建設管理運用不斷完善，全民健身和競技體育全面發展。主旋律更加響亮，正能量更加強勁，文化自信得到彰顯，國家文化軟實力和中華文化影響力大幅提升，全黨全社會思想上的團結統一更加鞏固。

人民生活不斷改善。深入貫徹以人民為中心的發展思想，一大批惠民舉措落地實施，人民獲得感顯著增強。脫貧攻堅戰取得決定性進展，六千多萬貧困人口穩定脫貧，貧困發生率從百分之十點二下降到百分之四以下。教育事業全面發展，中西部和農村教育明顯加強。就業狀況持續改善，城鎮新增就業年均一千三百萬人以上。城鄉居民收入增速超過經濟增速，中等收入群體持續擴大。覆蓋城鄉居民的社會保障體系基本建立，人民健康和醫療衛生水準大幅提高，保障性住房建設穩步推進。社會治理體系更加完善，社會大局保持穩定，國家安全全面加強。

生態文明建設成效顯著。大力度推進生態文明建設，全黨全國貫徹綠色發展理念的自覺性和主動性顯著增強，忽視生態環境保護的狀況明顯改變。生態文明制度體系加快形成，主體功能區制度逐步健全，國家公園體制試點積極推進。全面節約資源有效推進，能源資源

消耗強度大幅下降。重大生態保護和修復工程進展順利，森林覆蓋率持續提高。生態環境治理明顯加強，環境狀況得到改善。引導應對氣候變化國際合作，成為全球生態文明建設的重要參與者、貢獻者、引領者。強軍興軍開創新局面。著眼于實現中國夢強軍夢，制定新形勢下軍事戰略方針，全力推進國防和軍隊現代化。召開古田全軍政治工作會議，恢復和發揚我黨我軍光榮傳統和優良作風，人民軍隊政治生態得到有效治理。國防和軍隊改革取得歷史性突破，形成軍委管總、戰區主戰、軍種主建新格局，人民軍隊組織架構和力量體系實現革命性重塑。加強練兵備戰，有效遂行海上維權、反恐維穩、搶險救災、國際維和、亞丁灣護航、人道主義救援等重大任務，武器裝備加快發展，軍事鬥爭準備取得重大進展。人民軍隊在中國特色強軍之路上邁出堅定步伐。

港澳臺工作取得新進展。全面準確貫徹「一國兩制」方針，牢牢掌握憲法和基本法賦予的中央對香港、澳門全面管治權，深化內地和港澳地區交流合作，保持香港、澳門繁榮穩定。堅持一個中國原則和「九二共識」，推動兩岸關係和平發展，加強兩岸經濟文化交流合作，實現兩岸領導人歷史性會晤。妥善應對臺灣局勢變化，堅決反對和遏制「臺獨」分裂勢力，有力維護臺海和平穩定。

全方位外交佈局深入展開。全面推進中國特色大國外交，形成全方位、多層次、立體化的外交佈局，為我國發展營造了良好外部條件。實施共建「一帶一路」倡議，發起創辦亞洲基礎設施投資銀行，設立絲路基金，舉辦首屆「一帶一路」國際合作高峰論壇、亞太經合組織領導人非正式會議、二十國集團領導人杭州峰會、金磚國家領導人廈門會晤、亞信峰會。宣導構建人類命運共同體，促進全球治理體系變

革。我國國際影響力、感召力、塑造力進一步提高,為世界和平與發展作出新的重大貢獻。

全面從嚴治黨成效卓著。全面加強黨的領導和黨的建設,堅決改變管黨治黨寬鬆軟狀況。推動全黨尊崇黨章,增強政治意識、大局意識、核心意識、看齊意識,堅決維護黨中央權威和集中統一領導,嚴明黨的政治紀律和政治規矩,層層落實管黨治黨政治責任。堅持照鏡子、正衣冠、洗洗澡、治治病的要求,開展黨的群眾路線教育實踐活動和「三嚴三實」專題教育,推進「兩學一做」學習教育常態化制度化,全黨理想信念更加堅定、黨性更加堅強。貫徹新時期好幹部標准,選人用人狀況和風氣明顯好轉。黨的建設制度改革深入推進,黨內法規制度體系不斷完善。把紀律挺在前面,著力解決人民群眾反映最強烈、對黨的執政基礎威脅最大的突出問題。出臺中央八項規定,嚴厲整治形式主義、官僚主義、享樂主義和奢靡之風,堅決反對特權。巡視利劍作用彰顯,實現中央和省級黨委巡視全覆蓋。堅持反腐敗無禁區、全覆蓋、零容忍,堅定不移「打虎」「拍蠅」「獵狐」,不敢腐的目標初步實現,不能腐的籠子越紮越牢,不想腐的堤壩正在構築,反腐敗鬥爭壓倒性態勢已經形成並鞏固發展。

五年來的成就是全方位的、開創性的,五年來的變革是深層次的、根本性的。五年來,我們黨以巨大的政治勇氣和強烈的責任擔當,提出一系列新理念新思想新戰略,出臺一系列重大方針政策,推出一系列重大舉措,推進一系列重大工作,解決了許多長期想解決而沒有解決的難題,辦成了許多過去想辦而沒有辦成的大事,推動黨和國家事業發生歷史性變革。這些歷史性變革,對黨和國家事業發展具有重大而深遠的影響。

　　五年來，我們勇於面對黨面臨的重大風險考驗和黨內存在的突出問題，以頑強意志品質正風肅紀、反腐懲惡，消除了黨和國家內部存在的嚴重隱患，黨內政治生活氣象更新，黨內政治生態明顯好轉，黨的創造力、凝聚力、戰鬥力顯著增強，黨的團結統一更加鞏固，黨群關係明顯改善，黨在革命性鍛造中更加堅強，煥發出新的強大生機活力，為黨和國家事業發展提供了堅強政治保證。

　　同時，必須清醒看到，我們的工作還存在許多不足，也面臨不少困難和挑戰。主要是：發展不平衡不充分的一些突出問題尚未解決，發展品質和效益還不高，創新能力不夠強，實體經濟水準有待提高，生態環境保護任重道遠；民生領域還有不少短板，脫貧攻堅任務艱巨，城鄉區域發展和收入分配差距依然較大，群眾在就業、教育、醫療、居住、養老等方面面臨不少難題；社會文明水準尚需提高；社會矛盾和問題交織疊加，全面依法治國任務依然繁重，國家治理體系和治理能力有待加強；意識形態領域鬥爭依然複雜，國家安全面臨新情況；一些改革部署和重大政策措施需要進一步落實；黨的建設方面還存在不少薄弱環節。這些問題，必須著力加以解決。

　　五年來的成就，是黨中央堅強領導的結果，更是全黨全國各族人民共同奮鬥的結果。我代表中共中央，向全國各族人民，向各民主黨派、各人民團體和各界愛國人士，向香港特別行政區同胞、澳門特別行政區同胞和臺灣同胞以及廣大僑胞，向關心和支援中國現代化建設的各國朋友，表示衷心的感謝！

　　同志們！改革開放之初，我們黨發出了走自己的路、建設中國特色社會主義的偉大號召。從那時以來，我們黨團結帶領全國各族人民不懈奮鬥，推動我國經濟實力、科技實力、國防實力、綜合國力進入

世界前列，推動我國國際地位實現前所未有的提升，黨的面貌、國家的面貌、人民的面貌、軍隊的面貌、中華民族的面貌發生了前所未有的變化，中華民族正以嶄新姿態屹立於世界的東方。經過長期努力，中國特色社會主義進入了新時代，這是我國發展新的歷史方位。中國特色社會主義進入新時代，意味著近代以來久經磨難的中華民族迎來了從站起來、富起來到強起來的偉大飛躍，迎來了實現中華民族偉大復興的光明前景；意味著科學社會主義在二十一世紀的中國煥發出強大生機活力，在世界上高高舉起了中國特色社會主義偉大旗幟；意味著中國特色社會主義道路、理論、制度、文化不斷發展，拓展了發展中國家走向現代化的途徑，給世界上那些既希望加快發展又希望保持自身獨立性的國家和民族提供了全新選擇，為解決人類問題貢獻了中國智慧和中國方案。

這個新時代，是承前啟後、繼往開來、在新的歷史條件下繼續奪取中國特色社會主義偉大勝利的時代，是決勝全面建成小康社會、進而全面建設社會主義現代化強國的時代，是全國各族人民團結奮鬥、不斷創造美好生活、逐步實現全體人民共同富裕的時代，是全體中華兒女勠力同心、奮力實現中華民族偉大復興中國夢的時代，是我國日益走近世界舞臺中央、不斷為人類作出更大貢獻的時代。

中國特色社會主義進入新時代，我國社會主要矛盾已經轉化為人民日益增長的美好生活需要和不平衡不充分的發展之間的矛盾。我國穩定解決了十幾億人的溫飽問題，總體上實現小康，不久將全面建成小康社會，人民美好生活需要日益廣泛，不僅對物質文化生活提出了更高要求，而且在民主、法治、公平、正義、安全、環境等方面的要求日益增長。同時，我國社會生產力水準總體上顯著提高，社會生

產能力在很多方面進入世界前列，更加突出的問題是發展不平衡不充分，這已經成為滿足人民日益增長的美好生活需要的主要制約因素。必須認識到，我國社會主要矛盾的變化是關係全域的歷史性變化，對黨和國家工作提出了許多新要求。我們要在繼續推動發展的基礎上，著力解決好發展不平衡不充分問題，大力提升發展品質和效益，更好滿足人民在經濟、政治、文化、社會、生態等方面日益增長的需要，更好推動人的全面發展、社會全面進步。

必須認識到，我國社會主要矛盾的變化，沒有改變我們對我國社會主義所處歷史階段的判斷，我國仍處於並將長期處於社會主義初級階段的基本國情沒有變，我國是世界最大發展中國家的國際地位沒有變。全黨要牢牢把握社會主義初級階段這個基本國情，牢牢立足社會主義初級階段這個最大實際，牢牢堅持黨的基本路線這個黨和國家的生命線、人民的幸福線，領導和團結全國各族人民，以經濟建設為中心，堅持四項基本原則，堅持改革開放，自力更生，艱苦創業，為把我國建設成為富強民主文明和諧美麗的社會主義現代化強國而奮鬥。

同志們！中國特色社會主義進入新時代，在中華人民共和國發展史上、中華民族發展史上具有重大意義，在世界社會主義發展史上、人類社會發展史上也具有重大意義。全黨要堅定信心、奮發有為，讓中國特色社會主義展現出更加強大的生命力！

二、新時代中國共產黨的歷史使命

一百年前，十月革命一聲炮響，給中國送來了馬克思列寧主義。中國先進分子從馬克思列寧主義的科學真理中看到了解決中國問題的

出路。在近代以後中國社會的劇烈運動中，在中國人民反抗封建統治和外來侵略的激烈鬥爭中，在馬克思列寧主義同中國工人運動的結合過程中，一九二一年中國共產黨應運而生。從此，中國人民謀求民族獨立、人民解放和國家富強、人民幸福的鬥爭就有了主心骨，中國人民就從精神上由被動轉為主動。

中華民族有五千多年的文明歷史，創造了燦爛的中華文明，為人類作出了卓越貢獻，成為世界上偉大的民族。鴉片戰爭後，中國陷入內憂外患的黑暗境地，中國人民經歷了戰亂頻仍、山河破碎、民不聊生的深重苦難。為了民族復興，無數仁人志士不屈不撓、前仆後繼，進行了可歌可泣的鬥爭，進行了各式各樣的嘗試，但終究未能改變舊中國的社會性質和中國人民的悲慘命運。

實現中華民族偉大復興是近代以來中華民族最偉大的夢想。中國共產黨一經成立，就把實現共產主義作為黨的最高理想和最終目標，義無反顧肩負起實現中華民族偉大復興的歷史使命，團結帶領人民進行了艱苦卓絕的鬥爭，譜寫了氣吞山河的壯麗史詩。

我們黨深刻認識到，實現中華民族偉大復興，必須推翻壓在中國人民頭上的帝國主義、封建主義、官僚資本主義三座大山，實現民族獨立、人民解放、國家統一、社會穩定。我們黨團結帶領人民找到了一條以農村包圍城市、武裝奪取政權的正確革命道路，進行了二十八年浴血奮戰，完成了新民主主義革命，一九四九年建立了中華人民共和國，實現了中國從幾千年封建專制政治向人民民主的偉大飛躍。

我們黨深刻認識到，實現中華民族偉大復興，必須建立符合我國實際的先進社會制度。我們黨團結帶領人民完成社會主義革命，確立社會主義基本制度，推進社會主義建設，完成了中華民族有史以來最

為廣泛而深刻的社會變革，為當代中國一切發展進步奠定了根本政治前提和制度基礎，實現了中華民族由近代不斷衰落到根本扭轉命運、持續走向繁榮富強的偉大飛躍。

我們黨深刻認識到，實現中華民族偉大復興，必須合乎時代潮流、順應人民意願，勇於改革開放，讓黨和人民事業始終充滿奮勇前進的強大動力。我們黨團結帶領人民進行改革開放新的偉大革命，破除阻礙國家和民族發展的一切思想和體制障礙，開闢了中國特色社會主義道路，使中國大踏步趕上時代。

九十六年來，為了實現中華民族偉大復興的歷史使命，無論是弱小還是強大，無論是順境還是逆境，我們黨都初心不改、矢志不渝，團結帶領人民歷經千難萬險，付出巨大犧牲，敢於面對曲折，勇於修正錯誤，攻克了一個又一個看似不可攻克的難關，創造了一個又一個彪炳史冊的人間奇跡。

同志們！今天，我們比歷史上任何時期都更接近、更有信心和能力實現中華民族偉大復興的目標。

行百里者半九十。中華民族偉大復興，絕不是輕輕鬆鬆、敲鑼打鼓就能實現的。全黨必須準備付出更為艱巨、更為艱苦的努力。

實現偉大夢想，必須進行偉大鬥爭。社會是在矛盾運動中前進的，有矛盾就會有鬥爭。我們黨要團結帶領人民有效應對重大挑戰、抵禦重大風險、克服重大阻力、解決重大矛盾，必須進行具有許多新的歷史特點的偉大鬥爭，任何貪圖享受、消極懈怠、回避矛盾的思想和行為都是錯誤的。全黨要更加自覺地堅持黨的領導和我國社會主義制度，堅決反對一切削弱、歪曲、否定黨的領導和我國社會主義制度的言行；更加自覺地維護人民利益，堅決反對一切損害人民利益、脫

離群眾的行為；更加自覺地投身改革創新時代潮流，堅決破除一切頑瘴痼疾；更加自覺地維護我國主權、安全、發展利益，堅決反對一切分裂祖國、破壞民族團結和社會和諧穩定的行為；更加自覺地防範各種風險，堅決戰勝一切在政治、經濟、文化、社會等領域和自然界出現的困難和挑戰。全黨要充分認識這場偉大鬥爭的長期性、複雜性、艱巨性，發揚鬥爭精神，提高鬥爭本領，不斷奪取偉大鬥爭新勝利。

實現偉大夢想，必須建設偉大工程。這個偉大工程就是我們黨正在深入推進的黨的建設新的偉大工程。歷史已經並將繼續證明，沒有中國共產黨的領導，民族復興必然是空想。我們黨要始終成為時代先鋒、民族脊梁，始終成為馬克思主義執政黨，自身必須始終過硬。全黨要更加自覺地堅定黨性原則，勇於直面問題，敢於刮骨療毒，消除一切損害黨的先進性和純潔性的因素，清除一切侵蝕黨的健康肌體的病毒，不斷增強黨的政治領導力、思想引領力、群眾組織力、社會號召力，確保我們黨永葆旺盛生命力和強大戰鬥力。

實現偉大夢想，必須推進偉大事業。中國特色社會主義是改革開放以來黨的全部理論和實踐的主題，是黨和人民歷盡千辛萬苦、付出巨大代價取得的根本成就。中國特色社會主義道路是實現社會主義現代化、創造人民美好生活的必由之路，中國特色社會主義理論體系是指導黨和人民實現中華民族偉大復興的正確理論，中國特色社會主義制度是當代中國發展進步的根本制度保障，中國特色社會主義文化是激勵全黨全國各族人民奮勇前進的強大精神力量。全黨要更加自覺地增強道路自信、理論自信、制度自信、文化自信，既不走封閉僵化的老路，也不走改旗易幟的邪路，保持政治定力，堅持實幹興邦，始終堅持和發展中國特色社會主義。

偉大鬥爭，偉大工程，偉大事業，偉大夢想，緊密聯繫、相互貫通、相互作用，其中起決定性作用的是黨的建設新的偉大工程。推進偉大工程，要結合偉大鬥爭、偉大事業、偉大夢想的實踐來進行，確保黨在世界形勢深刻變化的歷史進程中始終走在時代前列，在應對國內外各種風險和考驗的歷史進程中始終成為全國人民的主心骨，在堅持和發展中國特色社會主義的歷史進程中始終成為堅強領導核心。

同志們！使命呼喚擔當，使命引領未來。我們要不負人民重托、無愧歷史選擇，在新時代中國特色社會主義的偉大實踐中，以黨的堅強領導和頑強奮鬥，激勵全體中華兒女不斷奮進，凝聚起同心共築中國夢的磅礴力量！

三、新時代中國特色社會主義思想和基本方略

十八大以來，國內外形勢變化和我國各項事業發展都給我們提出了一個重大時代課題，這就是必須從理論和實踐結合上系統回答新時代堅持和發展什麼樣的中國特色社會主義、怎樣堅持和發展中國特色社會主義，包括新時代堅持和發展中國特色社會主義的總目標、總任務、總體佈局、戰略佈局和發展方向、發展方式、發展動力、戰略步驟、外部條件、政治保證等基本問題，並且要根據新的實踐對經濟、政治、法治、科技、文化、教育、民生、民族、宗教、社會、生態文明、國家安全、國防和軍隊、「一國兩制」和祖國統一、統一戰線、外交、黨的建設等各方面作出理論分析和政策指導，以利於更好堅持和發展中國特色社會主義。

圍繞這個重大時代課題，我們黨堅持以馬克思列寧主義、毛澤

東思想、鄧小平理論、「三個代表」重要思想、科學發展觀為指導，堅持解放思想、實事求是、與時俱進、求真務實，堅持辯證唯物主義和歷史唯物主義，緊密結合新的時代條件和實踐要求，以全新的視野深化對共產黨執政規律、社會主義建設規律、人類社會發展規律的認識，進行艱辛理論探索，取得重大理論創新成果，形成了新時代中國特色社會主義思想。

新時代中國特色社會主義思想，明確堅持和發展中國特色社會主義，總任務是實現社會主義現代化和中華民族偉大復興，在全面建成小康社會的基礎上，分兩步走在本世紀中葉建成富強民主文明和諧美麗的社會主義現代化強國；明確新時代我國社會主要矛盾是人民日益增長的美好生活需要和不平衡不充分的發展之間的矛盾，必須堅持以人民為中心的發展思想，不斷促進人的全面發展、全體人民共同富裕；明確中國特色社會主義事業總體佈局是「五位一體」、戰略佈局是「四個全面」，強調堅定道路自信、理論自信、制度自信、文化自信；明確全面深化改革總目標是完善和發展中國特色社會主義制度、推進國家治理體系和治理能力現代化；明確全面推進依法治國總目標是建設中國特色社會主義法治體系、建設社會主義法治國家；明確黨在新時代的強軍目標是建設一支聽黨指揮、能打勝仗、作風優良的人民軍隊，把人民軍隊建設成為世界一流軍隊；明確中國特色大國外交要推動構建新型國際關係，推動構建人類命運共同體；明確中國特色社會主義最本質的特徵是中國共產黨領導，中國特色社會主義制度的最大優勢是中國共產黨領導，黨是最高政治領導力量，提出新時代黨的建設總要求，突出政治建設在黨的建設中的重要地位。

新時代中國特色社會主義思想，是對馬克思列寧主義、毛澤東思

想、鄧小平理論、「三個代表」重要思想、科學發展觀的繼承和發展，是馬克思主義中國化最新成果，是黨和人民實踐經驗和集體智慧的結晶，是中國特色社會主義理論體系的重要組成部分，是全黨全國人民為實現中華民族偉大復興而奮鬥的行動指南，必須長期堅持並不斷發展。

全黨要深刻領會新時代中國特色社會主義思想的精神實質和豐富內涵，在各項工作中全面準確貫徹落實。

（一）堅持黨對一切工作的領導。黨政軍民學，東西南北中，黨是領導一切的。必須增強政治意識、大局意識、核心意識、看齊意識，自覺維護黨中央權威和集中統一領導，自覺在思想上政治上行動上同黨中央保持高度一致，完善堅持黨的領導的體制機制，堅持穩中求進工作總基調，統籌推進「五位一體」總體佈局，協調推進「四個全面」戰略佈局，提高黨把方向、謀大局、定政策、促改革的能力和定力，確保黨始終總攬全域、協調各方。

（二）堅持以人民為中心。人民是歷史的創造者，是決定黨和國家前途命運的根本力量。必須堅持人民主體地位，堅持立黨為公、執政為民，踐行全心全意為人民服務的根本宗旨，把黨的群眾路線貫徹到治國理政全部活動之中，把人民對美好生活的嚮往作為奮鬥目標，依靠人民創造歷史偉業。

（三）堅持全面深化改革。只有社會主義才能救中國，只有改革開放才能發展中國、發展社會主義、發展馬克思主義。必須堅持和完善中國特色社會主義制度，不斷推進國家治理體系和治理能力現代化，堅決破除一切不合時宜的思想觀念和體制機制弊端，突破利益固化的藩籬，吸收人類文明有益成果，構建系統完備、科學規範、運行

有效的制度體系，充分發揮我國社會主義制度優越性。

（四）堅持新發展理念。發展是解決我國一切問題的基礎和關鍵，發展必須是科學發展，必須堅定不移貫徹創新、協調、綠色、開放、共用的發展理念。必須堅持和完善我國社會主義基本經濟制度和分配制度，毫不動搖鞏固和發展公有制經濟，毫不動搖鼓勵、支持、引導非公有制經濟發展，使市場在資源配置中起決定性作用，更好發揮政府作用，推動新型工業化、資訊化、城鎮化、農業現代化同步發展，主動參與和推動經濟全球化進程，發展更高層次的開放型經濟，不斷壯大我國經濟實力和綜合國力。

（五）堅持人民當家作主。堅持黨的領導、人民當家作主、依法治國有機統一是社會主義政治發展的必然要求。必須堅持中國特色社會主義政治發展道路，堅持和完善人民代表大會制度、中國共產黨領導的多黨合作和政治協商制度、民族區域自治制度、基層群眾自治制度，鞏固和發展最廣泛的愛國統一戰線，發展社會主義協商民主，健全民主制度，豐富民主形式，拓寬民主管道，保證人民當家作主落實到國家政治生活和社會生活之中。

（六）堅持全面依法治國。全面依法治國是中國特色社會主義的本質要求和重要保障。必須把黨的領導貫徹落實到依法治國全過程和各方面，堅定不移走中國特色社會主義法治道路，完善以憲法為核心的中國特色社會主義法律體系，建設中國特色社會主義法治體系，建設社會主義法治國家，發展中國特色社會主義法治理論，堅持依法治國、依法執政、依法行政共同推進，堅持法治國家、法治政府、法治社會一體建設，堅持依法治國和以德治國相結合，依法治國和依規治黨有機統一，深化司法體制改革，提高全民族法治素養和道德素質。

（七）堅持社會主義核心價值體系。文化自信是一個國家、一個民族發展中更基本、更深沉、更持久的力量。必須堅持馬克思主義，牢固樹立共產主義遠大理想和中國特色社會主義共同理想，培育和踐行社會主義核心價值觀，不斷增強意識形態領域主導權和話語權，推動中華優秀傳統文化創造性轉化、創新性發展，繼承革命文化，發展社會主義先進文化，不忘本來、吸收外來、面向未來，更好構築中國精神、中國價值、中國力量，為人民提供精神指引。

（八）堅持在發展中保障和改善民生。增進民生福祉是發展的根本目的。必須多謀民生之利、多解民生之憂，在發展中補齊民生短板、促進社會公平正義，在幼有所育、學有所教、勞有所得、病有所醫、老有所養、住有所居、弱有所扶上不斷取得新進展，深入開展脫貧攻堅，保證全體人民在共建共用發展中有更多獲得感，不斷促進人的全面發展、全體人民共同富裕。建設平安中國，加強和創新社會治理，維護社會和諧穩定，確保國家長治久安、人民安居樂業。

（九）堅持人與自然和諧共生。建設生態文明是中華民族永續發展的千年大計。必須樹立和踐行綠水青山就是金山銀山的理念，堅持節約資源和保護環境的基本國策，像對待生命一樣對待生態環境，統籌山水林田湖草系統治理，實行最嚴格的生態環境保護制度，形成綠色發展方式和生活方式，堅定走生產發展、生活富裕、生態良好的文明發展道路，建設美麗中國，為人民創造良好生產生活環境，為全球生態安全作出貢獻。

（十）堅持總體國家安全觀。統籌發展和安全，增強憂患意識，做到居安思危，是我們黨治國理政的一個重大原則。必須堅持國家利益至上，以人民安全為宗旨，以政治安全為根本，統籌外部安全和內

部安全、國土安全和國民安全、傳統安全和非傳統安全、自身安全和共同安全，完善國家安全制度體系，加強國家安全能力建設，堅決維護國家主權、安全、發展利益。

（十一）堅持黨對人民軍隊的絕對領導。建設一支聽黨指揮、能打勝仗、作風優良的人民軍隊，是實現「兩個一百年」奮鬥目標、實現中華民族偉大復興的戰略支撐。必須全面貫徹黨領導人民軍隊的一系列根本原則和制度，確立新時代黨的強軍思想在國防和軍隊建設中的指導地位，堅持政治建軍、改革強軍、科技興軍、依法治軍，更加注重聚焦實戰，更加注重創新驅動，更加注重體系建設，更加注重集約高效，更加注重軍民融合，實現黨在新時代的強軍目標。

（十二）堅持「一國兩制」和推進祖國統一。保持香港、澳門長期繁榮穩定，實現祖國完全統一，是實現中華民族偉大復興的必然要求。必須把維護中央對香港、澳門特別行政區全面管治權和保障特別行政區高度自治權有機結合起來，確保「一國兩制」方針不會變、不動搖，確保「一國兩制」實踐不變形、不走樣。必須堅持一個中國原則，堅持「九二共識」，推動兩岸關係和平發展，深化兩岸經濟合作和文化往來，推動兩岸同胞共同反對一切分裂國家的活動，共同為實現中華民族偉大復興而奮鬥。

（十三）堅持推動構建人類命運共同體。中國人民的夢想同各國人民的夢想息息相通，實現中國夢離不開和平的國際環境和穩定的國際秩序。必須統籌國內國際兩個大局，始終不渝走和平發展道路、奉行互利共贏的開放戰略，堅持正確義利觀，樹立共同、綜合、合作、可持續的新安全觀，謀求開放創新、包容互惠的發展前景，促進和而不同、兼收並蓄的文明交流，構築尊崇自然、綠色發展的生態體系，

始終做世界和平的建設者、全球發展的貢獻者、國際秩序的維護者。

（十四）堅持全面從嚴治黨。勇於自我革命，從嚴管黨治黨，是我們黨最鮮明的品格。必須以黨章為根本遵循，把黨的政治建設擺在首位，思想建黨和制度治黨同向發力，統籌推進黨的各項建設，抓住「關鍵少數」，堅持「三嚴三實」，堅持民主集中制，嚴肅黨內政治生活，嚴明黨的紀律，強化黨內監督，發展積極健康的黨內政治文化，全面淨化黨內政治生態，堅決糾正各種不正之風，以零容忍態度懲治腐敗，不斷增強黨自我淨化、自我完善、自我革新、自我提高的能力，始終保持黨同人民群眾的血肉聯繫。

以上十四條，構成新時代堅持和發展中國特色社會主義的基本方略。全黨同志必須全面貫徹黨的基本理論、基本路線、基本方略，更好引領黨和人民事業發展。

實踐沒有止境，理論創新也沒有止境。世界每時每刻都在發生變化，中國也每時每刻都在發生變化，我們必須在理論上跟上時代，不斷認識規律，不斷推進理論創新、實踐創新、制度創新、文化創新以及其他各方面創新。

同志們！時代是思想之母，實踐是理論之源。只要我們善於聆聽時代聲音，勇於堅持真理、修正錯誤，二十一世紀中國的馬克思主義一定能夠展現出更強大、更有說服力的真理力量！

四、決勝全面建成小康社會，開啟全面建設社會主義現代化國家新征程

改革開放之後，我們黨對我國社會主義現代化建設作出戰略安

排，提出「三步走」戰略目標。解決人民溫飽問題、人民生活總體上達到小康水準這兩個目標已提前實現。在這個基礎上，我們黨提出，到建黨一百年時建成經濟更加發展、民主更加健全、科教更加進步、文化更加繁榮、社會更加和諧、人民生活更加殷實的小康社會，然後再奮鬥三十年，到新中國成立一百年時，基本實現現代化，把我國建成社會主義現代化國家。

從現在到二〇二〇年，是全面建成小康社會決勝期。要按照十六大、十七大、十八大提出的全面建成小康社會各項要求，緊扣我國社會主要矛盾變化，統籌推進經濟建設、政治建設、文化建設、社會建設、生態文明建設，堅定實施科教興國戰略、人才強國戰略、創新驅動發展戰略、鄉村振興戰略、區域協調發展戰略、可持續發展戰略、軍民融合發展戰略，突出抓重點、補短板、強弱項，特別是要堅決打好防範化解重大風險、精准脫貧、污染防治的攻堅戰，使全面建成小康社會得到人民認可、經得起歷史檢驗。

從十九大到二十大，是「兩個一百年」奮鬥目標的歷史交匯期。我們既要全面建成小康社會、實現第一個百年奮鬥目標，又要乘勢而上開啟全面建設社會主義現代化國家新征程，向第二個百年奮鬥目標進軍。

綜合分析國際國內形勢和我國發展條件，從二〇二〇年到本世紀中葉可以分兩個階段來安排。

第一個階段，從二〇二〇年到二〇三五年，在全面建成小康社會的基礎上，再奮鬥十五年，基本實現社會主義現代化。到那時，我國經濟實力、科技實力將大幅躍升，躋身創新型國家前列；人民平等參與、平等發展權利得到充分保障，法治國家、法治政府、法治社會基

本建成，各方面制度更加完善，國家治理體系和治理能力現代化基本實現；社會文明程度達到新的高度，國家文化軟實力顯著增強，中華文化影響更加廣泛深入；人民生活更為寬裕，中等收入群體比例明顯提高，城鄉區域發展差距和居民生活水準差距顯著縮小，基本公共服務均等化基本實現，全體人民共同富裕邁出堅實步伐；現代社會治理格局基本形成，社會充滿活力又和諧有序；生態環境根本好轉，美麗中國目標基本實現。

第二個階段，從二〇三五年到本世紀中葉，在基本實現現代化的基礎上，再奮鬥十五年，把我國建成富強民主文明和諧美麗的社會主義現代化強國。到那時，我國物質文明、政治文明、精神文明、社會文明、生態文明將全面提升，實現國家治理體系和治理能力現代化，成為綜合國力和國際影響力領先的國家，全體人民共同富裕基本實現，我國人民將享有更加幸福安康的生活，中華民族將以更加昂揚的姿態屹立於世界民族之林。

同志們！從全面建成小康社會到基本實現現代化，再到全面建成社會主義現代化強國，是新時代中國特色社會主義發展的戰略安排。我們要堅忍不拔、鍥而不捨，奮力譜寫社會主義現代化新征程的壯麗篇章！

五、貫徹新發展理念，建設現代化經濟體系

實現「兩個一百年」奮鬥目標、實現中華民族偉大復興的中國夢，不斷提高人民生活水準，必須堅定不移把發展作為黨執政興國的第一要務，堅持解放和發展社會生產力，堅持社會主義市場經濟改革方

向，推動經濟持續健康發展。

我國經濟已由高速增長階段轉向高品質發展階段，正處在轉變發展方式、優化經濟結構、轉換增長動力的攻關期，建設現代化經濟體系是跨越關口的迫切要求和我國發展的戰略目標。必須堅持品質第一、效益優先，以供給側結構性改革為主線，推動經濟發展品質變革、效率變革、動力變革，提高全要素生產率，著力加快建設實體經濟、科技創新、現代金融、人力資源協同發展的產業體系，著力構建市場機制有效、微觀主體有活力、宏觀調控有度的經濟體制，不斷增強我國經濟創新力和競爭力。

（一）深化供給側結構性改革。建設現代化經濟體系，必須把發展經濟的著力點放在實體經濟上，把提高供給體系品質作為主攻方向，顯著增強我國經濟品質優勢。加快建設製造強國，加快發展先進製造業，推動互聯網、大數據、人工智慧和實體經濟深度融合，在中高端消費、創新引領、綠色低碳、共用經濟、現代供應鏈、人力資本服務等領域培育新增長點、形成新動能。支持傳統產業優化升級，加快發展現代服務業，瞄準國際標準提高水準。促進我國產業邁向全球價值鏈中高端，培育若干世界級先進製造業集群。加強水利、鐵路、公路、水運、航空、管道、電網、資訊、物流等基礎設施網路建設。堅持去產能、去庫存、去杠杆、降成本、補短板，優化存量資源配置，擴大優質增量供給，實現供需動態平衡。激發和保護企業家精神，鼓勵更多社會主體投身創新創業。建設知識型、技能型、創新型勞動者大軍，弘揚勞模精神和工匠精神，營造勞動光榮的社會風尚和精益求精的敬業風氣。

（二）加快建設創新型國家。創新是引領發展的第一動力，是建

設現代化經濟體系的戰略支撐。要瞄準世界科技前沿，強化基礎研究，實現前瞻性基礎研究、引領性原創成果重大突破。加強應用基礎研究，拓展實施國家重大科技專案，突出關鍵共性技術、前沿引領技術、現代工程技術、顛覆性技術創新，為建設科技強國、品質強國、航天強國、網路強國、交通強國、數位中國、智慧社會提供有力支撐。加強國家創新體系建設，強化戰略科技力量。深化科技體制改革，建立以企業為主體、市場為導向、產學研深度融合的技術創新體系，加強對中小企業創新的支援，促進科技成果轉化。宣導創新文化，強化智慧財產權創造、保護、運用。培養造就一大批具有國際水準的戰略科技人才、科技領軍人才、青年科技人才和高水準創新團隊。

（三）實施鄉村振興戰略。農業農村農民問題是關係國計民生的根本性問題，必須始終把解決好「三農」問題作為全黨工作重中之重。要堅持農業農村優先發展，按照產業興旺、生態宜居、鄉風文明、治理有效、生活富裕的總要求，建立健全城鄉融合發展體制機制和政策體系，加快推進農業農村現代化。鞏固和完善農村基本經營制度，深化農村土地制度改革，完善承包地「三權」分置制度。保持土地承包關係穩定並長久不變，第二輪土地承包到期後再延長三十年。深化農村集體產權制度改革，保障農民財產權益，壯大集體經濟。確保國家糧食安全，把中國人的飯碗牢牢端在自己手中。構建現代農業產業體系、生產體系、經營體系，完善農業支持保護制度，發展多種形式適度規模經營，培育新型農業經營主體，健全農業社會化服務體系，實現小農戶和現代農業發展有機銜接。促進農村一二三產業融合發展，支持和鼓勵農民就業創業，拓寬增收管道。加強農村基層基礎工作，健全自治、法治、德治相結合的鄉村治理體系。培養造就一支懂農

業、愛農村、愛農民的「三農」工作隊伍。

（四）實施區域協調發展戰略。加大力度支持革命老區、民族地區、邊疆地區、貧困地區加快發展，強化舉措推進西部大開發形成新格局，深化改革加快東北等老工業基地振興，發揮優勢推動中部地區崛起，創新引領率先實現東部地區優化發展，建立更加有效的區域協調發展新機制。以城市群為主體構建大中小城市和小城鎮協調發展的城鎮格局，加快農業轉移人口市民化。以疏解北京非首都功能為「牛鼻子」推動京津冀協同發展，高起點規劃、高標準建設雄安新區。以共抓大保護、不搞大開發為導向推動長江經濟帶發展。支持資源型地區經濟轉型發展。加快邊疆發展，確保邊疆鞏固、邊境安全。堅持陸海統籌，加快建設海洋強國。

（五）加快完善社會主義市場經濟體制。經濟體制改革必須以完善產權制度和要素市場化配置為重點，實現產權有效激勵、要素自由流動、價格反應靈活、競爭公平有序、企業優勝劣汰。要完善各類國有資產管理體制，改革國有資本授權經營體制，加快國有經濟佈局優化、結構調整、戰略性重組，促進國有資產保值增值，推動國有資本做強做優做大，有效防止國有資產流失。深化國有企業改革，發展混合所有制經濟，培育具有全球競爭力的世界一流企業。全面實施市場准入負面清單制度，清理廢除妨礙統一市場和公平競爭的各種規定和做法，支援民營企業發展，激發各類市場主體活力。深化商事制度改革，打破行政性壟斷，防止市場壟斷，加快要素價格市場化改革，放寬服務業准入限制，完善市場監管體制。創新和完善宏觀調控，發揮國家發展規劃的戰略導向作用，健全財政、貨幣、產業、區域等經濟政策協調機制。完善促進消費的體制機制，增強消費對經濟發展的基

礎性作用。深化投融資體制改革，發揮投資對優化供給結構的關鍵性作用。加快建立現代財政制度，建立權責清晰、財力協調、區域均衡的中央和地方財政關係。建立全面規範透明、標準科學、約束有力的預算制度，全面實施績效管理。深化稅收制度改革，健全地方稅體系。深化金融體制改革，增強金融服務實體經濟能力，提高直接融資比重，促進多層次資本市場健康發展。健全貨幣政策和宏觀審慎政策雙支柱調控框架，深化利率和匯率市場化改革。健全金融監管體系，守住不發生系統性金融風險的底線。

（六）推動形成全面開放新格局。開放帶來進步，封閉必然落後。中國開放的大門不會關閉，只會越開越大。要以「一帶一路」建設為重點，堅持引進來和走出去並重，遵循共商共建共用原則，加強創新能力開放合作，形成陸海內外聯動、東西雙向互濟的開放格局。拓展對外貿易，培育貿易新業態新模式，推進貿易強國建設。實行高水準的貿易和投資自由化便利化政策，全面實行准入前國民待遇加負面清單管理制度，大幅度放寬市場准入，擴大服務業對外開放，保護外商投資合法權益。凡是在我國境內註冊的企業，都要一視同仁、平等對待。優化區域開放佈局，加大西部開放力度。賦予自由貿易試驗區更大改革自主權，探索建設自由貿易港。創新對外投資方式，促進國際產能合作，形成面向全球的貿易、投融資、生產、服務網路，加快培育國際經濟合作和競爭新優勢。

同志們！解放和發展社會生產力，是社會主義的本質要求。我們要激發全社會創造力和發展活力，努力實現更高品質、更有效率、更加公平、更可持續的發展！

六、健全人民當家作主制度體系，發展社會主義民主政治

　　我國是工人階級領導的、以工農聯盟為基礎的人民民主專政的社會主義國家，國家一切權力屬於人民。我國社會主義民主是維護人民根本利益的最廣泛、最真實、最管用的民主。發展社會主義民主政治就是要體現人民意志、保障人民權益、激發人民創造活力，用制度體系保證人民當家作主。中國特色社會主義政治發展道路，是近代以來中國人民長期奮鬥歷史邏輯、理論邏輯、實踐邏輯的必然結果，是堅持黨的本質屬性、踐行黨的根本宗旨的必然要求。世界上沒有完全相同的政治制度模式，政治制度不能脫離特定社會政治條件和歷史文化傳統來抽象評判，不能定於一尊，不能生搬硬套外國政治制度模式。要長期堅持、不斷發展我國社會主義民主政治，積極穩妥推進政治體制改革，推進社會主義民主政治制度化、規範化、程式化，保證人民依法通過各種途徑和形式管理國家事務，管理經濟文化事業，管理社會事務，鞏固和發展生動活潑、安定團結的政治局面。

　　（一）堅持黨的領導、人民當家作主、依法治國有機統一。黨的領導是人民當家作主和依法治國的根本保證，人民當家作主是社會主義民主政治的本質特徵，依法治國是黨領導人民治理國家的基本方式，三者統一於我國社會主義民主政治偉大實踐。在我國政治生活中，黨是居於領導地位的，加強黨的集中統一領導，支持人大、政府、政協和法院、檢察院依法依章程履行職能、開展工作、發揮作用，這兩個方面是統一的。要改進黨的領導方式和執政方式，保證黨領導人民有效治理國家；擴大人民有序政治參與，保證人民依法實行民主選舉、民主協商、民主決策、民主管理、民主監督；維護國家法

制統一、尊嚴、權威，加強人權法治保障，保證人民依法享有廣泛權利和自由。鞏固基層政權，完善基層民主制度，保障人民知情權、參與權、表達權、監督權。健全依法決策機制，構建決策科學、執行堅決、監督有力的權力運行機制。各級領導幹部要增強民主意識，發揚民主作風，接受人民監督，當好人民公僕。

（二）加強人民當家作主制度保障。人民代表大會制度是堅持黨的領導、人民當家作主、依法治國有機統一的根本政治制度安排，必須長期堅持、不斷完善。要支持和保證人民通過人民代表大會行使國家權力。發揮人大及其常委會在立法工作中的主導作用，健全人大組織制度和工作制度，支持和保證人大依法行使立法權、監督權、決定權、任免權，更好發揮人大代表作用，使各級人大及其常委會成為全面擔負起憲法法律賦予的各項職責的工作機關，成為同人民群眾保持密切聯繫的代表機關。完善人大專門委員會設置，優化人大常委會和專門委員會組成人員結構。

（三）發揮社會主義協商民主重要作用。有事好商量，眾人的事情由眾人商量，是人民民主的真諦。協商民主是實現黨的領導的重要方式，是我國社會主義民主政治的特有形式和獨特優勢。要推動協商民主廣泛、多層、制度化發展，統籌推進政黨協商、人大協商、政府協商、政協協商、人民團體協商、基層協商以及社會組織協商。加強協商民主制度建設，形成完整的制度程式和參與實踐，保證人民在日常政治生活中有廣泛持續深入參與的權利。

人民政協是具有中國特色的制度安排，是社會主義協商民主的重要管道和專門協商機構。人民政協工作要聚焦黨和國家中心任務，圍繞團結和民主兩大主題，把協商民主貫穿政治協商、民主監督、參政

議政全過程，完善協商議政內容和形式，著力增進共識、促進團結。加強人民政協民主監督，重點監督黨和國家重大方針政策和重要決策部署的貫徹落實。增強人民政協界別的代表性，加強委員隊伍建設。

（四）深化依法治國實踐。全面依法治國是國家治理的一場深刻革命，必須堅持厲行法治，推進科學立法、嚴格執法、公正司法、全民守法。成立中央全面依法治國領導小組，加強對法治中國建設的統一領導。加強憲法實施和監督，推進合憲性審查工作，維護憲法權威。推進科學立法、民主立法、依法立法，以良法促進發展、保障善治。建設法治政府，推進依法行政，嚴格規範公正文明執法。深化司法體制綜合配套改革，全面落實司法責任制，努力讓人民群眾在每一個司法案件中感受到公平正義。加大全民普法力度，建設社會主義法治文化，樹立憲法法律至上、法律面前人人平等的法治理念。各級黨組織和全體黨員要帶頭尊法學法守法用法，任何組織和個人都不得有超越憲法法律的特權，絕不允許以言代法、以權壓法、逐利違法、徇私枉法。

（五）深化機構和行政體制改革。統籌考慮各類機構設置，科學配置黨政部門及內設機構權力、明確職責。統籌使用各類編制資源，形成科學合理的管理體制，完善國家機構組織法。轉變政府職能，深化簡政放權，創新監管方式，增強政府公信力和執行力，建設人民滿意的服務型政府。賦予省級及以下政府更多自主權。在省市縣對職能相近的黨政機關探索合併設立或合署辦公。深化事業單位改革，強化公益屬性，推進政事分開、事企分開、管辦分離。

（六）鞏固和發展愛國統一戰線。統一戰線是黨的事業取得勝利的重要法寶，必須長期堅持。要高舉愛國主義、社會主義旗幟，牢牢

把握大團結大聯合的主題，堅持一致性和多樣性統一，找到最大公約數，畫出最大同心圓。堅持長期共存、互相監督、肝膽相照、榮辱與共，支持民主黨派按照中國特色社會主義參政黨要求更好履行職能。全面貫徹黨的民族政策，深化民族團結進步教育，鑄牢中華民族共同體意識，加強各民族交往交流交融，促進各民族像石榴籽一樣緊緊抱在一起，共同團結奮鬥、共同繁榮發展。全面貫徹黨的宗教工作基本方針，堅持我國宗教的中國化方向，積極引導宗教與社會主義社會相適應。加強黨外知識份子工作，做好新的社會階層人士工作，發揮他們在中國特色社會主義事業中的重要作用。構建親清新型政商關係，促進非公有制經濟健康發展和非公有制經濟人士健康成長。廣泛團結聯繫海外僑胞和歸僑僑眷，共同致力於中華民族偉大復興。

同志們！中國特色社會主義政治制度是中國共產黨和中國人民的偉大創造。我們完全有信心、有能力把我國社會主義民主政治的優勢和特點充分發揮出來，為人類政治文明進步作出充滿中國智慧的貢獻！

七、堅定文化自信，推動社會主義文化繁榮興盛

文化是一個國家、一個民族的靈魂。文化興國運興，文化強民族強。沒有高度的文化自信，沒有文化的繁榮興盛，就沒有中華民族偉大復興。要堅持中國特色社會主義文化發展道路，激發全民族文化創新創造活力，建設社會主義文化強國。

中國特色社會主義文化，源自於中華民族五千多年文明歷史所孕育的中華優秀傳統文化，熔鑄于黨領導人民在革命、建設、改革中創

造的革命文化和社會主義先進文化，植根於中國特色社會主義偉大實踐。發展中國特色社會主義文化，就是以馬克思主義為指導，堅守中華文化立場，立足當代中國現實，結合當今時代條件，發展面向現代化、面向世界、面向未來的，民族的科學的大眾的社會主義文化，推動社會主義精神文明和物質文明協調發展。要堅持為人民服務、為社會主義服務，堅持百花齊放、百家爭鳴，堅持創造性轉化、創新性發展，不斷鑄就中華文化新輝煌。

（一）牢牢掌握意識形態工作領導權。意識形態決定文化前進方向和發展道路。必須推進馬克思主義中國化時代化大眾化，建設具有強大凝聚力和引領力的社會主義意識形態，使全體人民在理想信念、價值理念、道德觀念上緊緊團結在一起。要加強理論武裝，推動新時代中國特色社會主義思想深入人心。深化馬克思主義理論研究和建設，加快構建中國特色哲學社會科學，加強中國特色新型智庫建設。堅持正確輿論導向，高度重視傳播手段建設和創新，提高新聞輿論傳播力、引導力、影響力、公信力。加強互聯網內容建設，建立網路綜合治理體系，營造清朗的網路空間。落實意識形態工作責任制，加強陣地建設和管理，注意區分政治原則問題、思想認識問題、學術觀點問題，旗幟鮮明反對和抵制各種錯誤觀點。

（二）培育和踐行社會主義核心價值觀。社會主義核心價值觀是當代中國精神的集中體現，凝結著全體人民共同的價值追求。要以培養擔當民族復興大任的時代新人為著眼點，強化教育引導、實踐養成、制度保障，發揮社會主義核心價值觀對國民教育、精神文明創建、精神文化產品創作生產傳播的引領作用，把社會主義核心價值觀融入社會發展各方面，轉化為人們的情感認同和行為習慣。堅持全

民行動、幹部帶頭，從家庭做起，從娃娃抓起。深入挖掘中華優秀傳統文化蘊含的思想觀念、人文精神、道德規範，結合時代要求繼承創新，讓中華文化展現出永久魅力和時代風采。

（三）加強思想道德建設。人民有信仰，國家有力量，民族有希望。要提高人民思想覺悟、道德水準、文明素養，提高全社會文明程度。廣泛開展理想信念教育，深化中國特色社會主義和中國夢宣傳教育，弘揚民族精神和時代精神，加強愛國主義、集體主義、社會主義教育，引導人們樹立正確的歷史觀、民族觀、國家觀、文化觀。深入實施公民道德建設工程，推進社會公德、職業道德、家庭美德、個人品德建設，激勵人們向上向善、孝老愛親，忠於祖國、忠於人民。加強和改進思想政治工作，深化群眾性精神文明創建活動。弘揚科學精神，普及科學知識，開展移風易俗、弘揚時代新風行動，抵制腐朽落後文化侵蝕。推進誠信建設和志願服務制度化，強化社會責任意識、規則意識、奉獻意識。

（四）繁榮發展社會主義文藝。社會主義文藝是人民的文藝，必須堅持以人民為中心的創作導向，在深入生活、扎根人民中進行無愧於時代的文藝創造。要繁榮文藝創作，堅持思想精深、藝術精湛、制作精良相統一，加強現實題材創作，不斷推出謳歌黨、謳歌祖國、謳歌人民、謳歌英雄的精品力作。發揚學術民主、藝術民主，提升文藝原創力，推動文藝創新。宣導講品位、講格調、講責任，抵制低俗、庸俗、媚俗。加強文藝隊伍建設，造就一大批德藝雙馨名家大師，培育一大批高水準創作人才。

（五）推動文化事業和文化產業發展。滿足人民過上美好生活的新期待，必須提供豐富的精神食糧。要深化文化體制改革，完善文

化管理體制，加快構建把社會效益放在首位、社會效益和經濟效益相統一的體制機制。完善公共文化服務體系，深入實施文化惠民工程，豐富群眾性文化活動。加強文物保護利用和文化遺產保護傳承。健全現代文化產業體系和市場體系，創新生產經營機制，完善文化經濟政策，培育新型文化業態。廣泛開展全民健身活動，加快推進體育強國建設，籌辦好北京冬奧會、冬殘奧會。加強中外人文交流，以我為主、兼收並蓄。推進國際傳播能力建設，講好中國故事，展現真實、立體、全面的中國，提高國家文化軟實力。

同志們！中國共產黨從成立之日起，既是中國先進文化的積極引領者和踐行者，又是中華優秀傳統文化的忠實傳承者和弘揚者。當代中國共產黨人和中國人民應該而且一定能夠擔負起新的文化使命，在實踐創造中進行文化創造，在歷史進步中實現文化進步！

八、提高保障和改善民生水準，加強和創新社會治理

全黨必須牢記，為什麼人的問題，是檢驗一個政黨、一個政權性質的試金石。帶領人民創造美好生活，是我們黨始終不渝的奮鬥目標。必須始終把人民利益擺在至高無上的地位，讓改革發展成果更多更公平惠及全體人民，朝著實現全體人民共同富裕不斷邁進。

保障和改善民生要抓住人民最關心最直接最現實的利益問題，既盡力而為，又量力而行，一件事情接著一件事情辦，一年接著一年幹。堅持人人盡責、人人享有，堅守底線、突出重點、完善制度、引導預期，完善公共服務體系，保障群眾基本生活，不斷滿足人民日益增長的美好生活需要，不斷促進社會公平正義，形成有效的社會治理、

良好的社會秩序，使人民獲得感、幸福感、安全感更加充實、更有保障、更可持續。

（一）優先發展教育事業。建設教育強國是中華民族偉大復興的基礎工程，必須把教育事業放在優先位置，深化教育改革，加快教育現代化，辦好人民滿意的教育。要全面貫徹黨的教育方針，落實立德樹人根本任務，發展素質教育，推進教育公平，培養德智體美全面發展的社會主義建設者和接班人。推動城鄉義務教育一體化發展，高度重視農村義務教育，辦好學前教育、特殊教育和網路教育，普及高中階段教育，努力讓每個孩子都能享有公平而有品質的教育。完善職業教育和培訓體系，深化產教融合、校企合作。加快一流大學和一流學科建設，實現高等教育內涵式發展。健全學生資助制度，使絕大多數城鄉新增勞動力接受高中階段教育、更多接受高等教育。支援和規範社會力量興辦教育。加強師德師風建設，培養高素質教師隊伍，宣導全社會尊師重教。辦好繼續教育，加快建設學習型社會，大力提高國民素質。

（二）提高就業品質和人民收入水準。就業是最大的民生。要堅持就業優先戰略和積極就業政策，實現更高品質和更充分就業。大規模開展職業技能培訓，注重解決結構性就業矛盾，鼓勵創業帶動就業。提供全方位公共就業服務，促進高校畢業生等青年群體、農民工多管道就業創業。破除妨礙勞動力、人才社會性流動的體制機制弊端，使人人都有通過辛勤勞動實現自身發展的機會。完善政府、工會、企業共同參與的協商協調機制，構建和諧勞動關係。堅持按勞分配原則，完善按要素分配的體制機制，促進收入分配更合理、更有序。鼓勵勤勞守法致富，擴大中等收入群體，增加低收入者收入，調節過高收

入,取締非法收入。堅持在經濟增長的同時實現居民收入同步增長、在勞動生產率提高的同時實現勞動報酬同步提高。拓寬居民勞動收入和財產性收入管道。履行好政府再分配調節職能,加快推進基本公共服務均等化,縮小收入分配差距。

（三）加強社會保障體系建設。按照兜底線、織密網、建機制的要求,全面建成覆蓋全民、城鄉統籌、權責清晰、保障適度、可持續的多層次社會保障體系。全面實施全民參保計畫。完善城鎮職工基本養老保險和城鄉居民基本養老保險制度,儘快實現養老保險全國統籌。完善統一的城鄉居民基本醫療保險制度和大病保險制度。完善失業、工傷保險制度。建立全國統一的社會保險公共服務平臺。統籌城鄉社會救助體系,完善最低生活保障制度。堅持男女平等基本國策,保障婦女兒童合法權益。完善社會救助、社會福利、慈善事業、優撫安置等制度,健全農村留守兒童和婦女、老年人關愛服務體系。發展殘疾人事業,加強殘疾康復服務。堅持房子是用來住的、不是用來炒的定位,加快建立多主體供給、多管道保障、租購並舉的住房制度,讓全體人民住有所居。

（四）堅決打贏脫貧攻堅戰。讓貧困人口和貧困地區同全國一道進入全面小康社會是我們黨的莊嚴承諾。要動員全黨全國全社會力量,堅持精准扶貧、精准脫貧,堅持中央統籌省負總責市縣抓落實的工作機制,強化黨政一把手負總責的責任制,堅持大扶貧格局,注重扶貧同扶志、扶智相結合,深入實施東西部扶貧協作,重點攻克深度貧困地區脫貧任務,確保到二〇二〇年我國現行標準下農村貧困人口實現脫貧,貧困縣全部摘帽,解決區域性整體貧困,做到脫真貧、真脫貧。

（五）實施健康中國戰略。人民健康是民族昌盛和國家富強的重要標誌。要完善國民健康政策，為人民群眾提供全方位全週期健康服務。深化醫藥衛生體制改革，全面建立中國特色基本醫療衛生制度、醫療保障制度和優質高效的醫療衛生服務體系，健全現代醫院管理制度。加強基層醫療衛生服務體系和全科醫生隊伍建設。全面取消以藥養醫，健全藥品供應保障制度。堅持預防為主，深入開展愛國衛生運動，宣導健康文明生活方式，預防控制重大疾病。實施食品安全戰略，讓人民吃得放心。堅持中西醫並重，傳承發展中醫藥事業。支持社會辦醫，發展健康產業。促進生育政策和相關經濟社會政策配套銜接，加強人口發展戰略研究。積極應對人口老齡化，構建養老、孝老、敬老政策體系和社會環境，推進醫養結合，加快老齡事業和產業發展。

（六）打造共建共治共用的社會治理格局。加強社會治理制度建設，完善黨委領導、政府負責、社會協同、公眾參與、法治保障的社會治理體制，提高社會治理社會化、法治化、智慧化、專業化水準。加強預防和化解社會矛盾機制建設，正確處理人民內部矛盾。樹立安全發展理念，弘揚生命至上、安全第一的思想，健全公共安全體系，完善安全生產責任制，堅決遏制重特大安全事故，提升防災減災救災能力。加快社會治安防控體系建設，依法打擊和懲治黃賭毒黑拐騙等違法犯罪活動，保護人民人身權、財產權、人格權。加強社會心理服務體系建設，培育自尊自信、理性平和、積極向上的社會心態。加強社區治理體系建設，推動社會治理重心向基層下移，發揮社會組織作用，實現政府治理和社會調節、居民自治良性互動。

（七）有效維護國家安全。國家安全是安邦定國的重要基石，維

護國家安全是全國各族人民根本利益所在。要完善國家安全戰略和國家安全政策，堅決維護國家政治安全，統籌推進各項安全工作。健全國家安全體系，加強國家安全法治保障，提高防範和抵禦安全風險能力。嚴密防範和堅決打擊各種滲透顛覆破壞活動、暴力恐怖活動、民族分裂活動、宗教極端活動。加強國家安全教育，增強全黨全國人民國家安全意識，推動全社會形成維護國家安全的強大合力。

同志們！黨的一切工作必須以最廣大人民根本利益為最高標準。我們要堅持把人民群眾的小事當作自己的大事，從人民群眾關心的事情做起，從讓人民群眾滿意的事情做起，帶領人民不斷創造美好生活！

九、加快生態文明體制改革，建設美麗中國

人與自然是生命共同體，人類必須尊重自然、順應自然、保護自然。人類只有遵循自然規律才能有效防止在開發利用自然上走彎路，人類對大自然的傷害最終會傷及人類自身，這是無法抗拒的規律。

我們要建設的現代化是人與自然和諧共生的現代化，既要創造更多物質財富和精神財富以滿足人民日益增長的美好生活需要，也要提供更多優質生態產品以滿足人民日益增長的優美生態環境需要。必須堅持節約優先、保護優先、自然恢復為主的方針，形成節約資源和保護環境的空間格局、產業結構、生產方式、生活方式，還自然以寧靜、和諧、美麗。

（一）推進綠色發展。加快建立綠色生產和消費的法律制度和政策導向，建立健全綠色低碳循環發展的經濟體系。構建市場導向的

綠色技術創新體系，發展綠色金融，壯大節能環保產業、清潔生產產業、清潔能源產業。推進能源生產和消費革命，構建清潔低碳、安全高效的能源體系。推進資源全面節約和循環利用，實施國家節水行動，降低能耗、物耗，實現生產系統和生活系統循環連結。宣導簡約適度、綠色低碳的生活方式，反對奢侈浪費和不合理消費，開展創建節約型機關、綠色家庭、綠色學校、綠色社區和綠色出行等行動。

（二）著力解決突出環境問題。堅持全民共治、源頭防治，持續實施大氣污染防治行動，打贏藍天保衛戰。加快水污染防治，實施流域環境和近岸海域綜合治理。強化土壤污染管控和修復，加強農業面源污染防治，開展農村人居環境整治行動。加強固體廢棄物和垃圾處置。提高污染排放標準，強化排汙者責任，健全環保信用評價、資訊強制性披露、嚴懲重罰等制度。構建政府為主導、企業為主體、社會組織和公眾共同參與的環境治理體系。積極參與全球環境治理，落實減排承諾。

（三）加大生態系統保護力度。實施重要生態系統保護和修復重大工程，優化生態安全屏障體系，構建生態廊道和生物多樣性保護網絡，提升生態系統品質和穩定性。完成生態保護紅線、永久基本農田、城鎮開發邊界三條控制線劃定工作。開展國土綠化行動，推進荒漠化、石漠化、水土流失綜合治理，強化濕地保護和恢復，加強地質災害防治。完善天然林保護制度，擴大退耕還林還草。嚴格保護耕地，擴大輪作休耕試點，健全耕地草原森林河流湖泊休養生息制度，建立市場化、多元化生態補償機制。

（四）改革生態環境監管體制。加強對生態文明建設的總體設計和組織領導，設立國有自然資源資產管理和自然生態監管機構，完善

生態環境管理制度，統一行使全民所有自然資源資產所有者職責，統一行使所有國土空間用途管制和生態保護修復職責，統一行使監管城鄉各類污染排放和行政執法職責。構建國土空間開發保護制度，完善主體功能區配套政策，建立以國家公園為主體的自然保護地體系。堅決制止和懲處破壞生態環境行為。

同志們！生態文明建設功在當代、利在千秋。我們要牢固樹立社會主義生態文明觀，推動形成人與自然和諧發展現代化建設新格局，為保護生態環境作出我們這代人的努力！

十、堅持走中國特色強軍之路，全面推進國防和軍隊現代化

國防和軍隊建設正站在新的歷史起點上。面對國家安全環境的深刻變化，面對強國強軍的時代要求，必須全面貫徹新時代黨的強軍思想，貫徹新形勢下軍事戰略方針，建設強大的現代化陸軍、海軍、空軍、火箭軍和戰略支援部隊，打造堅強高效的戰區聯合作戰指揮機構，構建中國特色現代作戰體系，擔當起黨和人民賦予的新時代使命任務。

適應世界新軍事革命發展趨勢和國家安全需求，提高建設品質和效益，確保到二〇二〇年基本實現機械化，資訊化建設取得重大進展，戰略能力有大的提升。同國家現代化進程相一致，全面推進軍事理論現代化、軍隊組織形態現代化、軍事人員現代化、武器裝備現代化，力爭到二〇三五年基本實現國防和軍隊現代化，到本世紀中葉把人民軍隊全面建成世界一流軍隊。

　　加強軍隊黨的建設，開展「傳承紅色基因、擔當強軍重任」主題教育，推進軍人榮譽體系建設，培養有靈魂、有本事、有血性、有品德的新時代革命軍人，永葆人民軍隊性質、宗旨、本色。繼續深化國防和軍隊改革，深化軍官職業化制度、文職人員制度、兵役制度等重大政策制度改革，推進軍事管理革命，完善和發展中國特色社會主義軍事制度。樹立科技是核心戰鬥力的思想，推進重大技術創新、自主創新，加強軍事人才培養體系建設，建設創新型人民軍隊。全面從嚴治軍，推動治軍方式根本性轉變，提高國防和軍隊建設法治化水準。

　　軍隊是要準備打仗的，一切工作都必須堅持戰鬥力標準，向能打仗、打勝仗聚焦。扎實做好各戰略方向軍事鬥爭準備，統籌推進傳統安全領域和新型安全領域軍事鬥爭準備，發展新型作戰力量和保障力量，開展實戰化軍事訓練，加強軍事力量運用，加快軍事智慧化發展，提高基於網路資訊體系的聯合作戰能力、全域作戰能力，有效塑造態勢、管控危機、遏制戰爭、打贏戰爭。

　　堅持富國和強軍相統一，強化統一領導、頂層設計、改革創新和重大項目落實，深化國防科技工業改革，形成軍民融合深度發展格局，構建一體化的國家戰略體系和能力。完善國防動員體系，建設強大穩固的現代邊海空防。組建退役軍人管理保障機構，維護軍人軍屬合法權益，讓軍人成為全社會尊崇的職業。深化武警部隊改革，建設現代化武裝員警部隊。

　　同志們！我們的軍隊是人民軍隊，我們的國防是全民國防。我們要加強全民國防教育，鞏固軍政軍民團結，為實現中國夢強軍夢凝聚強大力量！

十一、堅持「一國兩制」，推進祖國統一

香港、澳門回歸祖國以來，「一國兩制」實踐取得舉世公認的成功。事實證明，「一國兩制」是解決歷史遺留的香港、澳門問題的最佳方案，也是香港、澳門回歸後保持長期繁榮穩定的最佳制度。

保持香港、澳門長期繁榮穩定，必須全面準確貫徹「一國兩制」、「港人治港」、「澳人治澳」、高度自治的方針，嚴格依照憲法和基本法辦事，完善與基本法實施相關的制度和機制。要支持特別行政區政府和行政長官依法施政、積極作為，團結帶領香港、澳門各界人士齊心協力謀發展、促和諧，保障和改善民生，有序推進民主，維護社會穩定，履行維護國家主權、安全、發展利益的憲制責任。

香港、澳門發展同內地發展緊密相連。要支持香港、澳門融入國家發展大局，以粵港澳大灣區建設、粵港澳合作、泛珠三角區域合作等為重點，全面推進內地同香港、澳門互利合作，制定完善便利香港、澳門居民在內地發展的政策措施。

我們堅持愛國者為主體的「港人治港」、「澳人治澳」，發展壯大愛國愛港愛澳力量，增強香港、澳門同胞的國家意識和愛國精神，讓香港、澳門同胞同祖國人民共擔民族復興的歷史責任、共用祖國繁榮富強的偉大榮光。

解決臺灣問題、實現祖國完全統一，是全體中華兒女共同願望，是中華民族根本利益所在。必須繼續堅持「和平統一、一國兩制」方針，推動兩岸關係和平發展，推進祖國和平統一進程。

一個中國原則是兩岸關係的政治基礎。體現一個中國原則的「九二共識」明確界定了兩岸關係的根本性質，是確保兩岸關係和平發展的

關鍵。承認「九二共識」的歷史事實，認同兩岸同屬一個中國，兩岸雙方就能開展對話，協商解決兩岸同胞關心的問題，臺灣任何政黨和團體同大陸交往也不會存在障礙。

兩岸同胞是命運與共的骨肉兄弟，是血濃於水的一家人。我們秉持「兩岸一家親」理念，尊重臺灣現有的社會制度和臺灣同胞生活方式，願意率先同臺灣同胞分享大陸發展的機遇。我們將擴大兩岸經濟文化交流合作，實現互利互惠，逐步為臺灣同胞在大陸學習、創業、就業、生活提供與大陸同胞同等的待遇，增進臺灣同胞福祉。我們將推動兩岸同胞共同弘揚中華文化，促進心靈契合。

我們堅決維護國家主權和領土完整，絕不容忍國家分裂的歷史悲劇重演。一切分裂祖國的活動都必將遭到全體中國人堅決反對。我們有堅定的意志、充分的信心、足夠的能力挫敗任何形式的「臺獨」分裂圖謀。我們絕不允許任何人、任何組織、任何政黨、在任何時候、以任何形式、把任何一塊中國領土從中國分裂出去！

同志們！實現中華民族偉大復興，是全體中國人共同的夢想。我們堅信，只要包括港澳臺同胞在內的全體中華兒女順應歷史大勢、共擔民族大義，把民族命運牢牢掌握在自己手中，就一定能夠共創中華民族偉大復興的美好未來！

十二、堅持和平發展道路，推動構建人類命運共同體

中國共產黨是為中國人民謀幸福的政黨，也是為人類進步事業而奮鬥的政黨。中國共產黨始終把為人類作出新的更大的貢獻作為自己的使命。

中國將高舉和平、發展、合作、共贏的旗幟，恪守維護世界和平、促進共同發展的外交政策宗旨，堅定不移在和平共處五項原則基礎上發展同各國的友好合作，推動建設相互尊重、公平正義、合作共贏的新型國際關係。

世界正處於大發展大變革大調整時期，和平與發展仍然是時代主題。世界多極化、經濟全球化、社會資訊化、文化多樣化深入發展，全球治理體系和國際秩序變革加速推進，各國相互聯繫和依存日益加深，國際力量對比更趨平衡，和平發展大勢不可逆轉。同時，世界面臨的不穩定性不確定性突出，世界經濟增長動能不足，貧富分化日益嚴重，地區熱點問題此起彼伏，恐怖主義、網路安全、重大傳染性疾病、氣候變化等非傳統安全威脅持續蔓延，人類面臨許多共同挑戰。

我們生活的世界充滿希望，也充滿挑戰。我們不能因現實複雜而放棄夢想，不能因理想遙遠而放棄追求。沒有哪個國家能夠獨自應對人類面臨的各種挑戰，也沒有哪個國家能夠退回到自我封閉的孤島。我們呼籲，各國人民同心協力，構建人類命運共同體，建設持久和平、普遍安全、共同繁榮、開放包容、清潔美麗的世界。要相互尊重、平等協商，堅決摒棄冷戰思維和強權政治，走對話而不對抗、結伴而不結盟的國與國交往新路。要堅持以對話解決爭端、以協商化解分歧，統籌應對傳統和非傳統安全威脅，反對一切形式的恐怖主義。要同舟共濟，促進貿易和投資自由化便利化，推動經濟全球化朝著更加開放、包容、普惠、平衡、共贏的方向發展。要尊重世界文明多樣性，以文明交流超越文明隔閡、文明互鑒超越文明衝突、文明共存超越文明優越。要堅持環境友好，合作應對氣候變化，保護好人類賴以生存的地球家園。

　　中國堅定奉行獨立自主的和平外交政策，尊重各國人民自主選擇發展道路的權利，維護國際公平正義，反對把自己的意志強加於人，反對干涉別國內政，反對以強淩弱。中國決不會以犧牲別國利益為代價來發展自己，也決不放棄自己的正當權益，任何人不要幻想讓中國吞下損害自身利益的苦果。中國奉行防禦性的國防政策。中國發展不對任何國家構成威脅。中國無論發展到什麼程度，永遠不稱霸，永遠不搞擴張。

　　中國積極發展全球夥伴關係，擴大同各國的利益交匯點，推進大國協調和合作，構建總體穩定、均衡發展的大國關係框架，按照親誠惠容理念和與鄰為善、以鄰為伴周邊外交方針深化同周邊國家關係，秉持正確義利觀和真實親誠理念加強同發展中國家團結合作。加強同各國政黨和政治組織的交流合作，推進人大、政協、軍隊、地方、人民團體等的對外交往。中國堅持對外開放的基本國策，堅持打開國門搞建設，積極促進「一帶一路」國際合作，努力實現政策溝通、設施聯通、貿易暢通、資金融通、民心相通，打造國際合作新平臺，增添共同發展新動力。加大對發展中國家特別是最不發達國家援助力度，促進縮小南北發展差距。中國支援多邊貿易體制，促進自由貿易區建設，推動建設開放型世界經濟。

　　中國秉持共商共建共用的全球治理觀，宣導國際關係民主化，堅持國家不分大小、強弱、貧富一律平等，支持聯合國發揮積極作用，支援擴大發展中國家在國際事務中的代表性和發言權。中國將繼續發揮負責任大國作用，積極參與全球治理體系改革和建設，不斷貢獻中國智慧和力量。

　　同志們！世界命運握在各國人民手中，人類前途繫於各國人民的

抉擇。中國人民願同各國人民一道，推動人類命運共同體建設，共同創造人類的美好未來！

十三、堅定不移全面從嚴治黨，不斷提高黨的執政能力和領導水準

中國特色社會主義進入新時代，我們黨一定要有新氣象新作為。打鐵必須自身硬。黨要團結帶領人民進行偉大鬥爭、推進偉大事業、實現偉大夢想，必須毫不動搖堅持和完善黨的領導，毫不動搖把黨建設得更加堅強有力。

全面從嚴治黨永遠在路上。一個政黨，一個政權，其前途命運取決于人心向背。人民群眾反對什麼、痛恨什麼，我們就要堅決防範和糾正什麼。全黨要清醒認識到，我們黨面臨的執政環境是複雜的，影響黨的先進性、弱化黨的純潔性的因素也是複雜的，黨內存在的思想不純、組織不純、作風不純等突出問題尚未得到根本解決。要深刻認識黨面臨的執政考驗、改革開放考驗、市場經濟考驗、外部環境考驗的長期性和複雜性，深刻認識黨面臨的精神懈怠危險、能力不足危險、脫離群眾危險、消極腐敗危險的尖銳性和嚴峻性，堅持問題導向，保持戰略定力，推動全面從嚴治黨向縱深發展。

新時代黨的建設總要求是：堅持和加強黨的全面領導，堅持黨要管黨、全面從嚴治黨，以加強黨的長期執政能力建設、先進性和純潔性建設為主線，以黨的政治建設為統領，以堅定理想信念宗旨為根基，以調動全黨積極性、主動性、創造性為著力點，全面推進黨的政治建設、思想建設、組織建設、作風建設、紀律建設，把制度建設貫

穿其中，深入推進反腐敗鬥爭，不斷提高黨的建設品質，把黨建設成為始終走在時代前列、人民衷心擁護、勇於自我革命、經得起各種風浪考驗、朝氣蓬勃的馬克思主義執政黨。

（一）把黨的政治建設擺在首位。旗幟鮮明講政治是我們黨作為馬克思主義政黨的根本要求。黨的政治建設是黨的根本性建設，決定黨的建設方向和效果。保證全黨服從中央，堅持黨中央權威和集中統一領導，是黨的政治建設的首要任務。全黨要堅定執行黨的政治路線，嚴格遵守政治紀律和政治規矩，在政治立場、政治方向、政治原則、政治道路上同黨中央保持高度一致。要尊崇黨章，嚴格執行新形勢下黨內政治生活若干準則，增強黨內政治生活的政治性、時代性、原則性、戰鬥性，自覺抵制商品交換原則對黨內生活的侵蝕，營造風清氣正的良好政治生態。完善和落實民主集中制的各項制度，堅持民主基礎上的集中和集中指導下的民主相結合，既充分發揚民主，又善于集中統一。弘揚忠誠老實、公道正派、實事求是、清正廉潔等價值觀，堅決防止和反對個人主義、分散主義、自由主義、本位主義、好人主義，堅決防止和反對宗派主義、圈子文化、碼頭文化，堅決反對搞兩面派、做兩面人。全黨同志特別是高級幹部要加強黨性鍛煉，不斷提高政治覺悟和政治能力，把對黨忠誠、為黨分憂、為黨盡職、為民造福作為根本政治擔當，永葆共產黨人政治本色。

（二）用新時代中國特色社會主義思想武裝全黨。思想建設是黨的基礎性建設。革命理想高於天。共產主義遠大理想和中國特色社會主義共同理想，是中國共產黨人的精神支柱和政治靈魂，也是保持黨的團結統一的思想基礎。要把堅定理想信念作為黨的思想建設的首要任務，教育引導全黨牢記黨的宗旨，挺起共產黨人的精神脊梁，解決

好世界觀、人生觀、價值觀這個「總開關」問題，自覺做共產主義遠大理想和中國特色社會主義共同理想的堅定信仰者和忠實實踐者。弘揚馬克思主義學風，推進「兩學一做」學習教育常態化制度化，以縣處級以上領導幹部為重點，在全黨開展「不忘初心、牢記使命」主題教育，用黨的創新理論武裝頭腦，推動全黨更加自覺地為實現新時代黨的歷史使命不懈奮鬥。

（三）建設高素質專業化幹部隊伍。黨的幹部是黨和國家事業的中堅力量。要堅持黨管幹部原則，堅持德才兼備、以德為先，堅持五湖四海、任人唯賢，堅持事業為上、公道正派，把好幹部標準落到實處。堅持正確選人用人導向，匡正選人用人風氣，突出政治標準，提拔重用牢固樹立「四個意識」和「四個自信」、堅決維護黨中央權威、全面貫徹執行黨的理論和路線方針政策、忠誠乾淨擔當的幹部，選優配強各級領導班子。注重培養專業能力、專業精神，增強幹部隊伍適應新時代中國特色社會主義發展要求的能力。大力發現儲備年輕幹部，注重在基層一線和困難艱苦的地方培養鍛煉年輕幹部，源源不斷選拔使用經過實踐考驗的優秀年輕幹部。統籌做好培養選拔女幹部、少數民族幹部和黨外幹部工作。認真做好離退休幹部工作。堅持嚴管和厚愛結合、激勵和約束並重，完善幹部考核評價機制，建立激勵機制和容錯糾錯機制，旗幟鮮明為那些敢於擔當、踏實做事、不謀私利的幹部撐腰鼓勁。各級黨組織要關心愛護基層幹部，主動為他們排憂解難。

人才是實現民族振興、贏得國際競爭主動的戰略資源。要堅持黨管人才原則，聚天下英才而用之，加快建設人才強國。實行更加積極、更加開放、更加有效的人才政策，以識才的慧眼、愛才的誠意、

用才的膽識、容才的雅量、聚才的良方，把黨內和黨外、國內和國外各方面優秀人才集聚到黨和人民的偉大奮鬥中來，鼓勵引導人才向邊遠貧困地區、邊疆民族地區、革命老區和基層一線流動，努力形成人人渴望成才、人人努力成才、人人皆可成才、人人盡展其才的良好局面，讓各類人才的創造活力競相迸發、聰明才智充分湧流。

（四）加強基層組織建設。黨的基層組織是確保黨的路線方針政策和決策部署貫徹落實的基礎。要以提升組織力為重點，突出政治功能，把企業、農村、機關、學校、科研院所、街道社區、社會組織等基層黨組織建設成為宣傳黨的主張、貫徹黨的決定、領導基層治理、團結動員群眾、推動改革發展的堅強戰鬥堡壘。黨支部要擔負好直接教育黨員、管理黨員、監督黨員和組織群眾、宣傳群眾、凝聚群眾、服務群眾的職責，引導廣大黨員發揮先鋒模範作用。堅持「三會一課」制度，推進黨的基層組織設置和活動方式創新，加強基層黨組織帶頭人隊伍建設，擴大基層黨組織覆蓋面，著力解決一些基層黨組織弱化、虛化、邊緣化問題。擴大黨內基層民主，推進黨務公開，暢通黨員參與黨內事務、監督黨的組織和幹部、向上級黨組織提出意見和建議的管道。注重從產業工人、青年農民、高知識群體中和在非公有制經濟組織、社會組織中發展黨員。加強黨內激勵關懷幫扶。增強黨員教育管理針對性和有效性，穩妥有序開展不合格黨員組織處置工作。

（五）持之以恆正風肅紀。我們黨來自人民、植根人民、服務人民，一旦脫離群眾，就會失去生命力。加強作風建設，必須緊緊圍繞保持黨同人民群眾的血肉聯繫，增強群眾觀念和群眾感情，不斷厚植黨執政的群眾基礎。凡是群眾反映強烈的問題都要嚴肅認真對待，凡是損害群眾利益的行為都要堅決糾正。堅持以上率下，鞏固拓展落實

中央八項規定精神成果，繼續整治「四風」問題，堅決反對特權思想和特權現象。重點強化政治紀律和組織紀律，帶動廉潔紀律、群眾紀律、工作紀律、生活紀律嚴起來。堅持開展批評和自我批評，堅持懲前毖後、治病救人，運用監督執紀「四種形態」，抓早抓小、防微杜漸。賦予有幹部管理許可權的黨組相應紀律處分權限，強化監督執紀問責。加強紀律教育，強化紀律執行，讓黨員、幹部知敬畏、存戒懼、守底線，習慣在受監督和約束的環境中工作生活。

（六）奪取反腐敗鬥爭壓倒性勝利。人民群眾最痛恨腐敗現象，腐敗是我們黨面臨的最大威脅。只有以反腐敗永遠在路上的堅韌和執著，深化標本兼治，保證幹部清正、政府清廉、政治清明，才能跳出歷史週期率，確保黨和國家長治久安。當前，反腐敗鬥爭形勢依然嚴峻複雜，鞏固壓倒性態勢、奪取壓倒性勝利的決心必須堅如磐石。要堅持無禁區、全覆蓋、零容忍，堅持重遏制、強高壓、長震懾，堅持受賄行賄一起查，堅決防止黨內形成利益集團。在市縣黨委建立巡察制度，加大整治群眾身邊腐敗問題力度。不管腐敗分子逃到哪裡，都要緝拿歸案、繩之以法。推進反腐敗國家立法，建設覆蓋紀檢監察系統的檢舉舉報平臺。強化不敢腐的震懾，紮牢不能腐的籠子，增強不想腐的自覺，通過不懈努力換來海晏河清、朗朗乾坤。

（七）健全黨和國家監督體系。增強黨自我淨化能力，根本靠強化黨的自我監督和群眾監督。要加強對權力運行的制約和監督，讓人民監督權力，讓權力在陽光下運行，把權力關進制度的籠子。強化自上而下的組織監督，改進自下而上的民主監督，發揮同級相互監督作用，加強對黨員領導幹部的日常管理監督。深化政治巡視，堅持發現問題、形成震懾不動搖，建立巡視巡察上下聯動的監督網。深化國家

監察體制改革，將試點工作在全國推開，組建國家、省、市、縣監察委員會，同黨的紀律檢查機關合署辦公，實現對所有行使公權力的公職人員監察全覆蓋。制定國家監察法，依法賦予監察委員會職責許可權和調查手段，用留置取代「兩規」措施。改革審計管理體制，完善統計體制。構建黨統一指揮、全面覆蓋、權威高效的監督體系，把黨內監督同國家機關監督、民主監督、司法監督、群眾監督、輿論監督貫通起來，增強監督合力。

　　（八）全面增強執政本領。領導十三億多人的社會主義大國，我們黨既要政治過硬，也要本領高強。要增強學習本領，在全黨營造善於學習、勇於實踐的濃厚氛圍，建設馬克思主義學習型政黨，推動建設學習大國。增強政治領導本領，堅持戰略思維、創新思維、辯證思維、法治思維、底線思維，科學制定和堅決執行黨的路線方針政策，把黨總攬全域、協調各方落到實處。增強改革創新本領，保持銳意進取的精神風貌，善於結合實際創造性推動工作，善於運用互聯網技術和資訊化手段開展工作。增強科學發展本領，善於貫徹新發展理念，不斷開創發展新局面。增強依法執政本領，加快形成覆蓋黨的領導和黨的建設各方面的黨內法規制度體系，加強和改善對國家政權機關的領導。增強群眾工作本領，創新群眾工作體制機制和方式方法，推動工會、共青團、婦聯等群團組織增強政治性、先進性、群眾性，發揮聯繫群眾的橋樑紐帶作用，組織動員廣大人民群眾堅定不移跟黨走。增強狠抓落實本領，堅持說實話、謀實事、出實招、求實效，把雷厲風行和久久為功有機結合起來，勇於攻堅克難，以釘釘子精神做實做細做好各項工作。增強駕馭風險本領，健全各方面風險防控機制，善於處理各種複雜矛盾，勇於戰勝前進道路上的各種艱難險阻，牢牢把

握工作主動權。

　　同志們！偉大的事業必須有堅強的黨來領導。只要我們黨把自身建設好、建設強，確保黨始終同人民想在一起、幹在一起，就一定能夠引領承載著中國人民偉大夢想的航船破浪前進，勝利駛向光輝的彼岸！

　　同志們！中華民族是歷經磨難、不屈不撓的偉大民族，中國人民是勤勞勇敢、自強不息的偉大人民，中國共產黨是敢於鬥爭、敢於勝利的偉大政黨。歷史車輪滾滾向前，時代潮流浩浩蕩蕩。歷史只會眷顧堅定者、奮進者、搏擊者，而不會等待猶豫者、懈怠者、畏難者。全黨一定要保持艱苦奮鬥、戒驕戒躁的作風，以時不我待、只爭朝夕的精神，奮力走好新時代的長征路。全黨一定要自覺維護黨的團結統一，保持黨同人民群眾的血肉聯繫，鞏固全國各族人民大團結，加強海內外中華兒女大團結，團結一切可以團結的力量，齊心協力走向中華民族偉大復興的光明前景。青年興則國家興，青年強則國家強。青年一代有理想、有本領、有擔當，國家就有前途，民族就有希望。中國夢是歷史的、現實的，也是未來的；是我們這一代的，更是青年一代的。中華民族偉大復興的中國夢終將在一代代青年的接力奮鬥中變為現實。全黨要關心和愛護青年，為他們實現人生出彩搭建舞臺。廣大青年要堅定理想信念，志存高遠，腳踏實地，勇做時代的弄潮兒，在實現中國夢的生動實踐中放飛青春夢想，在為人民利益的不懈奮鬥中書寫人生華章！

　　大道之行，天下為公。站立在九百六十多萬平方公里的廣袤土地上，吸吮著五千多年中華民族漫長奮鬥積累的文化養分，擁有十三億多中國人民聚合的磅礴之力，我們走中國特色社會主義道路，具有無

比廣闊的時代舞臺，具有無比深厚的歷史底蘊，具有無比強大的前進定力。全黨全國各族人民要緊密團結在黨中央周圍，高舉中國特色社會主義偉大旗幟，銳意進取，埋頭苦幹，為實現推進現代化建設、完成祖國統一、維護世界和平與促進共同發展三大歷史任務，為決勝全面建成小康社會、奪取新時代中國特色社會主義偉大勝利、實現中華民族偉大復興的中國夢、實現人民對美好生活的嚮往繼續奮鬥！

（新華社北京 10 月 27 日電）

（《人民日報》2017 年 10 月 28 日 01 版）

新社會主義研究叢刊　AA201028

精神——新時代中國共產黨的偉大精神

作　　者　戴立興　黃　宇　龔上華
版權策劃　李換芹

發 行 人　林慶彰
總 經 理　梁錦興
總 編 輯　張晏瑞
編 輯 所　萬卷樓圖書（股）公司
排　　版　小漁
封面設計　小漁
印　　刷　百通科技（股）公司

出　　版　昌明文化有限公司
　　　　　桃園市龜山區中原街 32 號
電　　話　(02)23216565
發　　行　萬卷樓圖書（股）公司
　　　　　臺北市羅斯福路二段 41 號 6 樓之 3
電　　話　(02)23216565
傳　　真　(02)23218698
電　　郵　SERVICE@WANJUAN.COM.TW
大陸經銷
廈門外圖臺灣書店有限公司
電郵 JKB188@188.COM

ISBN 978-986-496-566-3（平裝）
2020 年 4 月初版一刷
定價：新臺幣 400 元

如何購買本書：
1. 劃撥購書，請透過以下帳號
　 帳號：15624015
　 戶名：萬卷樓圖書股份有限公司
2. 轉帳購書，請透過以下帳戶
　 合作金庫銀行古亭分行
　 戶名：萬卷樓圖書股份有限公司
　 帳號：0877717092596
3. 網路購書，請透過萬卷樓網站
　 網址 WWW.WANJUAN.COM.TW
　 大量購書，請直接聯繫，將有專人
　 為您服務。(02)23216565 分機 610

如有缺頁、破損或裝訂錯誤，請寄回
更換

版權所有・翻印必究
Copyright©2020 by WanJuanLou Books
CO., Ltd.All Right Reserved
Printed in Taiwan

國家圖書館出版品預行編目資料

精神：新時代中國共產黨的偉大精神 /
戴立興，黃宇，龔上華著 . -- 初版 .
-- 桃園市：昌明文化出版；臺北市：
萬卷樓發行, 2020.04
面；　公分
ISBN 978-986-496-566-3（平裝）
1. 中國共產黨

576.25　　　　　　　　　　　109003884

《精神——新時代中國共產黨的偉大精神》©簡體中文版2018年1月第1版　人民日報出版社
本著作物經廈門墨客知識產權代理有限公司代理，由人民日報出版社有限責任公司授權萬卷樓圖書股份
有限公司（臺灣）出版、發行中文繁體字版版權。